合格ガイド

2級

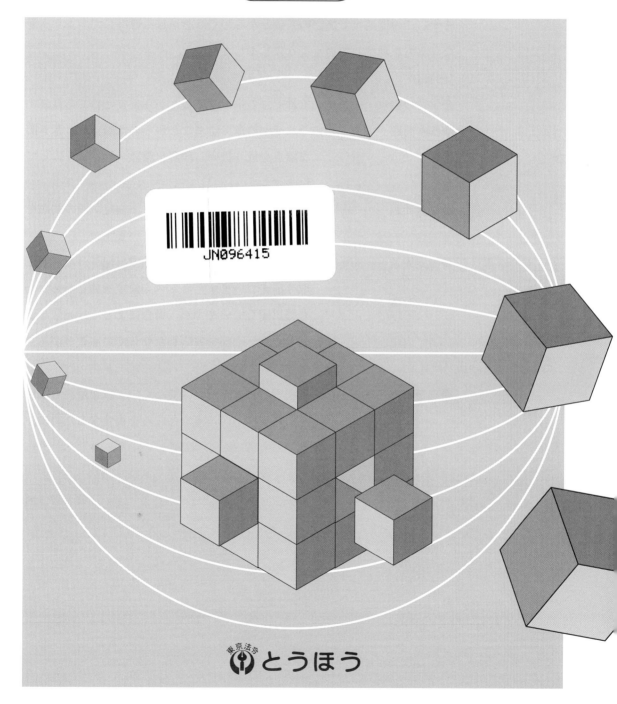

東京法令 とうほう

まえがき

　本書は複式簿記の理解を深め，全商簿記実務検定試験に合格できるように構成されています。現代は変化の速度が速く，企業を取り巻く環境も複雑になってきていますが，そうした時代だからこそ簿記の学習が役に立ちます。この問題集で簿記の基礎となるしくみを正しく習得して，より高度な考え方を理解していくようにしましょう。

【内容】

◆学習の要点……………それぞれの章で学ぶことがらをまとめてあります。

◆基本問題………………それぞれの章で学ぶことがらのうち，最も基本的な論点を取り扱い，理解を深められるようにしています。

◆発展問題………………基本問題よりも難易度が高く，検定試験の問題を解くための問題を取り揃えています。

◆検定問題………………実際に全商簿記実務検定試験で出題された問題を取り揃えています。なるべく検定試験と同じかたちで出題していますが，場合によっては元号を修正したり，一部を省略したりしていることがあります。

◆別冊解答………………別冊解答には正解だけでなく，丁寧な解説も記載しています。間違えたところを復習するために，ぜひとも活用してください。

編著者一同

もくじ

I 各種取引の記帳（その1）

第1章　現金預金の記帳

1. 現金過不足

学習の要点 ●●●

1. 現金過不足

企業は現金の実際有高が現金勘定（帳簿）残高と一致しているかを定期的に確認する。その結果，現金の実際有高が帳簿残高より少なかったり，逆に多かったりすることがある。これを，**現金過不足**という。

現金過不足が発生した場合には，次の手順で処理する。

実際有高 ┐
　　　　├ 不一致 ⇒ 帳簿残高を修正して実際有高にあわせる。
帳簿残高 ┘　　　　　　不一致額は**現金過不足勘定**に一時的に振り替える。
　　　　　　　　　《原因判明》
　　　　　　　　　　現金過不足勘定から該当する勘定に振り替える。
　　　　　　　　　《決算日になっても原因不明》
　　　　　　　　　　現金過不足勘定から**雑損勘定**または**雑益勘定**に振り替える。

実際有高　＜　帳簿残高

①　現金の実際有高は¥8,000で帳簿残高¥10,000より¥2,000不足していたので，帳簿残高を修正して不一致の原因を調査した。
　　（借）現金過不足　2,000　　（貸）現　　　金　2,000

②　調査の結果，不足額のうち¥1,500は消耗品費の記入もれであることが判明した。
　　（借）消 耗 品 費　1,500　　（貸）現金過不足　1,500

③　決算になっても不足額¥500の原因は判明しなかったので，雑損勘定に振り替えた。
　　（借）雑　　　損　500　　（貸）現金過不足　500

実際有高　＞　帳簿残高

①　現金の実際有高は¥12,000で帳簿残高¥10,000より¥2,000過剰だったので，帳簿残高を修正して不一致の原因を調査した。
　　（借）現　　　金　2,000　　（貸）現金過不足　2,000

②　調査の結果，過剰額のうち¥1,500は受取手数料の記入もれであることが判明した。
　　（借）現金過不足　1,500　　（貸）受 取 手 数 料　1,500

③　決算になっても過剰額¥500の原因は判明しなかったので，雑益勘定に振り替えた。
　　（借）現金過不足　500　　（貸）雑　　　益　500

基本問題

解答p.2

1 次の一連の取引の仕訳を示しなさい。

12/19　現金の実際有高を調べたところ¥842,000であり，帳簿残高¥850,000より¥8,000不足していた。よって，帳簿残高を修正してその原因を調査することにした。

23　調査の結果，不足額のうち¥6,000は，通信費の記入もれであることがわかった。

31　決算をむかえたが，現金過不足勘定の借方残高¥2,000の原因は判明しなかったので，雑損勘定に振り替えた。

	借　　　　方	貸　　　　方
12/19		
23		
31		

2 次の一連の取引の仕訳を示しなさい。

11/14　現金の実際有高を調べたところ¥624,000であり，帳簿残高¥600,000より¥24,000過剰であった。よって，帳簿残高を修正してその原因を調査することにした。

21　調査の結果，過剰額のうち¥20,000は，受取利息の記入もれであることがわかった。

12/31　決算をむかえたが，現金過不足勘定の貸方残高¥4,000の原因は判明しなかったので，雑益勘定に振り替えた。

	借　　　　方	貸　　　　方
11/14		
21		
12/31		

3 次の取引の仕訳を示しなさい。

(1)　現金の実際有高を調べたところ，帳簿残高より¥7,000多かった。よって，帳簿残高を修正してその原因を調査することにした。

(2)　現金の実際有高が帳簿残高より¥5,000不足していたので，帳簿残高を修正してその原因を調査していたところ，本日，そのうち¥3,000は郵便切手を購入したさいの記入もれであることがわかった。

	借　　　　方	貸　　　　方
(1)		
(2)		

検定問題

解答p.3

1　次の取引の仕訳を示しなさい。

(1)　現金の実際有高を調べたところ，実際有高が帳簿残高より*￥1,000* 不足していた。よって，帳簿残高を修正してその原因を調査することにした。　　　　　　　　　　　　　　　（3級　第66回）

(2)　現金の実際有高を調べたところ*￥125,000* であり，帳簿残高*￥129,000* と不一致であった。よって，帳簿残高を修正してその原因を調査することにした。　　　　　　　　（3級　第75回）

(3)　現金の実際有高を調べたところ，実際有高が帳簿残高より*￥9,000* 多かったので，帳簿残高を修正して，その原因を調査することにした。　　　　　　　　　　　　　　　　（3級　第78回）

(4)　現金の実際有高を調べたところ，帳簿残高より*￥3,000* 多かった。よって，帳簿残高を修正して，その原因を調査することにした。　　　　　　　　　　　　　　　　　　　（3級　第85回）

(5)　現金の実際有高を調べたところ，帳簿残高より*￥2,000* 少なかった。よって，帳簿残高を修正して，その原因を調査することにした。　　　　　　　　　　　　　　　　　　（3級　第88回）

(6)　現金の実際有高を調べたところ，実際有高は*￥30,000* で帳簿残高*￥26,000* より*￥4,000* 多かった。よって，帳簿残高を修正して，その原因を調査することにした。　　　　　（3級　第92回）

(7)　現金の実際有高が帳簿残高より*￥4,000* 多かったので，帳簿残高を修正してその原因を調査していたところ，本日，受取利息*￥4,000* の記帳もれであることがわかった。　　　（3級　第69回）

(8)　かねて，現金の実際有高を調べたところ*￥32,000* であり，帳簿残高は*￥34,000* であったので，帳簿残高を修正して原因を調査していたが，決算日に，受取手数料*￥2,000* と交通費*￥4,000* の記帳もれであることが判明した。　　　　　　　　　　　　　　　　　（第92回）

	借　　　　　　　　方	貸　　　　　　　　方
(1)		
(2)		
(3)		
(4)		
(5)		
(6)		
(7)		
(8)		

２．当座借越

学習の要点 ●●●

１．当座借越

　当座預金の残高を超えて小切手を振り出してしまった場合，銀行はその小切手の支払いを拒絶する。これを**不渡り**という。しかし，あらかじめ銀行と当座借越契約を結んでおけば，借越限度額までは当座預金残高を超えて小切手を振り出しても銀行は支払いに応じる。この場合，預金残高を超えた額は銀行からの一時的な借り入れとなる。この借入額を**当座借越**という。

２．当座借越の処理（２勘定制）

　当座預金残高を超えた額の小切手を振り出した場合，当座預金勘定の残高をゼロにして，残高を超えた金額は**当座借越勘定**（負債）で処理する。その後，当座預金に入金があった場合は，まず当座借越の返済が優先され，それを超える金額が当座預金となる。

［例］　1/5　商品 ¥500,000 を仕入れ，代金は小切手を振り出して支払った。ただし，当座預金残高は ¥350,000 であり，限度額を ¥1,000,000 とする当座借越契約を結んでいる。

　　　　　（借）仕　　入　500,000　　（貸）当座預金　350,000
　　　　　　　　　　　　　　　　　　　　　　当座借越　150,000

　　　1/8　得意先に対する売掛金 ¥400,000 が当店の当座預金口座に振り込まれた。

　　　　　（借）当座借越　150,000　　（貸）売掛金　400,000
　　　　　　　　当座預金　250,000

当座預金

残　高 350,000	1/5 350,000
1/8 250,000	

当座借越

1/8 150,000	1/5 150,000

３．当座預金出納帳

　上記の［例］を当座預金出納帳に記入すると次のようになる。

> 「借または貸」の欄が，「借」の場合は当座預金，「貸」の場合は当座借越を意味する。

当　座　預　金　出　納　帳

令和○年		摘　　　要	預　入	引　出	借または貸	残　高
1	1	前月繰越	350,000		借	350,000
	5	○○商店から商品仕入れ　小切手#○		500,000	貸	150,000
	8	××商店から売掛金回収	400,000		借	250,000

４．当座借越の処理（１勘定制）

　当座借越勘定を使用せずに当座預金勘定（または当座勘定）だけで処理する方法もある。この場合，当座預金勘定の借方残高は当座預金（資産）を意味し，貸方残高は当座借越（負債）を意味する。

　上記の［例］を当座預金勘定のみ（１勘定制）で処理すると次のようになる。

　　1/5　（借）仕　　入　500,000　　（貸）当座預金　500,000
　　1/8　（借）当座預金　400,000　　（貸）売掛金　400,000

基本問題

解答p.3

1　次の一連の取引の仕訳を示し，当座預金勘定と当座借越勘定に転記しなさい。ただし，勘定には日付・相手科目・金額を記入すること。なお，取引銀行とは限度額を*¥500,000*とする当座借越契約を結んでいる。

　1/14　北海道商店に対する買掛金*¥450,000*を小切手を振り出して支払った。

　　16　現金*¥150,000*を当座預金に預け入れた。

　　18　青森商店に対する売掛金*¥600,000*を同店振り出しの小切手で受け取り，ただちに当座預金に預け入れた。

	借　　　　　　　方		貸　　　　　　　方	
1/14				
16				
18				

当 座 預 金
	250,000

当 座 借 越

2　**1**の取引を当座預金勘定のみを用いて仕訳し，当座預金勘定に転記しなさい。ただし，勘定には日付・相手科目・金額を記入すること。

	借　　　　　　　方		貸　　　　　　　方	
1/14				
16				
18				

当 座 預 金
	250,000

3　次の取引の仕訳を示しなさい。ただし，当座借越勘定を用い，商品に関する勘定は３分法によること。

(1)　岩手商店に対する買掛金*¥345,000*を小切手を振り出して支払った。ただし，当座預金勘定の残高は*¥180,000*であり，限度額を*¥1,000,000*とする当座借越契約を結んでいる。

(2)　宮城商店に商品*¥780,000*を売り渡し，代金は同店振り出しの小切手で受け取り，ただちに当座預金に預け入れた。ただし，当座借越勘定の残高が*¥210,000*ある。

(3)　秋田商店に対する売掛金*¥150,000*が当店の当座預金口座に振り込まれた。ただし，当座借越勘定の残高が*¥210,000*ある。

	借　　　　　　　方		貸　　　　　　　方	
(1)				
(2)				
(3)				

4　次の一連の取引の仕訳を示し，当座預金勘定と当座借越勘定に転記しなさい。また，当座預金出納帳に記入しなさい。

　　　ただし， i　商品に関する勘定は3分法によること。
　　　　　　　 ii　取引銀行とは限度額を*¥500,000* とする当座借越契約を結んでいる。
　　　　　　　iii　勘定には日付・相手科目・金額を記入すること。
　　　　　　　iv　当座預金出納帳は締め切らなくてよい。

　1/10　山形商店から商品*¥850,000* を仕入れ，代金は小切手＃13を振り出して支払った。
　　17　福島商店に商品*¥200,000* を売り渡し，代金は同店振り出しの小切手＃26で受け取り，ただちに当座預金に預け入れた。
　　25　群馬商店に対する売掛金*¥400,000* が当座預金に振り込まれた。
　　31　電気料*¥35,000* が当座預金から引き落とされた。

	借　　　　　　方	貸　　　　　　方
1/10		
17		
25		
31		

当 座 預 金

1/1 前期繰越 *460,000*			

当 座 借 越

当 座 預 金 出 納 帳

令和 ○年		摘　　　　　要	預　　入	引　　出	借また は貸	残　　高
1	1	前月繰越	460,000		借	460,000

検定問題

解答p.5

1　次の取引の仕訳を示しなさい。ただし，当座借越勘定を用いること。

(1)　新潟商店に対する買掛金*¥140,000* を小切手を振り出して支払った。ただし，当座預金勘定の残高は*¥40,000* であり，限度額を*¥600,000* とする当座借越契約を結んでいる。　（3級　第84回）

(2)　鳥取商店から売掛金*¥390,000* を同店振り出しの小切手で受け取り，ただちに当座預金に預け入れた。ただし，当座借越勘定の残高が*¥240,000* ある。　（3級　第86回）

	借　　　　　　方	貸　　　　　　方
(1)		
(2)		

第2章　手形取引の記帳

1．手形取引の基礎

学習の要点 ●●●

1．手形に関する取引

商品代金の受け払いの方法として，現金や小切手のほかに**約束手形**を用いる方法がある。

約束手形は，手形の振出人（作成人・支払人）が一定の期日（支払期日または満期日）に手形の受取人（名あて人）に手形金額を支払うことを約束した証券である。約束手形に記載されている支払期日になると，振出人の当座預金から手形金額が手形の所持人に支払われる。

2．約束手形の記帳

|受取人| 手形金額を後日受け取る権利（手形債権）が生じる　⇒　**受取手形勘定**（資産）

|振出人| 手形金額を後日支払う義務（手形債務）が生じる　⇒　**支払手形勘定**（負債）

その後，手形金額の受け払いがおこなわれたとき，これらの債権・債務は消滅する。

例1　埼玉商店は千葉商店から商品 *¥500,000* を仕入れ，代金は埼玉商店振り出し，千葉商店あての約束手形＃2を振り出して支払った。

|埼玉商店|（借）|仕　　入| *500,000* |（貸）|支払手形| *500,000* |
|千葉商店|（借）|受取手形| *500,000* |（貸）|売　　上| *500,000* |

例2　埼玉商店は，かねて千葉商店あてに振り出していた約束手形＃2が支払期日となり，当座預金から千葉商店の当座預金に支払われたとの連絡を取引銀行から受けた。

|埼玉商店|（借）|支払手形| *500,000* |（貸）|当座預金| *500,000* |
|千葉商店|（借）|当座預金| *500,000* |（貸）|受取手形| *500,000* |

3．手形の裏書譲渡

手形の所持人は，その手形の支払期日前に，商品代金の支払いなどにあてるため，手形を他人に譲り渡すことができる。そのさい，所持人は手形の裏面に必要事項を記入したうえで渡すため，これを**手形の裏書譲渡**という。手形を裏書譲渡したときは，受取手形勘定の貸方に記入する。

例3　千葉商店は東京商店から商品 *¥500,000* を仕入れ，代金はかねて埼玉商店から受け取っていた約束手形 *¥500,000* を裏書譲渡した。

|千葉商店|（借）|仕　　入| *500,000* |（貸）|受取手形| *500,000* |
|東京商店|（借）|受取手形| *500,000* |（貸）|売　　上| *500,000* |

4．手形の割引

　手形の所持人は，資金を調達するため，手形を支払期日前に取引銀行などに裏書譲渡（売却）して現金化することがある。これを**手形の割引**という。手形を割り引いたときは，受取手形勘定の貸方に記入する。なお，受取額は割り引いた日から手形の支払期日までの利息に相当する金額が手形金額から差し引かれた金額となる。この差し引かれる金額を割引料といい，**手形売却損勘定**（費用）で処理する。

例4　東京商店は，千葉商店から商品代金として受け取っていた約束手形 ¥500,000 を支払期日前に取引銀行で割り引き，割引料 ¥3,000 を差し引かれた手取金 ¥497,000 は当座預金とした。

　　　東京商店　（借）　当座預金　497,000　　　（貸）　受取手形　500,000
　　　　　　　　　　　　手形売却損　　3,000

5．受取手形記入帳・支払手形記入帳

　手形に関する債権・債務の発生と消滅の詳細を記録する補助簿を**受取手形記入帳・支払手形記入帳**という。受取手形記入帳の記入例を示すと次のとおりである。

受 取 手 形 記 入 帳

手形債権発生時に記入◀──┃──▶手形債権消滅時に記入

令和○年		摘　要	金　額	手形種類	手形番号	支払人	振出人または裏書人	振出日		満期日		支払場所	て　ん　末		
													月	日	摘　要
2	10	売り上げ	300,000	約手	10	栃木商店	茨城商店	2	1	5	1	東法銀行	5	1	入　金

約束手形を略して記入　　　手形を受け取った相手　　　摘要の記入には入金・割引・裏書の3種類がある。

参考：手形の種類には為替手形もある。

基本問題

解答p.5

1　次の取引の仕訳を示しなさい。ただし，商品に関する勘定は3分法によること。

(1)　神奈川商店に商品 ¥345,000 を売り渡し，代金は同店振り出しの約束手形で受け取った。

(2)　かねて，取引銀行に取り立てを依頼していた得意先神奈川商店振り出しの約束手形 ¥345,000 が，本日満期となり，当店の当座預金口座に入金されたとの通知を受けた。

(3)　福井商店に対する買掛金 ¥185,000 を支払うため，約束手形 ¥185,000 を振り出して支払った。

(4)　かねて，買掛金の支払いとして振り出していた約束手形 ¥185,000 が支払期日となり，当座預金から支払われた。

(5)　山梨商店から商品 ¥420,000 を仕入れ，代金のうち ¥300,000 は約束手形を振り出して支払い，残額は掛けとした。

	借　　　　　　　　方	貸　　　　　　　　方
(1)		
(2)		
(3)		
(4)		
(5)		

2 次の取引の仕訳を示しなさい。ただし，商品に関する勘定は3分法によること。

(1) 新潟商店から商品 ¥200,000 を仕入れ，代金はさきに得意先富山商店から受け取っていた約束手形 ¥200,000 を裏書譲渡した。

(2) 愛知商店に商品 ¥450,000 を売り渡し，代金は石川商店振り出し，愛知商店あての約束手形 ¥450,000 を裏書き譲り受けた。

(3) 三重商店から商品代金として受け取っていた同店振り出しの約束手形 ¥260,000 を取引銀行で割り引き，割引料 ¥4,000 を差し引かれた手取金 ¥256,000 は当座預金とした。

	借　　　　　方	貸　　　　　方
(1)		
(2)		
(3)		

3 次の取引の仕訳を示し，受取手形記入帳と支払手形記入帳に記入しなさい。ただし，商品に関する勘定は3分法によること。

5/8 京都商店から商品 ¥345,000 を仕入れ，代金は約束手形 #3（振出日5/8　満期日8/8　支払場所　南西銀行）を振り出して支払った。

10 かねて兵庫商店から商品代金として受け取っていた約束手形 #6　¥500,000 が本日満期となり，当座預金に入金されたとの連絡を取引銀行から受けた。

15 大阪商店に商品 ¥600,000 を売り渡し，代金は同店振り出し，当店あての約束手形 #4（振出日5/15　満期日8/15　支払場所　南北銀行）で受け取った。

20 奈良商店に対する売掛金の回収として，鳥取商店振り出し，奈良商店あての約束手形 #10 ¥380,000（振出日4/23　満期日6/23　支払場所　北東銀行）を裏書き譲り受けた。

27 奈良商店から受け取っていた約束手形 #10を取引銀行で割り引き，割引料 ¥3,000 を差し引いた手取金 ¥377,000 は当座預金とした。

	借　　　　　方	貸　　　　　方
5/8		
10		
15		
20		
27		

受　取　手　形　記　入　帳

令和○年		摘　　要	金　　額	手形種類	手形番号	支払人	振出人または裏書人	振出日		満期日		支払場所	てん末		
													月	日	摘　要
3	10	売り上げ	500,000	約手	6	兵庫商店	兵庫商店	3	10	5	10	東西銀行			

支　払　手　形　記　入　帳

令和○年		摘　　要	金　　額	手形種類	手形番号	受取人	振出人	振出日	満期日	支払場所	てん末		
											月	日	摘　要

検定問題

解答p.7

1 次の取引の仕訳を示しなさい。ただし，商品に関する勘定は 3 分法によること。

(1) 茨城商店に対する買掛金 ¥410,000 を支払うために，約束手形を振り出して支払った。
（3 級　第89回）

(2) 宮城商店に商品 ¥580,000 を売り渡し，代金のうち ¥300,000 は同店振り出しの約束手形で受け取り，残額は掛けとした。なお，発送費 ¥40,000 は現金で支払った。（3 級　第47回）

(3) 沖縄商店に対する買掛金の支払いとして，さきに得意先那覇商店から商品代金として受け取っていた約束手形 ¥210,000 を裏書譲渡した。（3 級　第82回）

(4) 京都商店から商品代金として受け取っていた同店振り出しの約束手形 ¥600,000 を取引銀行で割り引き，割引料 ¥18,000 を差し引かれた手取金 ¥582,000 は当座預金とした。（3 級　第81回）

(5) 広島商店に対する買掛金の支払いとして，さきに得意先岡山商店から商品代金として受け取っていた約束手形 ¥410,000 を裏書譲渡した。（3 級　第86回）

(6) 山形商店から，商品代金として受け取っていた同店振り出しの約束手形 ¥125,000 を取引銀行で割り引き，割引料 ¥1,000 を差し引かれた手取金 ¥124,000 は当座預金とした。（3 級　第76回）

(7) 松本商店から，商品代金として受け取っていた同店振り出しの約束手形 ¥300,000 を取引銀行で割り引き，割引料を差し引かれた手取額 ¥297,000 は当座預金とした。（3 級　第90回）

(8) 兵庫商店から商品 ¥680,000 を仕入れ，代金のうち ¥250,000 は，さきに得意先和歌山商店から受け取っていた約束手形を裏書譲渡し，残額は掛けとした。（3 級　第65回）

(9) 岩手商店から，商品代金として受け取っていた同店振り出しの約束手形 ¥400,000 を取引銀行で割り引き，割引料を差し引かれた手取金 ¥395,000 は当座預金とした。（3 級　第83回）

	借　　　　方	貸　　　　方
(1)		
(2)		
(3)		
(4)		
(5)		
(6)		
(7)		
(8)		
(9)		

２．不渡手形

学習の要点 ● ● ●

1．手形の不渡り

　手形の支払期日（満期日）に当座預金の残高不足により，手形金額の支払いを銀行から拒絶されることを**手形の不渡り**という。

　手形が不渡りになったときは，手形の所持人（受取人）は裏書人または振出人に対して支払いの請求（償還請求）をすることができる。償還請求したときは，償還請求に要した諸費用を含めて，**不渡手形勘定**（資産）の借方に記入する。その後，請求額が回収されたときや回収不能であることが確定したときは，不渡手形勘定の貸方に記入する。

例1　不渡りの発生

　　所有していた約束手形 ¥200,000 が不渡りとなったので，裏書人（または振出人）に償還請求した。なお，償還請求に要した諸費用 ¥5,000 は現金で支払った。

（借）不 渡 手 形　205,000　　（貸）受 取 手 形　200,000
　　　　　　　　　　　　　　　　　　　現　　　金　　5,000

例2　回収されたとき

　　上記 例1 の請求金額および期日以後の法定利息 ¥1,000 を現金で受け取った。

（借）現　　　金　206,000　　（貸）不 渡 手 形　205,000
　　　　　　　　　　　　　　　　　　　受 取 利 息　　1,000

例3　回収不能のとき

　① 不渡手形の金額が貸倒引当金の残高よりも多いとき

　　償還請求していた 例1 の不渡手形が回収不能となった。ただし，貸倒引当金の残高が ¥100,000 ある。

（借）貸倒引当金　100,000　　（貸）不 渡 手 形　205,000
　　　貸 倒 損 失　105,000

　② 不渡手形の金額が貸倒引当金の残高よりも少ないとき

　　償還請求していた 例1 の不渡手形が回収不能となった。ただし，貸倒引当金の残高が ¥300,000 ある。

（借）貸倒引当金　205,000　　（貸）不 渡 手 形　205,000

裏書譲渡した手形が不渡りとなり，償還請求を受けたとき（裏書人の仕訳）

例4　かねて裏書譲渡した約束手形が不渡りとなり，償還請求を受けたので，手形金額
¥200,000 と償還請求の諸費用 *¥5,000* および期日以後の利息 *¥1,000* の合計額
¥206,000 を現金で支払った。また，この金額を振出人に請求した。

（借）　不 渡 手 形　*206,000*　　（貸）　現　　　　金　*206,000*

基本問題

解答p.7

1　次の取引の仕訳を示しなさい。

(1)　かねて，東西商店から商品代金として受け取っていた約束手形 *¥250,000* が不渡りとなったの
で，同店に償還請求をおこなった。なお，償還請求の諸費用 *¥2,000* は現金で支払った。

(2)　東西商店から上記の請求金額と，支払期日以後の利息 *¥1,000* をともに現金で受け取った。

(3)　かねて，不渡りとなり，償還請求していた南西商会振り出しの約束手形 *¥400,000* を，同店が
倒産したため，貸し倒れとして処理した。ただし，貸倒引当金の残高が *¥450,000* ある。

(4)　かねて，島根商店に裏書譲渡した東西商店振り出しの約束手形 *¥600,000* が不渡りとなったの
で，島根商店から償還請求を受けた。よって，島根商店に，償還請求のための諸費用 *¥7,000* お
よび支払期日以後の利息 *¥3,000* とともに小切手を振り出して支払った。また，この金額を振出
人である東西商店に請求した。

(5)　上記(4)で，東西商店に請求中の不渡手形が回収不能となったので，貸し倒れとして処理した。
ただし，貸倒引当金勘定の残高が *¥500,000* ある。

	借　　　　　　　　　方	貸　　　　　　　　　方
(1)		
(2)		
(3)		
(4)		
(5)		

検定問題

解答p.8

1 次の取引の仕訳を示しなさい。

(1) 鳥取商店は，北東商店から商品の売上代金として裏書譲渡されていた西南商店振り出しの約束手形 ¥610,000 が不渡りとなったので，北東商店に償還請求をした。なお，このために要した諸費用 ¥4,000 は現金で支払った。　　　　　　　　　　　　　　　　　　　　（第91回）

(2) 前期に商品代金として受け取っていた東南商店振り出し，当店あての約束手形 ¥250,000 が不渡りとなり，償還請求の諸費用 ¥4,000 とあわせて東南商店に支払請求していたが，本日，全額回収不能となったので，貸し倒れとして処理した。ただし，貸倒引当金勘定の残高が ¥290,000 ある。　　　　　　　　　　　　　　　　　　　　　　　　　　　　　　　　（第75回）

(3) 東西商店から商品代金として裏書譲渡されていた約束手形 ¥200,000 が不渡りとなり，償還請求の諸費用 ¥1,000 とあわせて請求していたが，本日，全額回収不能となったので，貸し倒れとして処理した。なお，貸倒引当金勘定の残高が ¥170,000 ある。　　（第54回一部修正）

(4) 南西商店から売上代金として受け取っていた同店振り出し，当店あての約束手形 ¥830,000 が不渡りとなったので，同店に支払請求をした。なお，このために要した諸費用 ¥1,000 は現金で支払った。　　　　　　　　　　　　　　　　　　　　　　　　　（第52回一部修正）

(5) かねて，商品代金として受け取っていた東西商店振り出し，当店あての約束手形 ¥730,000 が不渡りとなり，償還請求に要した諸費用 ¥2,000 とあわせて東西商店に支払請求していたが，本日，請求金額と期日以後の利息 ¥1,000 を現金で受け取った。　　　　（第84回）

(6) かねて，商品代金として南北商店から裏書譲渡されていた約束手形が不渡りとなり，手形金額 ¥550,000 と償還請求費用 ¥3,000 をあわせて償還請求していたが，本日，請求金額と期日以後の利息 ¥1,000 を現金で受け取った。　　　　　　　　　　　　　　（第79回）

(7) 南北商店から裏書譲渡されていた約束手形が不渡りとなり，手形金額と償還請求の諸費用あわせて ¥424,500 を償還請求していたが，本日，この手形金額の一部 ¥200,000 を現金で受け取り，残額は貸し倒れとして処理した。ただし，貸倒引当金が ¥150,000 ある。　　（第35回一部修正）

	借　　　　　方	貸　　　　　方
(1)		
(2)		
(3)		
(4)		
(5)		
(6)		
(7)		

3. 手形の書き換え（手形の更改）

　手形の支払人が，手形の支払期日（満期日）にその金額を支払えないときに，手形の受取人に承諾を得て，支払期日を延期することがある。この場合，支払人は，支払期日を延期した新たな手形を振り出し，旧手形と交換する。これを**手形の書き換え**（または**手形の更改**）という。

─── 手形受取人の受取手形勘定 ───

受 取 手 形	
旧 手 形 債 権	旧手形債権の消滅
新しい手形債権の発生	

─── 手形支払人の支払手形勘定 ───

支 払 手 形	
旧手形債務の消滅	旧 手 形 債 務
	新しい手形債務の発生

　なお，支払いを延期した期間に相当する利息は，現金などで支払うか新しい手形の額面金額に加える。手形債務者は，支払利息勘定の借方に記入し，手形債権者は，受取利息勘定の貸方に記入する。

例 1　￥200,000 の手形の書き換え（支払延期にともなう利息￥1,000 は現金で受け払い）

〔手形支払人の仕訳〕（借）支払手形　200,000　　（貸）支払手形　200,000
　　　　　　　　　　　　　（旧手形）　　　　　　　　　　（新手形）
　　　　　　　　　　　　支払利息　　1,000　　　　　　　現　金　　1,000

〔手形受取人の仕訳〕（借）受取手形　200,000　　（貸）受取手形　200,000
　　　　　　　　　　　　　（新手形）　　　　　　　　　　（旧手形）
　　　　　　　　　　　　現　金　　　1,000　　　　　　　受取利息　　1,000

例 2　例 1 において，支払延期にともなう利息を新しい手形の額面金額に加えたとき

〔手形支払人の仕訳〕（借）支払手形　200,000　　（貸）支払手形　201,000
　　　　　　　　　　　　支払利息　　1,000

〔手形受取人の仕訳〕（借）受取手形　201,000　　（貸）受取手形　200,000
　　　　　　　　　　　　　　　　　　　　　　　　　　　　受取利息　　1,000

基本問題

解答p.8

1 次の各取引について，それぞれの商店の仕訳を示しなさい。

(1) 和歌山商店は，滋賀商店あてに商品代金の支払いとして振り出した約束手形 *¥900,000* について，支払延期の申し出をして滋賀商店の承諾を得た。そこで，和歌山商店は新しい約束手形 *¥900,000* を振り出して旧手形と交換した。なお，支払延期にともなう利息 *¥18,000* は現金で支払った。

	借　　　　　方	貸　　　　　方
和歌山商店		
滋 賀 商 店		

(2) 広島商店は，山口商店から商品代金として受け取っていた約束手形 *¥650,000* について，同店から支払延期の申し出を受け，これを承諾した。そこで，支払延期にともなう利息 *¥3,000* を加えた新しい約束手形を山口商店から受け取り，旧手形と交換した。

	借　　　　　方	貸　　　　　方
広 島 商 店		
山 口 商 店		

2 次の取引の仕訳を示しなさい。

(1) さきに，買掛金の支払いのために振り出した静岡商店あての約束手形 *¥300,000* について，支払期日の延期を申し出て，同店の承諾を得た。よって，新しい手形を振り出して旧手形と交換した。なお，支払期日の延期にともなう利息 *¥5,000* は現金で支払った。

(2) さきに，長野商店から売上代金として受け取っていた同店振り出し，当店あての約束手形 *¥500,000* について，長野商店から支払期日の延期の申し出を受け，これを承諾した。よって，支払期日の延期にともなう利息 *¥10,000* を加えた新しい手形を受け取り，旧手形と交換した。

(3) さきに，仕入代金の支払いとして振り出した岐阜商店あての約束手形 *¥400,000* について，支払期日の延期を申し出て，同店の承諾を得た。よって，支払期日の延期にともなう利息 *¥2,000* を加えた新しい手形を振り出して旧手形と交換した。

	借　　　　　方	貸　　　　　方
(1)		
(2)		
(3)		

検定問題

解答p.9

1　次の取引の仕訳を示しなさい。

(1)　さきに，西北商店から商品代金として受け取っていた同店振り出し，当店あての約束手形 ¥400,000 について，支払期日の延期の申し出があり，これを承諾した。よって，新しい約束手形を受け取り，旧手形と交換した。なお，支払期日の延期にともなう利息 ¥2,000 は現金で受け取った。　(第80回)

(2)　さきに，北部商店から商品代金として受け取っていた同店振り出し，当店あての約束手形について，支払期日の延期の申し出があり，これを承諾した。よって，支払期日の延期にともなう利息 ¥9,000 を加えた新しい手形 ¥1,809,000 を受け取り，旧手形と交換した。　(第83回)

(3)　さきに，福島商店に対する買掛金の支払いのために振り出した約束手形 ¥300,000 について，支払期日の延期を申し出て，同店の承諾を得た。よって，支払期日の延期にともなう利息 ¥6,000 を加えた新しい手形を振り出して，旧手形と交換した。　(第91回)

(4)　さきに，秋田商店に対する買掛金の支払いのために振り出した約束手形 ¥500,000 について，支払期日の延期を申し出て，同店の承諾を得た。よって，新しい約束手形を振り出して旧手形と交換した。なお，支払期日の延期にともなう利息 ¥2,000 は現金で支払った。　(第85回)

(5)　売上代金として受け取っていた長野商店振り出し，当店あての約束手形 ¥800,000 について，長野商店から支払期日の延期の申し出があり，これを承諾した。よって，支払期日の延期にともなう利息 ¥5,000 をふくめた新しい手形と交換した。　(第67回)

(6)　さきに，北東商店から商品代金として受け取っていた同店振り出し，当店あての約束手形について，支払期日の延期の申し出があり，これを承諾した。よって，支払期日の延期にともなう利息 ¥4,000 を加えた新しい手形 ¥868,000 を受け取り，旧手形と交換した。　(第88回)

	借　　　　方	貸　　　　方
(1)		
(2)		
(3)		
(4)		
(5)		
(6)		

第3章　電子記録債権・クレジット売掛金

学習の要点 ● ● ●

1．電子記録債権の概要

　電子記録債権とは，その発生・譲渡などについて，電子債権記録機関への電子記録を要件とする金銭債権である。企業は，保有する売掛債権を電子化することで，取引の安全を確保しながらも，簡易・迅速に取引できるようになり，従来の売掛債権や紙の手形債権とは異なる決済手段として活用することができる。

① 電子記録債権の発生

　電子記録債権が発生するまでの流れを示すと次のようになる。

＊債権者側が発生記録の請求をおこなう場合（債権者請求方式）を示している。

例1　A商店は，B商店に対する売掛金 ¥340,000 について，取引銀行を通じて電子記録債権の発生記録の請求をおこなった。B商店はこの通知を受け，これを承諾した。
【A商店の仕訳】
（借）電 子 記 録 債 権　340,000　　（貸）売 　 掛 　 金　340,000
【B商店の仕訳】
（借）買 　 掛 　 金　340,000　　（貸）電 子 記 録 債 務　340,000

② 電子記録債権の譲渡

　電子記録債権を譲渡したさいに損失が発生したときは，**電子記録債権売却損勘定**（費用の勘定）で処理する。

例2　A商店は，例1の電子記録債権のうち ¥100,000 を取引銀行で割り引くために譲渡記録の請求をおこない，割引料を差し引かれた手取金 ¥98,000 が当座預金口座に振り込まれた。
【A商店の仕訳】
（借）当 座 預 金　98,000　　（貸）電 子 記 録 債 権　100,000
　　　電子記録債権売却損　2,000

例3　A商店は，C商店に対する買掛金 ¥135,000 の支払いのため，例1の電子記録債権のうち ¥135,000 を譲渡記録によりC商店に譲渡した。
【A商店の仕訳】
（借）買 　 掛 　 金　135,000　　（貸）電 子 記 録 債 権　135,000
【C商店の仕訳】
（借）電 子 記 録 債 権　135,000　　（貸）売 　 掛 　 金　135,000

③　電子記録債権の消滅

例4　支払期日となり，A商店の電子記録債権❤105,000とB商店の電子記録債務
❤340,000が当座預金口座を通じて決済された。

【A商店の仕訳】

（借）当　座　預　金　105,000　　（貸）電 子 記 録 債 権　105,000

【B商店の仕訳】

（借）電 子 記 録 債 務　340,000　　（貸）当　座　預　金　340,000

2．クレジット売掛金の概要

　クレジットカードは，事前にクレジットカード会社（信販会社など）の審査を受け，一定の資格をもった会員に発行される。会員（顧客）はクレジットカードを加盟店（販売店）に示し，書類に署名または暗証確認をするだけで商品を購入したり，サービスを受けたりすることができる。

　クレジットカードで販売した商品やサービスの代金について，加盟店はクレジットカード会社から手数料を差し引かれた残額を受け取ることになる。クレジットによる売掛金は，クレジットカード会社に対する債権として，通常の売掛金と区別して**クレジット売掛金勘定**（資産の勘定）で処理する。

①　クレジットカード決済の手続

クレジットカード決済の流れを示すと次のようになる。

②　クレジットによる商品販売時

例5　D百貨店はクレジット払いの条件により，商品を❤110,000で売り渡した。なお，クレジットカード会社への手数料は売上代金の2％であり，販売時に計上する。

（借）クレジット売掛金　107,800　　（貸）売　　　　　　上　110,000
　　　支 払 手 数 料　　2,200

③　クレジットによる売掛金回収時

例6　例5について，クレジットカード会社から2％の手数料が差し引かれた
❤107,800が当店の当座預金口座に振り込まれた。

（借）当　座　預　金　107,800　　（貸）クレジット売掛金　107,800

基本問題

解答p.10

1　次の一連の取引の山形商店の仕訳を示しなさい。ただし，商品に関する勘定は３分法によること。

(1)　山形商店は，得意先宮城商店に商品を *¥1,460,000* で売り渡し，代金のうち *¥150,000* はさきに受け取っていた内金と相殺し，残額は掛けとした。

(2)　山形商店は，宮城商店に対する売掛金 *¥1,310,000* について，取引銀行を通じて電子記録債権の発生記録の請求をおこなった。宮城商店はこの通知を受け，これを承諾した。

(3)　山形商店は，秋田商店に対する買掛金 *¥390,000* の支払いのため，上記(2)の電子記録債権のうち *¥390,000* を譲渡記録により秋田商店に譲渡した。

(4)　山形商店は，上記(2)の電子記録債権のうち *¥500,000* を取引銀行で割り引くために譲渡記録の請求をおこない，割引料を差し引かれた手取金 *¥495,000* が当座預金口座に振り込まれた。

(5)　支払期日となり，山形商店の電子記録債権 *¥420,000* が当座預金口座を通じて決済された。

	借　　　　　　　方	貸　　　　　　　方
(1)		
(2)		
(3)		
(4)		
(5)		

2　次の一連の取引の東京商店の仕訳を示しなさい。ただし，商品に関する勘定は３分法によること。

(1)　東京商店は，仕入先千葉商店から商品 *¥650,000* を仕入れ，代金は掛けとした。なお，引取費用 *¥7,000* は現金で支払った。

(2)　東京商店は，千葉商店に対する買掛金 *¥650,000* について，取引銀行を通じて電子記録債務の発生記録の請求をおこなった。千葉商店はこの通知を受けた。

(3)　支払期日となり，東京商店の電子記録債務 *¥650,000* が当座預金口座を通じて決済された。

	借　　　　　　　方	貸　　　　　　　方
(1)		
(2)		
(3)		

3 次の一連の取引の仕訳を示しなさい。ただし、商品に関する勘定は3分法によること。

(1) 広島百貨店はクレジット払いの条件により、商品を¥230,000で売り渡した。なお、クレジットカード会社への手数料は売上代金の3%であり、販売時に計上する。

(2) 上記(1)について、クレジットカード会社から3%の手数料が差し引かれた金額が当店の当座預金口座に振り込まれた。

	借　　　　方	貸　　　　方
(1)		
(2)		

応用問題

解答p.11

1 鳥取商店（個人企業　決算年1回　12月31日）の総勘定元帳勘定残高（一部）と付記事項および決算整理事項は、次のとおりであった。

よって、(1) 付記事項の仕訳を示しなさい。

(2) 決算整理仕訳を示しなさい。

(3) 貸借対照表に表示される、売上債権に関する金額をそれぞれ求めなさい。

元帳勘定残高（一部）

受　取　手　形　¥1,100,000　　電子記録債権　¥2,000,000　　売　　掛　　金　¥3,700,000

クレジット売掛金　400,000　　貸　倒　引　当　金　39,000

付　記　事　項

① 売掛金¥300,000が当座預金口座に振り込まれていたが、未記帳であった。

決算整理事項

a. 貸倒見積高

売上債権の期末残高に対し、それぞれ1%と見積もり、貸倒引当金を設定する。

(1) 付記事項の仕訳

	借　　　　方	貸　　　　方
①		

(2) 決算整理仕訳

	借　　　　方	貸　　　　方
a		

(3) 貸借対照表に表示される、売上債権に関する金額

	債権金額	貸倒引当金の金額	貸借対照表価額
受　取　手　形	¥	¥	¥
電　子　記　録　債　権	¥	¥	¥
売　　　掛　　　金	¥	¥	¥

第4章　有価証券の記帳

学習の要点 ●●●

1．有価証券

　企業は資金に余裕があるとき，売買を目的として株式・社債・公債（国債・地方債）など
を購入することがある。これらを購入したときは**有価証券勘定**または**売買目的有価証券勘定**
（資産）で処理する（本問題集では，有価証券勘定を用いて仕訳を示す）。

2．有価証券の取得

有価証券の取得価額＝買入価額＋買入手数料など

株式…１株の価額×株式数

社債…額面金額×$\dfrac{額面¥100についての価額}{¥100}$

例1　売買目的で徳島商事株式会社の株式100株を１株につき¥35,000で買い入れ，代金は
　　買入手数料¥10,000とともに現金で支払った。

　　　（借）有　価　証　券　3,510,000　　（貸）現　　　　　金　3,510,000

　　　　　取得価額の計算…@¥35,000×100株＋¥10,000

例2　売買目的で高知商事株式会社の社債　額面¥1,000,000を額面¥100につき¥98で買
　　い入れ，代金は現金で支払った。

　　　（借）有　価　証　券　980,000　　（貸）現　　　　　金　　980,000

　　　　　取得価額の計算…¥1,000,000×$\dfrac{¥98}{¥100}$

3．有価証券の売却

　有価証券を売却したとき，有価証券勘定は帳簿価額を減少させ，売却価額との差額は**有価
証券売却益勘定**（収益）または**有価証券売却損勘定**（費用）で処理する。

例3　売買目的で保有している香川商事株式会社の株式10株（１株の帳簿価額¥40,000）
　　を１株につき¥45,000で売却し，代金は現金で受け取った。　帳簿価額：10株×@¥40,000

　　　（借）現　　　　　金　450,000　　（貸）有　価　証　券　400,000
　　　　　売却価額：10株×@¥45,000　　　　　有価証券売却益　　50,000

例4　売買目的で保有している香川商事株式会社の株式10株（１株の帳簿価額¥40,000）
　　を１株につき¥35,000で売却し，代金は現金で受け取った。　帳簿価額：10株×@¥40,000

　　　（借）現　　　　　金　350,000　　（貸）有　価　証　券　400,000
　　　　　有価証券売却損　　50,000　　売却価額：10株×@¥35,000

例5　売買目的で保有している愛媛商事株式会社の社債　額面¥1,000,000（帳簿価額
　　¥980,000）を額面¥100につき¥99で売却し，代金は現金で受け取った。

　　　（借）現　　　　　金　990,000　　（貸）有　価　証　券　980,000　帳簿価額
　　　　　　　　　　　　　　　　　　　　　　　有価証券売却益　　10,000

　　　　　　　売却価額：¥1,000,000×$\dfrac{¥99}{¥100}$

基本問題

解答p.12

1　次の取引の仕訳を示しなさい。

(1)　売買目的で福岡商事株式会社の株式50株を 1 株につき *¥60,000* で買い入れ，代金は小切手を振り出して支払った。

(2)　売買目的で佐賀物産株式会社の社債　額面 *¥500,000* を額面 *¥100* につき *¥95* で買い入れ，代金は現金で支払った。

(3)　売買目的で長崎産業株式会社の株式25株を 1 株につき *¥54,000* で買い入れ，代金は買入手数料 *¥13,000* とともに現金で支払った。

(4)　売買目的で保有している熊本商事株式会社の株式15株（ 1 株の帳簿価額 *¥28,000* ）を 1 株につき *¥36,000* で売却し，代金は現金で受け取った。

(5)　売買目的で保有している大分物産株式会社の株式30株（ 1 株の帳簿価額 *¥67,000* ）を 1 株につき *¥58,000* で売却し，代金は当店の当座預金口座に振り込まれた。

(6)　売買目的で保有している宮崎商事株式会社の社債　額面 *¥2,000,000* （帳簿価額 *¥1,880,000* ）を，額面 *¥100* につき *¥96* で売却し，代金は現金で受け取った。

	借　　　　　方	貸　　　　　方
(1)		
(2)		
(3)		
(4)		
(5)		
(6)		

2　次の一連の取引の仕訳を示しなさい。

(1)　売買目的で鹿児島商事株式会社の株式100株を 1 株につき *¥50,000* で買い入れ，代金は当座預金口座から支払われた。

(2)　上記(1)の株式のうち40株を 1 株につき *¥57,000* で売却し，代金は現金で受け取った。

(3)　上記(1)の株式のうち20株を 1 株につき *¥43,000* で売却し，代金は現金で受け取った。

	借　　　　　方	貸　　　　　方
(1)		
(2)		
(3)		

検定問題

解答p.13

1　次の取引の仕訳を示しなさい。

(1)　売買目的で和歌山産業株式会社の株式20株を1株につき*¥80,000*で買い入れ，代金は小切手を振り出して支払った。　　　　　　　　　　　　　　　　　　　　　　　　　（3級　第81回）

(2)　売買目的で秋田産業株式会社の株式300株を1株につき*¥7,500*で買い入れ，代金は買入手数料*¥18,000*とともに小切手を振り出して支払った。　　　　　　　　　　　　（3級　第92回）

(3)　売買目的で保有している新潟株式会社の株式200株（1株の帳簿価額*¥6,000*）を1株につき*¥7,000*で売却し，代金は当店の当座預金口座に振り込まれた。　　　　　　（3級　第91回）

(4)　売買目的で保有している愛知商事株式会社の株式10株（1株の帳簿価額*¥80,000*）を1株につき*¥78,000*で売却し，代金は現金で受け取った。　　　　　　　　　　　（3級　第74回）

(5)　売買目的で佐賀商事株式会社の額面*¥2,000,000*の社債を額面*¥100*につき*¥99*で買い入れ，代金は小切手を振り出して支払った。　　　　　　　　　　　　　（3級　第66回一部修正）

(6)　売買目的で保有する額面*¥1,000,000*の島根商事株式会社の社債を額面*¥100*につき*¥98*で売却し，代金は現金で受け取った。ただし，この社債の帳簿価額は額面*¥100*につき*¥97*である。　　　　　　　　　　　　　　　　　　　　　　　　　　　　（3級　第44回一部修正）

(7)　売買目的で長野商事株式会社の株式30株を1株につき*¥57,000*で買い入れ，代金は買入手数料*¥13,000*とともに小切手を振り出して支払った。　　　　　　　　　　（3級　第87回）

(8)　売買目的で保有している島根商事株式会社の株式25株（1株の帳簿価額*¥45,000*）を1株につき*¥48,000*で売却し，代金は当店の当座預金口座に振り込まれた。　　　（3級　第86回）

	借　　　　　方	貸　　　　　方
(1)		
(2)		
(3)		
(4)		
(5)		
(6)		
(7)		
(8)		

第5章　個人企業の純資産の記帳

学習の要点 ●●●

1．資本金の増減

個人企業の資本金は次のような時に増減する。

〔資本金の増加〕
① 現金などを元入れして開業した
② 開業後に追加で現金などを元入れした
　　　　⇒**追加元入れ**
③ 当期純利益を計上した

〔資本金の減少〕
① 事業主が店の現金や商品などを私用にあてた
　　　　⇒資本の**引き出し**
② 当期純損失を計上した

資　本　金	
〔減　少〕	〔増　加〕
① 引出高	① 元入高
② 純損失	② 追加元入高
	③ 純利益

例1 事業拡張のため，事業主が現金 ¥2,500,000 を追加元入れした。
　　（借）現　　金　2,500,000　　（貸）資　本　金　2,500,000

例2 事業主が私用のため，店の現金 ¥100,000 を引き出した。
　　（借）資　本　金　100,000　　（貸）現　　金　100,000

2．引出金

資本の引き出しが何度かおこなわれる場合には，引き出し時には資本金勘定を用いずに，**引出金勘定**の借方に記入しておき，期末（決算時）に引出金勘定の金額をまとめて資本金勘定に振り替え，資本金勘定を減少させる方法もある。

※ 引出金勘定のように，ある勘定の金額を減少させる役割をもつ勘定を**評価勘定**という。

例3 上記 例2 を引出金勘定を用いて処理した場合
　　（借）引　出　金　100,000　　（貸）現　　金　100,000

例4 決算にあたり，引出金勘定の残高 ¥100,000 を資本金勘定に振り替えた。
　　（借）資　本　金　100,000　　（貸）引　出　金　100,000

基本問題

解答p.13

1 次の取引の仕訳を示しなさい。ただし，商品に関する勘定は3分法によること。なお，引出金勘定は用いないで処理すること。

(1) 現金 ¥700,000 を追加元入れした。
(2) 事業主が店の現金 ¥50,000 を私用にあてた。
(3) 店主が私用のため現金 ¥10,000 と原価 ¥20,000 の商品を店から持ち出した。

	借　　　　　　　方	貸　　　　　　　方
(1)		
(2)		
(3)		

2 次の連続した取引の仕訳を示しなさい。ただし，商品に関する勘定は3分法によること。なお，引出金勘定を用いて処理すること。

(1) 事業主が店の現金¥35,000を私用にあてた。

(2) 事業主が当期に仕入れた原価¥15,000の商品を私用にあてた。

(3) 決算にあたり，引出金勘定の残高¥50,000を資本金勘定に振り替えた。

	借　　　　　　方	貸　　　　　　方
(1)		
(2)		
(3)		

3 次の空欄を埋めなさい。

	期首純資産	追加元入	引出金	収益総額	費用総額	当期純利益	期末純資産
(1)	500,000	100,000	20,000	680,000	420,000		
(2)	625,000		16,000	894,000		198,000	927,000
(3)		200,000	35,000		710,000	345,000	1,840,000
(4)	3,500,000	400,000		3,450,000	2,830,000		4,320,000

検定問題

解答p.14

1 次の取引の仕訳を示しなさい。ただし，商品に関する勘定は3分法によること。

(1) 店主が，店の現金¥90,000を私用のために引き出した。　　　　　（3級　第71回）

(2) 事業主が私用のため，原価¥6,000の商品を使用した。　　　　　（3級　第79回）

(3) 事業主が私用のため，店の現金¥72,000を引き出した。　　　　　（3級　第90回）

(4) 店主が，当期に仕入れた原価¥15,000の商品を私用のために引き出した。　（3級　第65回）

(5) 事業拡張のため，事業主が現金¥850,000を追加元入れした。　　　（3級　第87回）

(6) 事業規模を拡大するため，事業主が現金¥800,000を追加元入れした。　（3級　第84回）

	借　　　　　　方	貸　　　　　　方
(1)		
(2)		
(3)		
(4)		
(5)		
(6)		

第6章　個人企業の税金の記帳

学習の要点 ● ● ●

1．税金の種類と処理

分類（税法上）	税金の種類	勘定科目
費用として認められない	所得税・住民税	資本金の減少または引出金
費用として認められる	事業税・固定資産税・印紙税など	租税公課または各税金の勘定

注）租税公課勘定や各税金の勘定は費用の勘定である

所　得　税…1年間（1/1〜12/31）の利益（課税所得）に対して事業主に課せられる税金
　　　　　　（借）資　本　金　×××　　（貸）現　　　　金　×××
　　　　　　（または引出金）

住　民　税…都道府県や市町村に住所をもつ個人などに課せられる税金
　　　　　　（借）資　本　金　×××　　（貸）現　　　　金　×××
　　　　　　（または引出金）

事　業　税…事業を営んでいることに対して課せられる税金
　　　　　　（借）租　税　公　課　×××　　（貸）現　　　　金　×××
　　　　　　（または事業税）

固定資産税…所有している土地や建物などの固定資産に対して課せられる税金
　　　　　　（借）租　税　公　課　×××　　（貸）現　　　　金　×××
　　　　　　（または固定資産税）

印　紙　税…領収証などを作成したことに課せられる税金
　　　　　　収入印紙を購入して領収証などに貼ることによって支払ったことになる
　　　　　　（借）租　税　公　課　×××　　（貸）現　　　　金　×××
　　　　　　（または印紙税）

2．消費税

商品の販売やサービスの提供などに対して消費者に課せられる税金が**消費税**である。

消費税の会計処理として，全商2級では税抜き方式が出題される。

税抜き方式

商品を仕入れたときに支払った消費税は**仮払消費税勘定**，商品を売り渡したときに受け取った消費税は**仮受消費税勘定**で処理する。期末に2つの勘定を相殺して，差額を**未払消費税勘定**（負債）に計上し，確定申告をおこなって，その消費税を税務署に納付する。

例1　商品を*¥2,200*（消費税*¥200*を含む）で仕入れ，代金は現金で支払った。
　　　（借）仕　　　　入　*2,000*　　（貸）現　　　　金　*2,200*
　　　　　　仮払消費税　*200*

例2　商品を*¥3,300*（消費税*¥300*を含む）で売り渡し，代金は現金で受け取った。
　　　（借）現　　　　金　*3,300*　　（貸）売　　　　上　*3,000*
　　　　　　　　　　　　　　　　　　　　仮受消費税　*300*

例3　決算において，消費税の納付額*¥100*を計上した。
　　　（借）仮受消費税　*300*　　（貸）仮払消費税　*200*
　　　　　　　　　　　　　　　　　　　未払消費税　*100*

例4　確定申告をおこない，消費税*¥100*を税務署に現金で納付した。
　　　（借）未払消費税　*100*　　（貸）現　　　　金　*100*

基本問題

解答p.14

1 次に示した税金について，税法上の費用と認められる税金には○印を，認められない税金には×印を記入しなさい。

固定資産税	所　得　税	印　紙　税	住　民　税	事　業　税

2 次の連続した取引の仕訳を示しなさい。

　　　　7月26日　予定納税制度にもとづいて，本年度の所得税の予定納税額の第1期分￥130,000を，店の現金で納付した。

　　　11月22日　本年度の所得税の予定納税額の第2期分￥130,000を，店の現金で納付した。

　　翌年3月15日　確定申告をおこない，本年度の所得税額が￥400,000と確定したので，予定納税額￥260,000を差し引いた残額￥140,000を，店の現金で納付した。

	借　　　　　　方	貸　　　　　　方
7 /26		
11/22		
3 /15		

3 次の取引の仕訳を示しなさい。

(1)　住民税￥200,000のうち，第1期分￥50,000を店の現金で納付した。

(2)　第4期分の住民税￥50,000を店の現金で納付した。

	借　　　　　　方	貸　　　　　　方
(1)		
(2)		

4 次の取引の仕訳を示しなさい。

(1)　事業税の第1期分￥100,000を現金で納付した。

(2)　固定資産税の第1期分￥80,000を現金で納付した。

(3)　収入印紙￥7,000を買い入れ，代金は現金で支払った。

	借　　　　　　方	貸　　　　　　方
(1)		
(2)		
(3)		

5 次の連続した取引の仕訳を示しなさい。ただし，商品に関する勘定は3分法により，消費税の処理方法は税抜き方式によること。

(1) 商品を∜275,000（消費税∜25,000を含む）で仕入れ，代金は現金で支払った。

(2) 商品を∜440,000（消費税∜40,000を含む）で売り渡し，代金は現金で受け取った。

(3) 期末に消費税の納付額を計上した。

(4) 消費税額∜15,000を現金で納付した。

	借　　　　　方	貸　　　　　方
(1)		
(2)		
(3)		
(4)		

検定問題

解答p.16

1 次の取引の仕訳を示しなさい。ただし，商品に関する勘定は3分法によること。

(1) 営業用の土地と建物に対する固定資産税∜120,000を現金で納付した。　　　　（3級　第78回）

(2) 事業主が，所得税の予定納付額の第1期分∜34,000を，店の現金で納付した。（3級　第86回）

(3) 青森商店から商品∜330,000（消費税∜30,000を含む）を仕入れ，代金は掛けとした。ただし，消費税の処理方法は税抜き方式により，仮払消費税勘定を用いている。（3級　第83回一部修正）

(4) 商品∜264,000（消費税∜24,000を含む）を売り渡し，代金は掛けとした。ただし，消費税の処理方法は税抜き方式により，仮受消費税勘定を用いている。　　　　（3級　第92回）

(5) 宇都宮市役所から固定資産税の納税通知書を受け取り，ただちにこの税額∜180,000を現金で納付した。　　　　（3級　第76回）

(6) 収入印紙∜6,000を購入し，代金は現金で支払った。　　　　（3級　第90回）

	借　　　　　方	貸　　　　　方
(1)		
(2)		
(3)		
(4)		
(5)		
(6)		

第7章 訂正仕訳

学習の要点 ● ● ●

仕訳の誤りを後日に発見したときは，正しい記帳に戻すため，次の順序で訂正仕訳をする。

① 誤りの仕訳と貸借反対の仕訳をする（誤りの仕訳を消滅させるため）。

② 正しい仕訳をする。

例 事務用文房具¥4,000 を現金で購入したさいに，誤って備品勘定で処理していたことがわかったので，これを訂正する。

〔誤った仕訳〕 （借）備　　　品　4,000 　　（貸）現　　　金　4,000

〔貸借反対の仕訳〕（借）現　　　金　4,000 　　（貸）備　　　品　4,000
〔正しい仕訳〕 （借）消耗品費　4,000 　　（貸）現　　　金　4,000

次に，貸借反対の仕訳と正しい仕訳の現金を相殺する。

〔訂正仕訳〕 （借）消耗品費　4,000 　　（貸）備　　　品　4,000 **解答**

基本問題

解答p.16

1 次の取引の仕訳を示しなさい。ただし，商品に関する勘定は３分法によること。

(1) 代金を月末に支払う約束で備品¥150,000 を買い入れたさい，誤って次の仕訳をしていたので，本日，これを訂正した。
（借）仕　　　入　150,000 　　（貸）買　掛　金　150,000

(2) 秋田商店から，掛けで仕入れた商品の一部¥170,000 を返品したとき，誤って商品¥170,000 を掛けで売り渡した仕訳をしていたので，本日，これを訂正した。

(3) 売掛金¥100,000 を現金で回収したさい，誤って次の仕訳をしていたので，これを訂正した。
（借）現　　　金　100,000 　　（貸）売　　　上　100,000

(4) さきに現金¥3,000 が不足していることを発見したとき，誤って次の仕訳をしていたので，本日，これを訂正した。
（借）現　　　金　3,000 　　（貸）現金過不足　3,000

	借　　　　　方	貸　　　　　方
(1)		
(2)		
(3)		
(4)		

検定問題

解答p.17

1 次の取引の仕訳を示しなさい。ただし，商品に関する勘定は3分法によること。

(1) 得意先宇都宮商店に商品を売り渡し，当店負担の発送費 ¥16,000 を現金で支払ったさい，誤って次のように仕訳をしていたので修正する。　　　　　　　　　　　　（第86回　決算）

　　（借）雑　　　　費　16,000　　（貸）現　　　　金　16,000

(2) 得意先北陸商店から商品の注文を受け，内金 ¥200,000 を受け取っていたが，得意先中部商店に対する売掛金の回収額として処理していたので，これを修正する。　　　　（第83回　決算）

(3) 当期首に購入した備品 ¥300,000 を，消耗品費勘定で処理していたので，これを修正する。

　　　　　　　　　　　　　　　　　　　　　　　　　　　　　　　　　　　（第73回　決算）

(4) 兵庫商店に，商品の注文に対する内金として，小切手 ¥200,000 を振り出したときに，誤って，買掛金の支払いとして記帳していたので，本日，これを訂正した。　　　（第41回一部修正）

(5) 古川商店から，掛けで仕入れた商品の一部 ¥50,000 を返品したとき，誤って商品 ¥50,000 を掛けで売り渡したように処理していたことがわかったので，本日，これを訂正した。　（第32回）

(6) さきに，得意先霧島商店から同店振り出しの小切手 ¥160,000 を受け取ったさい，全額を商品の注文に対する内金として処理していたが，このうち ¥100,000 は売掛金の回収であることがわかったので，本日，これを訂正した。　　　　　　　　　　　　　　　　　　　　（第46回）

(7) さきに商品 ¥360,000 を掛けで仕入れたときに，誤って ¥630,000 と記帳されていることがわかったので，本日，これを訂正した。　　　　　　　　　　　　　　　　　　　　　（第38回）

(8) さきに現金の実際有高が帳簿残高より ¥4,000 過剰であることがわかったとき，誤って次のような仕訳をしていたので，本日，これを訂正した。　　　　　　　　　　　　　　（第35回）

　　（借）現 金 過 不 足　4,000　　（貸）現　　　　金　4,000

(9) さきに，現金の過剰額 ¥2,700 を現金過不足勘定で処理していたが，その原因は商品 ¥79,600 を現金で売り渡したときに，誤って ¥76,900 と記帳していたためであることがわかったので，本日，これを訂正した。　　　　　　　　　　　　　　　　　　　　　　　　　　　（第43回一部修正）

	借　　　　　方	貸　　　　　方
(1)		
(2)		
(3)		
(4)		
(5)		
(6)		
(7)		
(8)		
(9)		

Ⅱ 決算

第1章　固定資産の減価償却

学習の要点 ●●●

　固定資産の減価償却について，これまでは定額法で減価償却費を計算し，直接法で記帳する方法を学習した。しかし，記帳方法や計算方法には他の方法も存在する。ここでは，記帳方法としての間接法と，計算方法としての定率法について学習する。

1．減価償却の記帳方法

　減価償却の記帳方法には，直接法と**間接法**がある。

	記　帳　方　法	特　　徴
直接法	固定資産の勘定残高を直接減額していく方法	固定資産を直接減額するので処理がわかりやすいが，取得原価を知ることが困難である。
間接法	固定資産の勘定は取得原価のままにしておき，減価償却額は固定資産ごとに設けられた減価償却累計額勘定に合計していく方法	固定資産の取得原価と減価償却累計額を勘定残高で知ることができる。

　例　決算（12/31）において，備品の減価償却費 ¥150,000 に関する処理を，直接法と間接法によっておこないなさい。ただし，この備品は前期首に ¥900,000 で取得したものである。

　　直接法
　　（借）減 価 償 却 費　150,000　（貸）備　　　　　品　150,000
　　（借）損　　　　　益　150,000　（貸）減 価 償 却 費　150,000

備	品		
*1/1 前期繰越	750,000	12/31 減価償却費	150,000
		〃 次期繰越	600,000
	750,000		750,000
1/1 前期繰越	600,000		

減 価 償 却 費			
12/31 備　品	150,000	12/31 損　益	150,000

損		益	
12/31 減価償却費	150,000		

＊￥900,000 の取得原価から１年分の減価償却額￥150,000 が控除された金額

間接法

（借）　減 価 償 却 費　150,000　　（貸）　備品減価償却累計額　150,000
（借）　損　　　　　　益　150,000　　（貸）　減 価 償 却 費　150,000

備	品		
1/1 前期繰越	900,000	12/31 次期繰越	900,000
1/1 前期繰越	900,000		

減 価 償 却 費			
12/31 備品減価償却累計額	150,000	12/31 損　益	150,000

備品減価償却累計額			
12/31 次期繰越	300,000	1/1 前期繰越	150,000
		12/31 減価償却費	150,000
	300,000		300,000
		1/1 前期繰越	300,000

損		益	
12/31 減価償却費	150,000		

（注）　期末における備品の帳簿価額
￥900,000 − ￥300,000 ＝ ￥600,000

《間接法による貸借対照表の表示方法》

貸 借 対 照 表

○○商店　　　　　　　　　令和○年12月31日　　　　　　　　（単位：円）

資　　　　産	金　額	負債および純資産	金　額
⋮			
備　　　　品　900,000			
*減 価 償 却 累 計 額△300,000	600,000		

＊勘定科目は備品減価償却累計額だが，貸借対照表には減価償却累計額と記載する。

2．減価償却費の計算方法

減価償却費の計算方法には，**定額法**や**定率法**などがある。

	計 算 方 法	特　　徴
定額法	毎期の償却額＝$\dfrac{\text{取得原価}-\text{残存価額}}{\text{耐用年数}}$	毎期，同一額を減価償却費として計上する方法。陳列棚などの備品や建物などに適用される。
定率法	毎期の償却額＝未償却残高*×償却率	償却額は初期に多く，しだいに償却額が少なくなる。コンピュータなどの備品や機械装置などに適用される。

＊当期の減価償却前の帳簿価額のことで，間接法では固定資産の取得原価から減価償却累計額を差し引いた金額である。

例　取得原価￥1,500,000　残存価額は零（0）　耐用年数10年の固定資産の第１期～第３期までの減価償却費を定額法と定率法によって計算しなさい。ただし，決算は年１回，定率法の償却率は20%　固定資産は第１期の期首に取得したものとする。

定額法
　　第１期～第３期　（￥1,500,000 − ￥0）÷10年 ＝ ￥150,000
定率法
　　第１期　￥1,500,000 ×20% ＝ ￥300,000
　　第２期　（￥1,500,000 − ￥300,000）×20% ＝ ￥240,000
　　第３期　（￥1,500,000 − ￥300,000 − ￥240,000）×20% ＝ ￥192,000

基本問題

解答p.19

1 決算にあたり，取得原価*¥1,600,000* の備品について *¥180,000* の減価償却費を計上した。
(1)直接法，(2)間接法によって仕訳しなさい。

	借　　　　　方	貸　　　　　方
(1)		
(2)		

2 宮城商店(個人企業　決算年1回　12月31日)の総勘定元帳勘定残高（一部）と決算整理事項から，
(1)　決算整理仕訳を示し，各勘定に転記しなさい。
(2)　減価償却費勘定の残高を損益勘定に振り替える仕訳を示し，各勘定に転記して締め切りなさい。
ただし，損益勘定は締め切らなくてよい。
元帳勘定残高(一部)
　　備　　　　　品　*¥3,000,000*　　備品減価償却累計額　*¥1,200,000*
決算整理事項
　　備品減価償却高　　定額法による。ただし，取得原価*¥3,000,000*　残存価額は零（0）　耐用年
　　数は10年とする。

	借　　　　　方	貸　　　　　方
(1)		
(2)		

備　　　　　品

1／1前　期　繰　越　3,000,000

備品減価償却累計額

　　　　　　　　　　1／1前　期　繰　越　1,200,000

減　価　償　却　費

損　　　　　益

3　次の備品の減価償却に関する資料によって，第 1 期から第 3 期までの減価償却費と備品減価償却累計額の金額を計算しなさい。ただし，決算は年 1 回とし，備品は第 1 期の期首に取得したものとする。

　資　料

　　取得原価　　¥2,500,000

　　定額法による。ただし，残存価額は零(0)　耐用年数は10年とする。

	第 1 期	第 2 期	第 3 期
減 価 償 却 費	¥	¥	¥
備品減価償却累計額	¥	¥	¥

4　福島商店（個人企業　決算年 1 回　12月31日）の総勘定元帳勘定残高（一部）と決算整理事項から，

(1)　決算整理仕訳を示しなさい。

(2)　減価償却費勘定の残高を損益勘定に振り替える仕訳を示しなさい。

　　元帳勘定残高（一部）

　　備　　　　　品　¥2,000,000　　備品減価償却累計額　¥500,000

　　決算整理事項

　　　備品減価償却高　　定率法による。ただし，償却率は25%とする。

	借　　　　　　　方	貸　　　　　　　方
(1)		
(2)		

5　次の備品の減価償却に関する資料によって，第 1 期から第 3 期までの減価償却費と備品減価償却累計額の金額を計算しなさい。ただし，決算は年 1 回とし，備品は第 1 期の期首に取得したものとする。

　資　料

　　取得原価　　¥2,500,000

　　定率法による。ただし，償却率は20%とする。

	第 1 期	第 2 期	第 3 期
減 価 償 却 費	¥	¥	¥
備品減価償却累計額	¥	¥	¥

6　次の資料によって，それぞれの減価償却費の金額を計算しなさい。ただし，決算は年 1 回とする。

(1)　取得原価　¥15,000,000　残存価額は取得原価の10%　耐用年数30年　定額法

(2)　取得原価　¥2,800,000　残存価額は零(0)　耐用年数 8 年　定額法

(3)　取得原価　¥1,200,000　減価償却累計額　¥300,000　定率法（毎期の償却率は25%）

(1)	¥	(2)	¥	(3)	¥

検定問題

解答p.21

1 　沖縄商店(個人企業　決算年1回　12月31日)の総勘定元帳勘定残高（一部）と決算整理事項から，決算整理仕訳を示し，損益計算書と貸借対照表に必要な記入をしなさい。　　　　　（第77回一部修正）

元帳勘定残高(一部)

　　備　　　　　品　　*¥2,300,000*　　備品減価償却累計額　*¥920,000*

決算整理事項

　　備品減価償却高　　定額法による。ただし，残存価額は零（0）　耐用年数は5年とする。

借　　　　　　方		貸　　　　　　方	

損　益　計　算　書

沖縄商店　　　　　　令和○年1月1日から令和○年12月31日まで　　　　　（単位：円）

費　　　用	金　　　額	収　　　益	金　　　額
（　　　　　　）			

貸　借　対　照　表

沖縄商店　　　　　　　　　　　令和○年12月31日　　　　　　　　　　　（単位：円）

資　　　産	金　　　額	負債および純資産	金　　　額
備　　　品　（　　　　）			
減価償却累計額　△（　　　　）			

2 　九州商店(個人企業　決算年1回　12月31日)の総勘定元帳勘定残高（一部）と決算整理事項から，決算整理仕訳を示し，損益計算書と貸借対照表に必要な記入をしなさい。　　　　　（第81回一部修正）

元帳勘定残高(一部)

　　備　　　　　品　　*¥1,280,000*　　備品減価償却累計額　*¥560,000*

決算整理事項

　　備品減価償却高　　定率法による。ただし，償却率は25%とする。

借　　　　　　方		貸　　　　　　方	

損　益　計　算　書

九州商店　　　　　　令和○年1月1日から令和○年12月31日まで　　　　　（単位：円）

費　　　用	金　　　額	収　　　益	金　　　額
（　　　　　　）			

貸　借　対　照　表

九州商店　　　　　　　　　　　令和○年12月31日　　　　　　　　　　　（単位：円）

資　　　産	金　　　額	負債および純資産	金　　　額
備　　　品　（　　　　）			
減価償却累計額　△（　　　　）			

第2章　有価証券の評価

学習の要点 ● ● ●

　　貸借対照表に記載する有価証券の価額を決定することを，有価証券の評価という。売買を目的として保有する有価証券は，決算時には時価で評価する。時価は絶えず変動しており，決算にあたって評価替えする必要がある。

　　時価の変動により利益を得ることを目的として保有する有価証券を，「売買目的有価証券」という場合もある。

(1)　時価が，帳簿価額より下落した場合（時価＜帳簿価額）

　　時価と帳簿価額の差額を有価証券勘定の貸方に記入するとともに，**有価証券評価損勘定**（費用の勘定）の借方に記入する。

(2)　時価が，帳簿価額より上昇した場合（時価＞帳簿価額）

　　時価と帳簿価額の差額を有価証券勘定の借方に記入するとともに，**有価証券評価益勘定**（収益の勘定）の貸方に記入する。

　例1　12/31　決算にあたり，売買目的で保有する横浜商事株式会社の株式100株（帳簿価額1株 ¥6,000 ）を時価（1株 ¥5,800 ）に評価替えした。

　　　〃　　　有価証券評価損勘定の残高を損益勘定に振り替えた。

　　12/31　（借）有価証券評価損　20,000　　　（貸）有　価　証　券　20,000
　　　　　　（@ ¥5,800 － @ ¥6,000 ）×100株＝△ ¥20,000
　　　〃　　（借）損　　　　　　　益　20,000　　　（貸）有価証券評価損　20,000

```
        有　価　証　券                      有 価 証 券 評 価 損
            600,000 │12/31有価証券評価損 20,000   12/31有価証券 20,000│12/31損  益 20,000
          ╱         │  〃 次 期 繰 越 580,000
            600,000 │         600,000            損          益
1/1 前期繰越 580,000│                       12/31有価証券評価損 20,000│
```

　例2　12/31　決算にあたり，売買目的で保有する横浜商事株式会社の株式100株（帳簿価額　1株 ¥6,000 ）を時価（1株 ¥6,200 ）に評価替えした。

　　　〃　　　有価証券評価益勘定の残高を損益勘定に振り替えた。

　　12/31　（借）有　価　証　券　20,000　　　（貸）有価証券評価益　20,000
　　　　　　（@ ¥6,200 － @ ¥6,000 ）×100株＝ ¥20,000
　　　〃　　（借）有価証券評価益　20,000　　　（貸）損　　　　　　　益　20,000

```
        有　価　証　券                      有 価 証 券 評 価 益
            600,000 │12/31次期繰越 620,000      12/31損  益 20,000│12/31有価証券 20,000
12/31有価証券評価益 20,000│  ╱
            620,000 │         620,000            損          益
1/1 前期繰越 620,000│                                        │12/31有価証券評価益 20,000
```

　　（注）　売買目的で保有する有価証券は，売買目的有価証券勘定で処理することもある。

基本問題

解答p.22

1 次の一連の取引について，仕訳を示し，各勘定に転記して締め切りなさい。ただし，損益勘定は締め切らなくてよい。

10/19 売買目的で川崎商事株式会社の株式200株を1株￥7,200で買い入れ，代金は小切手を振り出して支払った。

12/31 決算にあたり，上記株式を時価（1株￥6,800）に評価替えした。

〃 有価証券評価損勘定の残高を損益勘定に振り替えた。

	借 方	貸 方
10/19		
12/31		
〃		

有 価 証 券

有 価 証 券 評 価 損

損 益

2 次の決算仕訳を示し，各勘定に転記して締め切りなさい。ただし，損益勘定は締め切らなくてよい。

12/31 売買目的で保有している神奈川商事株式会社の株式100株（帳簿価額 1株￥6,500）を時価（1株￥7,200）に評価替えした。

〃 有価証券評価益勘定の残高を損益勘定に振り替えた。

	借 方	貸 方
12/31		
〃		

有 価 証 券

650,000

有 価 証 券 評 価 益

損 益

3　次の決算整理仕訳を示しなさい。

(1)　決算にあたり，売買目的で保有する相模商事株式会社の株式500株（帳簿価額　1株￥3,600）を時価（1株￥3,900）に評価替えした。

(2)　決算にあたり，売買目的で保有する埼玉商事株式会社の株式300株（帳簿価額　1株￥3,500）を時価（1株￥3,150）に評価替えした。

(3)　決算にあたり，売買目的で保有する青森商事株式会社の社債　額面￥3,000,000（帳簿価額￥2,940,000）を時価（￥2,850,000）に評価替えした。

(4)　決算にあたり，売買目的で保有する幕張商事株式会社の社債　額面￥4,000,000（帳簿価額　額面￥100につき￥96）を時価（額面￥100につき￥97）に評価替えした。

	借　　　　　方	貸　　　　　方
(1)		
(2)		
(3)		
(4)		

4　次の一連の取引について，仕訳を示し，各勘定に転記して締め切りなさい。ただし，開始記入はおこなわなくてよい。

4/1　売買目的で横浜商事株式会社の株式600株を1株￥6,400で買い入れ，代金は買入手数料￥30,000とともに小切手を振り出して支払った。

9/30　上記株式のうち200株を1株￥7,000で売却し，代金は現金で受け取った。

12/31　決算にあたり，保有している上記株式400株を時価（1株￥6,700）に評価替えした。

〃　有価証券売却益勘定と有価証券評価益勘定の残高を損益勘定に振り替えた。

	借　　　　　方	貸　　　　　方
4/1		
9/30		
12/31		
〃		

有　価　証　券

有　価　証　券　売　却　益

有　価　証　券　評　価　益

検定問題

解答p.23

1 沖縄商店(個人企業 決算年1回 12月31日)の総勘定元帳勘定残高（一部）と決算整理事項は，次のとおりであった。よって，決算整理仕訳を示し，損益計算書と貸借対照表に必要な記入をしなさい。

(第77回一部修正)

元帳勘定残高(一部)

　　有 価 証 券　　¥1,590,000

決算整理事項

　　有価証券評価高　　売買を目的として保有する次の株式について，時価によって評価する。

　　　　宮古物産株式会社　30株

　　　　帳簿価額　1株　¥53,000　　時価　1株　¥57,000

借	方	貸	方

損 益 計 算 書

沖縄商店　　　　令和○年1月1日から令和○年12月31日まで　　　　（単位：円）

費　　用	金　　額	収　　益	金　　額
〰〰〰	〰〰〰	〰〰〰	〰〰〰
		(　　　　　)	

貸 借 対 照 表

沖縄商店　　　　　　　　令和○年12月31日　　　　　　　　（単位：円）

資　　産	金　　額	負債および純資産	金　　額
〰〰〰	〰〰〰	〰〰〰	〰〰〰
(　　　　)	(　　　　)		

2 関東商店(個人企業 決算年1回 12月31日)の総勘定元帳勘定残高（一部）と決算整理事項は，次のとおりであった。よって，決算整理仕訳を示しなさい。

(第78回一部修正)

元帳勘定残高(一部)

　　有 価 証 券　　¥1,440,000

決算整理事項

　　有価証券評価高　　有価証券は，売買目的で保有している次の株式であり，時価によって評価する。

　　　　南西商事株式会社　20株　　時価　1株　¥70,000

借	方	貸	方

第3章　費用・収益の繰り延べ

　　費用や収益はその支出や収入にもとづいて記帳されるが，そのままでは1会計期間の費用・収益の発生額を正しく示していない場合がある。このような場合，1会計期間の損益計算を正しくおこなうためには，支出額・収入額を修正し，その会計期間に発生した費用と収益の額を表示することが必要になる。この修正の手続きが**費用の繰り延べ・収益の繰り延べ・費用の見越し・収益の見越し**である。

　　費用として支払った金額や収益として受け取った金額のうちに，次期以降に属する費用や収益が含まれている場合，次期以降に属する費用や収益を当期の損益計算から除く必要がある。この手続きを費用・収益の繰り延べという。

１．費用の繰り延べ

　　費用として支払った金額のうち次期以降に属する費用が含まれている場合，当期の損益計算から除き，一時的に**前払費用**（資産）として次期に繰り延べる。前払費用には，前払保険料勘定，前払家賃勘定，前払地代勘定，前払利息勘定などがある。

２．収益の繰り延べ

　　収益として受け取った金額のうち次期以降に属する収益が含まれている場合，当期の損益計算から除き，一時的に**前受収益**（負債）として次期に繰り延べる。前受収益には，前受家賃勘定，前受地代勘定，前受利息勘定などがある。

例1　取　引

　　4／1　　火災保険契約を結び，向こう1年分の保険料として*¥120,000* を現金で支払った。

　　12/31　　決算にあたり，保険料の前払高を次期に繰り延べた。（決算整理仕訳）

　　　〃　　保険料勘定の残高を損益勘定に振り替えた。（決算振替仕訳）

　　1／1　　前払保険料勘定を保険料勘定に振り戻した。（再振替仕訳）

4／1	（借）	保　険　料	*120,000*		（貸）	現　　　金	*120,000*
12/31	（借）	前払保険料	*30,000*[*1]		（貸）	保　険　料	*30,000*
〃	（借）	損　　　益	*90,000*		（貸）	保　険　料	*90,000*
1／1	（借）	保　険　料	*30,000*		（貸）	前払保険料	*30,000*

保　険　料

4／1現　　金 *120,000*	12/31前払保険料 *30,000*
	〃 損　益 *90,000*
120,000	*120,000*
1／1前払保険料 *30,000*	

前　払　保　険　料

12/31保　険　料 *30,000*	12/31次期繰越 *30,000*
1／1前期繰越 *30,000*	1／1保　険　料 *30,000*

損　　　益

12/31保　険　料 *90,000*	

ポイント

* 1　前払保険料(資産の勘定)

4 / 1　支払高　¥120,000

¥90,000
当期分(損益勘定に振替)

決算

¥30,000 … ¥120,000 × $\dfrac{3 \text{か月}}{12 \text{か月}}$

次期分(前払保険料勘定に振替)

[例]2　取　引

4 / 1　事務用の文房具¥80,000 を買い入れ，代金は現金で支払った。

12/31　決算にあたり，消耗品の未使用分¥20,000 を次期に繰り延べた。
　　　　　　　　　　　　　　　　　　　　　　　　　　　　(決算整理仕訳)

　〃　　消耗品費勘定の残高を損益勘定に振り替えた。(決算振替仕訳)

1 / 1　消耗品勘定を消耗品費勘定に振り戻した。(再振替仕訳)

4 / 1	(借) 消 耗 品 費	80,000	(貸) 現　　　金	80,000
12/31	(借) 消 耗 品	20,000	(貸) 消 耗 品 費	20,000
〃	(借) 損　　　益	60,000	(貸) 消 耗 品 費	60,000
1 / 1	(借) 消 耗 品 費	20,000	(貸) 消 耗 品	20,000

```
            消　耗　品　費                      消　耗　品
4/1 現    金  80,000 │12/31 消 耗 品  20,000   12/31 消耗品費  20,000 │12/31 次期繰越  20,000
                    │  〃  損    益  60,000    1/1 前期繰越  20,000 │ 1/1 消 耗 品費  20,000
              80,000 │          80,000
1/1 消 耗 品  20,000 │                                   損          益
                                             12/31 消耗品費  60,000 │
```

[例]3　取　引

4 / 1　店舗の賃貸契約を結び，向こう 1 年分の家賃として¥120,000 を現金で受け取った。

12/31　決算にあたり，家賃の前受高を次期に繰り延べた。(決算整理仕訳)

　〃　　受取家賃勘定の残高を損益勘定に振り替えた。(決算振替仕訳)

1 / 1　前受家賃勘定を受取家賃勘定に振り戻した。(再振替仕訳)

4 / 1	(借) 現　　　金	120,000	(貸) 受 取 家 賃	120,000
12/31	(借) 受 取 家 賃	30,000	(貸) 前 受 家 賃	30,000[*1]
〃	(借) 受 取 家 賃	90,000	(貸) 損　　　益	90,000
1 / 1	(借) 前 受 家 賃	30,000	(貸) 受 取 家 賃	30,000

```
            受　取　家　賃                      前　受　家　賃
12/31 前受家賃  30,000 │4/1 現    金  120,000   12/31 次期繰越  30,000 │12/31 受取家賃  30,000
  〃  損    益  90,000 │                         1/1 受取家賃  30,000 │ 1/1 前期繰越  30,000
              120,000 │          120,000                          損          益
                      │1/1 前受家賃  30,000                         │12/31 受取家賃  90,000
```

ポイント

＊1　前受家賃の金額計算は例1の前払保険料の計算と同一。

● 例1～3をもとに，損益計算書と貸借対照表の記入面を示す。

<table>
<tr><th colspan="4">損　益　計　算　書</th></tr>
<tr><th colspan="4">令和○年1月1日から令和○年12月31日まで（単位：円）</th></tr>
<tr><th>費　用</th><th>金　額</th><th>収　益</th><th>金　額</th></tr>
<tr><td>保 険 料</td><td>90,000</td><td>受取家賃</td><td>90,000</td></tr>
<tr><td>消耗品費</td><td>60,000</td><td></td><td></td></tr>
</table>

<table>
<tr><th colspan="4">貸　借　対　照　表</th></tr>
<tr><th colspan="4">令和○年12月31日　　（単位：円）</th></tr>
<tr><th>資　産</th><th>金　額</th><th>負債および純資産</th><th>金　額</th></tr>
<tr><td>消 耗 品</td><td>20,000</td><td>前受家賃</td><td>30,000</td></tr>
<tr><td>前払保険料</td><td>30,000</td><td></td><td></td></tr>
</table>

基本問題

解答p.24

1　次の一連の取引について，仕訳を示し，各勘定に転記して締め切りなさい。ただし，損益勘定は締め切らなくてよい。

5／1　火災保険契約を結び，1年分の保険料￥60,000を現金で支払った。

12／31　決算にあたり，保険料の前払高￥20,000を次期に繰り延べた。

〃　　保険料勘定の残高￥40,000を損益勘定に振り替えた。

1／1　前払保険料勘定を保険料勘定に振り戻した。

	借　　　方	貸　　　方
5／1		
12／31		
〃		
1／1		

保　険　料

前　払　保　険　料

損　　益

2　次の一連の取引について，仕訳を示し，各勘定に転記して締め切りなさい。なお，消耗品については買い入れ時に費用として処理すること。ただし，損益勘定は締め切らなくてよい。

　8/ 5　事務用の文房具 ¥70,000 を買い入れ，代金は現金で支払った。

　12/31　決算にあたり，消耗品の未使用分 ¥15,000 を次期に繰り延べた。

　　〃　　消耗品費勘定の残高 ¥55,000 を損益勘定に振り替えた。

　1/ 1　消耗品勘定を消耗品費勘定に振り戻した。

	借　　　　　　方	貸　　　　　　方
8/ 5		
12/31		
〃		
1/ 1		

消　耗　品　費

消　耗　品

損　　　益

3　次の一連の取引について，仕訳を示し，各勘定に転記して締め切りなさい。ただし，損益勘定は締め切らなくてよい。

　9/ 1　店舗の賃貸契約を結び，本年9月1日からの6か月分の家賃 ¥480,000 を現金で受け取った。

　12/31　決算にあたり，家賃の前受高 ¥160,000 を次期に繰り延べた。

　　〃　　受取家賃勘定の残高 ¥320,000 を損益勘定に振り替えた。

　1/ 1　前受家賃勘定を受取家賃勘定に振り戻した。

	借　　　　　　方	貸　　　　　　方
9/ 1		
12/31		
〃		
1/ 1		

受　取　家　賃

前　受　家　賃

損　　　益

4　次の一連の取引について，仕訳を示し，各勘定に転記して締め切りなさい。なお，消耗品については買い入れ時に費用として処理すること。ただし，損益勘定は締め切らなくてよい。

　9／3　事務用の文房具¥120,000を買い入れ，代金は現金で支払った。
　12/31　決算にあたり，消耗品の未使用高は¥38,000であった。
　　〃　消耗品費勘定の残高を損益勘定に振り替えた。
　1／1　消耗品勘定を消耗品費勘定に振り戻した。

	借　　　　方	貸　　　　方
9／3		
12/31		
〃		
1／1		

消　耗　品　費

消　耗　品

損　　　益

5　次の一連の取引について，仕訳を示し，各勘定に転記して締め切りなさい。ただし，損益勘定は締め切らなくてよい。

　7／1　本年7月1日からの1年分の地代¥360,000を現金で受け取った。
　12/31　決算にあたり，地代の前受高を次期に繰り延べた。
　　〃　受取地代勘定の残高を損益勘定に振り替えた。
　1／1　前受地代勘定を受取地代勘定に振り戻した。

	借　　　　方	貸　　　　方
7／1		
12/31		
〃		
1／1		

受　取　地　代

前　受　地　代

損　　　益

6　次の総勘定元帳勘定残高（一部）と決算整理事項から，決算整理仕訳を示しなさい。

（決算年1回　12月31日）

元帳勘定残高（一部）

受取手数料　*¥200,000*　　受取家賃　*¥800,000*　　保険料　*¥42,000*

消耗品費　　*140,000*　　支払利息　　*60,000*

決算整理事項

a．手数料前受高　　*¥50,000*

b．家賃前受高　　受取家賃のうち*¥600,000*は，本年5月1日からの1年分を受け取ったものであり，前受高を次期に繰り延べる。

c．保険料前払高　　保険料のうち*¥36,000*は，本年3月1日からの1年分を支払ったものであり，前払高を次期に繰り延べる。

d．消耗品未使用高　　*¥30,000*

e．利息前払高　　*¥20,000*

	借　　　　　方	貸　　　　　方
a		
b		
c		
d		
e		

7　前問**6**より，損益計算書と貸借対照表に必要な記入をしなさい。

損　益　計　算　書

○○商店　　　　　令和○年1月1日から令和○年12月31日まで　　　　　（単位：円）

費　　　用	金　　額	収　　益	金　　額
〜〜〜	〜〜〜	〜〜〜	〜〜〜
保　険　料		受取手数料	
消耗品費		（　　　　　）	
支払利息			

貸　借　対　照　表

○○商店　　　　　　　　　令和○年12月31日　　　　　　　　　（単位：円）

資　　産	金　　額	負債および純資産	金　　額
〜〜〜	〜〜〜	〜〜〜	〜〜〜
消　耗　品		（　　　　　）	
（　　　　　）		（　　　　　）	
（　　　　　）			

検定問題

解答p.28

１ 次の総勘定元帳勘定残高（一部）と決算整理事項から，決算整理仕訳を示しなさい。

（決算年１回　12月31日）

元帳勘定残高（一部）

受取手数料	¥ 96,000	受取地代 ¥ 60,000	支払家賃 ¥900,000
保険料	259,000	消耗品費 168,000	

決算整理事項

a．消耗品未使用高　　¥ 29,000　　　　　　　　　　　　　　　　　　　（第81回）

b．手数料前受高　　　¥ 32,000　　　　　　　　　　　　　　　　　　　（第44回）

c．地代前受高　　　　受取地代の¥ 60,000 は，本年５月分からの１年分の地代であり，前受高を次期に繰り延べる。　　　　　　　　　　　　　　　　　　　　　　　　　（第42回）

d．家賃前払高　　　　支払家賃のうち¥ 360,000 は，本年10月から翌年３月分までを支払ったものであり，前払高を次期に繰り延べる。　　　　　　　　　　　　　　　（第62回）

e．保険料前払高　　　保険料のうち¥ 195,000 は，本年５月１日から１年分の保険料として支払ったものであり，前払高を次期に繰り延べる。　　　　　　　　　　（第84回）

	借　　　方	貸　　　方
a		
b		
c		
d		
e		

２ 前問**１**より，損益計算書と貸借対照表に必要な記入をしなさい。

損　益　計　算　書

○○商店　　　令和○年１月１日から令和○年12月31日まで　　　（単位：円）

費　　用	金　　額	収　　益	金　　額
〜〜〜	〜〜〜	〜〜〜	〜〜〜
支　払　家　賃		受　取　手　数　料	
保　険　料		（　　　　　　　）	
消　耗　品　費			

貸　借　対　照　表

○○商店　　　　　　　令和○年12月31日　　　　　　　（単位：円）

資　　産	金　　額	負債および純資産	金　　額
〜〜〜	〜〜〜	〜〜〜	〜〜〜
消　耗　品		（　　　　　）	
（　　　　　）		（　　　　　）	
（　　　　　）			

第4章 費用・収益の見越し

学習の要点 ●●●

1．費用の見越し

当期の費用として発生はしているが，まだ支払っていない分がある場合には，この未払額を当期の費用に加えるとともに，一時的に**未払費用**(負債)として次期に繰り越す。未払費用には，未払家賃勘定，未払地代勘定，未払広告料勘定，未払利息勘定などがある。

2．収益の見越し

当期の収益として発生はしているが，まだ受け取っていない分がある場合には，この未収額を当期の収益に加えるとともに，一時的に**未収収益**(資産)として次期に繰り越す。未収収益には，未収家賃勘定，未収地代勘定，未収利息勘定などがある。

3．繰り延べと見越しのまとめ

繰り延べ……何か月分かをまとめて前払いする契約のときに発生。
見 越 し……何か月分かをまとめて後払いする契約のときに発生。

	資 産	負 債
繰り延べ	前　払	前　受
見 越 し	未　収	未　払

繰り延べ
(借) 前払××× (貸) 支払×××
(借) 受取××× (貸) 前受×××

見 越 し
(借) 未収××× (貸) 受取×××
(借) 支払××× (貸) 未払×××

前払費用・前受収益・未収収益・未払費用は，決算時にだけ発生し，翌期首には消滅する勘定であり，経過勘定と呼ばれる。

例1　取　引

10/31　経過した6か月分の家賃 ¥360,000 を現金で支払った。
12/31　決算にあたり，家賃の未払高を計上した。(決算整理仕訳)
　〃　　支払家賃勘定の残高を損益勘定に振り替えた。(決算振替仕訳)
1/1　未払家賃勘定を支払家賃勘定に振り戻した。(再振替仕訳)
4/30　経過した6か月分の家賃 ¥360,000 を現金で支払った。

10/31	(借)	支 払 家 賃	360,000		(貸)	現　　　金	360,000	
12/31	(借)	支 払 家 賃	120,000		(貸)	未 払 家 賃	120,000	*1
〃	(借)	損　　　益	480,000		(貸)	支 払 家 賃	480,000	
1/1	(借)	未 払 家 賃	120,000		(貸)	支 払 家 賃	120,000	
4/30	(借)	支 払 家 賃	360,000		(貸)	現　　　金	360,000	

支　払　家　賃	
10/31 現　　金 *360,000*	12/31 損　　益 *480,000*
12/31 未払家賃 *120,000*	
480,000	*480,000*
4/30 現　　金 *360,000* *²	1/1 未払家賃 *120,000* *²

未　払　家　賃	
12/31 次期繰越 *120,000*	12/31 支払家賃 *120,000*
1/1 支払家賃 *120,000*	1/1 前期繰越 *120,000*

損　　益	
12/31 支払家賃 *480,000*	

ポイント

＊1　未払家賃（負債の勘定）

当期分（損益勘定に振替）*480,000*

○　10/31支払分

・　4/30支払分

支払高　　　未払高
360,000　*120,000* … *360,000* × $\dfrac{2\text{か月}}{6\text{か月}}$

＊2　残高 *240,000*（*360,000* － *120,000*）が，1～4月分の家賃である。

例2　取引

4/1　地代は6か月ごとの後払いの契約で，店舗の賃貸契約を結んだ。

9/30　経過した6か月分の地代 *360,000* を現金で受け取った。

12/31　決算にあたり，地代の未収高を計上した。（決算整理仕訳）

〃　受取地代勘定の残高を損益勘定に振り替えた。（決算振替仕訳）

1/1　未収地代勘定を受取地代勘定に振り戻した。（再振替仕訳）

3/31　経過した6か月分の地代 *360,000* を現金で受け取った。

4/1　仕訳なし

9/30　（借）現　　　　金　360,000　　　（貸）受　取　地　代　360,000

12/31　（借）未　収　地　代　180,000 *¹　　（貸）受　取　地　代　180,000

〃　（借）受　取　地　代　540,000　　　（貸）損　　　　益　540,000

1/1　（借）受　取　地　代　180,000　　　（貸）未　収　地　代　180,000

3/31　（借）現　　　　金　360,000　　　（貸）受　取　地　代　360,000

受　取　地　代	
12/31 損　　益 *540,000*	9/30 現　　金 *360,000*
	12/31 未収地代 *180,000*
540,000	*540,000*
1/1 未収地代 *180,000*	3/31 現　　金 *360,000*

未　収　地　代	
12/31 受取地代 *180,000*	12/31 次期繰越 *180,000*
1/1 前期繰越 *180,000*	1/1 受取地代 *180,000*

損　　益	
	12/31 受取地代 *540,000*

ポイント

＊1　未収地代（資産の勘定）

当期分（損益勘定に振替）*540,000*

○　9/30受取分

・　3/31受取分

受取高　　　未収高
360,000　*180,000* … *360,000* × $\dfrac{3\text{か月}}{6\text{か月}}$

● 例1・2をもとに，損益計算書と貸借対照表の記入面を示す。

損　益　計　算　書				貸　借　対　照　表			
令和○年1月1日から令和○年12月31日まで（単位：円）				令和○年12月31日　　（単位：円）			
費　用	金　額	収　益	金　額	資　産	金　額	負債および純資産	金　額
支払家賃	480,000	受取地代	540,000	未収地代	180,000	未払家賃	120,000

基本問題

解答p.29

1　次の一連の取引について，仕訳を示し，各勘定に転記して締め切りなさい。ただし，損益勘定は締め切らなくてよい。

10/31　経過した6か月分の広告料 ¥180,000 を現金で支払った。

12/31　決算にあたり，広告料の未払高 ¥60,000 を計上した。

　〃　　広告料勘定の残高 ¥240,000 を損益勘定に振り替えた。

1/1　未払広告料勘定を広告料勘定に振り戻した。

4/30　経過した6か月分の広告料 ¥180,000 を現金で支払った。

	借　　　　　方	貸　　　　　方
10/31		
12/31		
〃		
1/1		
4/30		

広　　告　　料

未　払　広　告　料

損　　　　　益

2 次の一連の取引について，仕訳を示し，各勘定に転記して締め切りなさい。ただし，損益勘定は締め切らなくてよい。

12/31　決算にあたり，家賃の未収高 *¥100,000* を計上した。

〃　　受取家賃勘定の残高 *¥500,000* を損益勘定に振り替えた。

1/1　　未収家賃勘定を受取家賃勘定に振り戻した。

3/31　家賃 *¥400,000* を現金で受け取った。

	借　　　　　　方	貸　　　　　　方
12/31		
〃		
1/1		
3/31		

受　取　家　賃		未　収　家　賃	
	（既収分）　400,000		
		損　　益	

3 次の一連の取引について，仕訳を示し，各勘定に転記して締め切りなさい。ただし，損益勘定は締め切らなくてよい。

11/30　経過した3か月分の家賃 *¥240,000* を現金で受け取った。ただし，本年9月1日に3か月ごとの後払いの契約で，店舗の賃貸契約を結んでいる。

12/31　決算にあたり，家賃の未収高を計上した。

〃　　受取家賃勘定の残高を損益勘定に振り替えた。

1/1　　未収家賃勘定を受取家賃勘定に振り戻した。

2/28　3か月分の家賃 *¥240,000* を現金で受け取った。

	借　　　　　　方	貸　　　　　　方
11/30		
12/31		
〃		
1/1		
2/28		

受　取　家　賃		未　収　家　賃	
		損　　益	

4 次の総勘定元帳勘定残高（一部）と決算整理事項から，決算整理仕訳を示しなさい。

（決算年1回　12月31日）

元帳勘定残高（一部）

　受取手数料 ¥200,000　受取家賃 ¥600,000　広　告　料 ¥850,000　支払利息 ¥128,000

決算整理事項

　a．手数料未収高　　¥50,000
　b．家賃未収高　　　受取家賃は，本年5月1日に経過した6か月ごとの後払いの契約で店舗を貸し付け，10月31日に6か月分を受け取ったものであり，未収高を計上する。
　c．広告料未払高　　広告料¥170,000を当期の費用として見越し計上する。
　d．利息未払高　　　借入金に対する利息は，毎年2月末と8月末に経過した6か月分として¥96,000を支払うことになっており，未払高を月割りで計上する。

	借　　　　方		貸　　　　方	
a	未収手数料	50,000	受取手数料	50,000
b	未収家賃	200,000	受取家賃	200,000
c	広告料	170,000	未払広告料	170,000
d	支払利息	64,000	未払利息	64,000

5 前問**4**より，損益計算書と貸借対照表に必要な記入をしなさい。

損　益　計　算　書

○○商店　　　　　令和○年1月1日から令和○年12月31日まで　　　　　（単位：円）

費　　　用	金　　額	収　　　益	金　　額
〜〜〜〜〜〜〜	〜〜〜	〜〜〜〜〜〜〜	〜〜〜
広　　告　　料	1,020,000	受　取　手　数　料	250,000
支　払　利　息	192,000	受　取　家　賃	800,000

貸　借　対　照　表

○○商店　　　　　令和○年12月31日　　　　　（単位：円）

資　　　産	金　　額	負債および純資産	金　　額
〜〜〜〜〜〜〜	〜〜〜	〜〜〜〜〜〜〜	〜〜〜
（未収手数料）	50,000	（未払広告料）	170,000
（未収家賃）	200,000	（未払利息）	64,000

検定問題

解答p.31

1 次の総勘定元帳勘定残高（一部）と決算整理事項から，決算整理仕訳を示しなさい。

（決算年1回　12月31日）

元帳勘定残高（一部）

貸 付 金	¥1,200,000	借 入 金	¥250,000	受取手数料	¥62,000
支 払 家 賃	836,000	支 払 利 息	10,000		

決算整理事項

a．手 数 料 未 収 高　¥14,000　　　　　　　　　　　　　　　　　（第76回）

b．利 息 未 収 高　　貸付金は本年4月1日に貸し付けたものであり，1年分の利息¥36,000
は貸し付けた日から1年後に受け取ることになっている。よって，未収高
を月割りで計上する。　　　　　　　　　　　　　　　（第57回一部修正）

c．家 賃 未 払 高　　家賃¥76,000を当期の費用として見越し計上する。　　（第81回）

d．利 息 未 払 高　　¥5,000　　　　　　　　　　　　　　　　　　　（第83回）

	借　　　　　方	貸　　　　　方
a		
b		
c		
d		

2 前問**1**より，損益計算書と貸借対照表に必要な記入をしなさい。

損 益 計 算 書

○○商店　　　　　令和○年1月1日から令和○年12月31日まで　　　　（単位：円）

費　　　用	金　　額	収　　益	金　　額
〜〜〜	〜〜〜	〜〜〜	〜〜〜
支 払 家 賃		受 取 手 数 料	
支 払 利 息		（　　　　　）	

貸 借 対 照 表

○○商店　　　　　　　　令和○年12月31日　　　　　　　　　（単位：円）

資　　　産	金　　額	負債および純資産	金　　額
〜〜〜	〜〜〜	〜〜〜	〜〜〜
貸 付 金	1,200,000	借 入 金	250,000
（　　　　　）		（　　　　　）	
（　　　　　）		（　　　　　）	

第5章　精算表の作成

精算表

　決算本手続きに入る前に，決算予備手続きとして「残高試算表」「決算整理仕訳」「損益計算書」「貸借対照表」がひとつになった「**精算表**」を作成する。2級であらたに学習した決算整理事項を精算表に記入すると次のようになる。

　決算整理事項

　　　a．備品減価償却高　　¥ 81,000　　b．有価証券評価高　¥650,000

　　　c．保険料前払高　　　¥ 4,000　　d．消耗品未使用高　¥ 3,000

　　　e．地代前受高　　　　¥15,000　　f．利息未収高　　　¥ 2,000

　　　g．家賃未払高　　　　¥100,000　　h．引出金は整理する。

　　　i．現金過不足は雑損とする。

精　算　表

令和○年12月31日

	勘定科目	残高試算表 借方	残高試算表 貸方	整理記入 借方	整理記入 貸方	損益計算書 借方	損益計算書 貸方	貸借対照表 借方	貸借対照表 貸方
a	備　　　品	900,000						900,000	
	備品減価償却累計額		243,000		81,000				324,000
	減価償却費			81,000		81,000			
b	有価証券	600,000		50,000				650,000	
	有価証券評価益				50,000		50,000		
c	保険料	24,000			4,000	20,000			
	前払保険料			4,000				4,000	
d	消耗品費	18,000			3,000	15,000			
	消耗品			3,000				3,000	
e	受取地代		60,000	15,000			45,000		
	前受地代				15,000				15,000
f	受取利息		10,000		2,000		12,000		
	未収利息			2,000				2,000	
g	支払家賃	500,000		100,000		600,000			
	未払家賃				100,000				100,000
h	資本金		800,000	25,000					775,000
	引出金	25,000			25,000				
i	現金過不足	5,000			5,000				
	雑損			5,000		5,000			

基本問題

解答p.32

1 次の各決算整理事項によって，精算表に記入しなさい。

(1) 備品減価償却高　定率法による。ただし，毎期の償却率は20%とする。（決算年 1 回）

精　算　表
令和○年12月31日

勘定科目	残高試算表		整理記入		損益計算書		貸借対照表	
	借　方	貸　方	借　方	貸　方	借　方	貸　方	借　方	貸　方
⋮								
備　　　品	500,000							
備品減価償却累計額		180,000						
⋮								
（　　　　　　）								

(2) 有価証券評価高　¥1,850,000

勘定科目	残高試算表		整理記入		損益計算書		貸借対照表	
	借　方	貸　方	借　方	貸　方	借　方	貸　方	借　方	貸　方
⋮								
有　価　証　券	2,000,000							
⋮								
（　　　　　　）								

(3) 保険料前払高　¥80,000

勘定科目	残高試算表		整理記入		損益計算書		貸借対照表	
	借　方	貸　方	借　方	貸　方	借　方	貸　方	借　方	貸　方
⋮								
保　険　料	240,000							
⋮								
（　　　　　　）								

(4) 引出金は整理する。

勘定科目	残高試算表		整理記入		損益計算書		貸借対照表	
	借　方	貸　方	借　方	貸　方	借　方	貸　方	借　方	貸　方
⋮								
資　本　金		500,000						
引　出　金	10,000							

2 三重商店(個人企業 決算年1回 12月31日)の総勘定元帳勘定残高と決算整理事項は，次のとおりであった。よって，

(1) 決算整理仕訳を示しなさい。ただし，繰り延べおよび見越しの勘定を用いること。

(2) 精算表を完成しなさい。

元帳勘定残高

現 金	¥ 695,000	当 座 預 金	¥1,654,000	売 掛 金	¥2,500,000
貸 倒 引 当 金	8,000	有 価 証 券	1,590,000	繰 越 商 品	646,000
貸 付 金	500,000	備 品	1,500,000	備品減価償却累計額	750,000
買 掛 金	1,150,000	従 業 員 預 り 金	36,000	資 本 金	6,600,000
引 出 金	100,000	売 上	9,190,000	受 取 利 息	30,000
仕 入	6,080,000	給 料	1,630,000	広 告 料	162,000
支 払 家 賃	480,000	保 険 料	100,000	消 耗 品 費	46,000
雑 費	75,000	現 金 過 不 足 (借 方 残 高)	6,000		

決算整理事項

a．期末商品棚卸高　　　¥650,000

b．貸倒見積高　　　　　売掛金残高の1%と見積もり，貸倒引当金を設定する。

c．備品減価償却高　　　定額法による。ただし，取得原価¥1,500,000　残存価額は零(0)　耐用年数は10年とする。

d．有価証券評価高　　　売買を目的として保有する次の株式について，時価によって評価する。

　　　津物産株式会社　300株

　　　　　帳簿価額　1株　¥5,300　　時価　1株　¥5,500

e．保険料前払高　　　　保険料のうち¥60,000は，本年9月1日からの1年分の火災保険料であり，前払高を次期に繰り延べる。

f．利息前受高　　　　　¥　5,000

g．広告料未払高　　　　¥　30,000

h．引出金は整理する。

i．現金過不足勘定の¥6,000は雑損とする。

(1)

	借　　　　　方	貸　　　　　方
a		
b		
c		
d		
e		
f		
g		
h		
i		

(2)

精　算　表
令和○年12月31日

勘定科目	残高試算表 借方	残高試算表 貸方	整理記入 借方	整理記入 貸方	損益計算書 借方	損益計算書 貸方	貸借対照表 借方	貸借対照表 貸方
現　　　　金	695,000							
当 座 預 金	1,654,000							
売 　掛 　金	2,500,000							
貸 倒 引 当 金		8,000						
有 価 証 券	1,590,000							
繰 越 商 品	646,000							
貸 　付 　金	500,000							
備　　　　品	1,500,000							
備品減価償却累計額		750,000						
買 　掛 　金		1,150,000						
従業員預り金		36,000						
資 　本 　金		6,600,000						
引 　出 　金	100,000							
売　　　　上		9,190,000						
受 取 利 息		30,000						
仕　　　　入	6,080,000							
給　　　　料	1,630,000							
広 　告 　料	162,000							
支 払 家 賃	480,000							
保 　険 　料	100,000							
消 耗 品 費	46,000							
雑 　　　費	75,000							
現 金 過 不 足	6,000							
	17,764,000	17,764,000						
（　　　　　）								
（　　　　　）								
（　　　　　）								
（　　　　　）								
（　　　　　）								
（　　　　　）								
（　　　　　）								
（　　　　　）								

3 埼玉商店(個人企業　決算年1回　12月31日)の決算整理事項は，次のとおりであった。よって，
(1) 決算整理仕訳を示しなさい。ただし，繰り延べおよび見越しの勘定を用いること。
(2) 精算表を完成しなさい。

決算整理事項
　　a．期末商品棚卸高　　　¥250,000
　　b．貸 倒 見 積 高　　　売掛金残高の2％と見積もり，貸倒引当金を設定する。
　　c．備品減価償却高　　　定率法による。ただし，毎期の償却率は20％とする。
　　d．有価証券評価高　　　売買を目的として保有する次の株式について，時価によって評価する。
　　　　　　　　　　　　　　大宮商事株式会社　　200株
　　　　　　　　　　　　　　　帳簿価額　1株　¥2,600　　時価　1株　¥2,400
　　e．消耗品未使用高　　　¥　7,000
　　f．保 険 料 前 払 高　　保険料の¥48,000は，本年4月1日からの1年分の火災保険料であり，
　　　　　　　　　　　　　　前払高を次期に繰り延べる。
　　g．家 賃 未 払 高　　　¥ 20,000
　　h．利 息 未 収 高　　　¥　1,000
　　i．現金過不足勘定の¥3,000は雑益とする。

(1)

	借　　　　　　　方	貸　　　　　　　方
a		
b		
c		
d		
e		
f		
g		
h		
i		

(2)

精　算　表
令和○年12月31日

勘 定 科 目	残高試算表		整 理 記 入		損 益 計 算 書		貸 借 対 照 表	
	借　方	貸　方	借　方	貸　方	借　方	貸　方	借　方	貸　方
現　　　　　金	386,000							
当 座 預 金	1,158,000							
売 　掛 　金	850,000							
貸 倒 引 当 金		4,000						
有 価 証 券	520,000							
繰 越 商 品	234,000							
貸 　付 　金	200,000							
備 　　　　品	900,000							
備品減価償却累計額		180,000						
買 　掛 　金		530,000						
資 　本 　金		3,200,000						
売 　　　　上		4,600,000						
受 取 手 数 料		35,000						
受 取 利 息		5,000						
仕 　　　　入	3,040,000							
給 　　　　料	965,000							
支 払 家 賃	220,000							
保 　険 　料	48,000							
消 耗 品 費	36,000							
現 金 過 不 足		3,000						
	8,557,000	8,557,000						
（　　　　　　）								
（　　　　　　）								
（　　　　　　）								
（　　　　　　）								
（　　　　　　）								
（　　　　　　）								
（　　　　　　）								
（　　　　　　）								
（　　　　　　）								

4 東京商店(個人企業 決算年1回 12月31日)の付記事項と決算整理事項は次のとおりであった。よって,

(1) 付記事項の仕訳を示しなさい。

(2) 決算整理仕訳を示しなさい。ただし,繰り延べおよび見越しの勘定を用いること。

(3) 精算表を完成しなさい。ただし,付記事項は整理記入欄に記入すること。

付 記 事 項

① かねて仕入先新宿商店あてに振り出した約束手形*80,000*が支払期日となり,当店の当座預金から支払われていたが,記帳していなかった。

決算整理事項

a.期末商品棚卸高	*375,000*	
b.貸 倒 見 積 高	受取手形と売掛金の期末残高に対し,それぞれ2%と見積もり,貸倒引当金を設定する。	
c.備品減価償却高	定率法による。ただし,毎期の償却率は25%とする。	
d.有価証券評価高	有価証券は売買目的で保有する次の株式であり,時価によって評価する。	
	渋谷商事株式会社 100株 時価 1株 *9,000*	
e.消耗品未使用高	未使用分*13,000*を消耗品勘定により繰り延べること。	
f.保険料前払高	保険料のうち*42,000*は,本年5月1日からの1年分を支払ったものであり,前払高を次期に繰り延べる。	
g.家 賃 未 払 高	未払額*40,000*は当期分につき,見越し計上すること。	
h.引出金は整理する。		

(1)

	借　　　　　　方	貸　　　　　　方
①		

(2)

	借　　　　　　方	貸　　　　　　方
a		
b		
c		
d		
e		
f		
g		
h		

(3)

精　算　表

令和○年12月31日

勘 定 科 目	残高試算表		整 理 記 入		損 益 計 算 書		貸 借 対 照 表	
	借　方	貸　方	借　方	貸　方	借　方	貸　方	借　方	貸　方
現　　　　　金	593,000							
当 座 預 金	1,406,000							
受 取 手 形	300,000							
売 　 掛 　 金	450,000							
貸 倒 引 当 金		4,000						
有 価 証 券	870,000							
繰 越 商 品	390,000							
備　　　　　品	640,000							
備品減価償却累計額		160,000						
支 払 手 形		280,000						
買 　 掛 　 金		345,000						
借 　 入 　 金		500,000						
資 　 本 　 金		3,000,000						
引 　 出 　 金	90,000							
売 　 　 　 上		5,250,000						
受 取 手 数 料		45,000						
仕 　 　 　 入	3,361,000							
給 　 　 　 料	850,000							
支 払 家 賃	440,000							
保 　 険 　 料	56,000							
消 耗 品 費	63,000							
租 税 公 課	37,000							
雑 　 　 　 費	23,000							
支 払 利 息	15,000							
	9,584,000	9,584,000						
（　　　　　）								
（　　　　　）								
（　　　　　）								
（　　　　　）								
（　　　　　）								
（　　　　　）								
（　　　　　）								

検定問題

解答p.39

1 近畿商店(個人企業　決算年1回　12月31日)の総勘定元帳勘定残高と決算整理事項は，次のとおりであった。よって，精算表を完成しなさい。　　　　　　　　　　　　　　(第87回一部修正)

元帳勘定残高

現　　　　　金	¥1,205,000	当　座　預　金	¥2,406,000	受　取　手　形	¥600,000
売　　掛　　金	800,000	貸　倒　引　当　金	8,000	有　価　証　券	1,300,000
繰　越　商　品	520,000	貸　　付　　金	1,000,000	備　　　　　品	1,600,000
備品減価償却累計額	700,000	土　　　　　地	2,000,000	支　払　手　形	659,000
買　　掛　　金	1,690,000	資　　本　　金	8,000,000	売　　　　　上	7,411,000
受　取　地　代	156,000	受　取　利　息	25,000	仕　　　　　入	5,560,000
給　　　　　料	539,000	広　　告　　料	349,000	支　払　家　賃	540,000
保　　険　　料	166,000	消　耗　品　費	28,000	雑　　　　　費	36,000

決算整理事項

a．期末商品棚卸高　　　¥650,000

b．貸倒見積高　　　　　受取手形と売掛金の期末残高に対し，それぞれ1%と見積もり，貸倒引当金を設定する。

c．備品減価償却高　　　¥225,000

d．有価証券評価高　　　有価証券は，売買目的で保有している次の株式であり，時価によって評価する。

　　　　　　　　　　　　株式会社北東商会　25株　　時価　1株　¥48,000

e．消耗品未使用高　　　¥3,000

f．保険料前払高　　　　保険料のうち¥96,000は，本年11月1日からの1年分を支払ったものであり，前払高を次期に繰り延べる。

g．地代前受高　　　　　¥12,000

h．利息未収高　　　　　¥5,000

i．給料未払高　　　　　¥49,000

精 算 表

令和○年12月31日

勘定科目	残高試算表		整理記入		損益計算書		貸借対照表	
	借 方	貸 方	借 方	貸 方	借 方	貸 方	借 方	貸 方
現　　　　　金	1,205,000							
当 座 預 金	2,406,000							
受 取 手 形	600,000							
売 　掛　 金	800,000							
貸 倒 引 当 金		8,000						
有 価 証 券	1,300,000							
繰 越 商 品	520,000							
貸 　付　 金	1,000,000							
備　　　　　品	1,600,000							
備品減価償却累計額		700,000						
土　　　　　地	2,000,000							
支 払 手 形		659,000						
買 　掛　 金		1,690,000						
資 　本　 金		8,000,000						
売　　　　　上		7,411,000						
受 取 地 代		156,000						
受 取 利 息		25,000						
仕　　　　　入	5,560,000							
給　　　　　料	539,000							
広 　告　 料	349,000							
支 払 家 賃	540,000							
保 　険　 料	166,000							
消 耗 品 費	28,000							
雑　　　　　費	36,000							
	18,649,000	18,649,000						
貸倒引当金繰入								
減 価 償 却 費								
有価証券評価( )								
消 　耗　 品								
前 払 保 険 料								
前 受 地 代								
(　　)利息								
未 払 給 料								
当 期 純(　)								

2 滋賀商店(個人企業 決算年1回 12月31日)の総勘定元帳勘定残高と決算整理事項は，次のとおりであった。よって，精算表を完成しなさい。 (第90回)

元帳勘定残高

現 金	¥ 930,000	当 座 預 金	¥1,150,000	受 取 手 形	¥ 770,000
売 掛 金	1,630,000	貸 倒 引 当 金	9,000	有 価 証 券	1,450,000
繰 越 商 品	960,000	貸 付 金	800,000	建 物	4,000,000
建物減価償却累計額	1,800,000	備 品	1,200,000	備品減価償却累計額	240,000
土 地	1,600,000	支 払 手 形	1,570,000	買 掛 金	2,200,000
資 本 金	8,000,000	売 上	19,063,000	受 取 地 代	42,000
受 取 利 息	24,000	仕 入	12,910,000	給 料	4,620,000
保 険 料	824,000	消 耗 品 費	87,000	雑 費	17,000

決算整理事項

a．期末商品棚卸高 ¥840,000

b．貸倒見積高 受取手形と売掛金の期末残高に対し，それぞれ1％と見積もり，貸倒引当金を設定する。

c．減価償却高 建物：定額法による。ただし，残存価額は零(0) 耐用年数は20年とする。

備品：定率法による。ただし，償却率は20％とする。

d．有価証券評価高 有価証券は，売買目的で保有している次の株式であり，時価によって評価する。

彦根商事株式会社 500株 時価 1株 ¥3,100

e．消耗品未使用高 ¥ 43,000

f．保険料前払高 保険料のうち¥504,000は，本年9月1日からの1年分を支払ったものであり，前払高を次期に繰り延べる。

g．地代前受高 ¥ 14,000

h．利息未収高 ¥ 8,000

精算表

令和○年12月31日

勘定科目	残高試算表		整理記入		損益計算書		貸借対照表	
	借　方	貸　方	借　方	貸　方	借　方	貸　方	借　方	貸　方
現　　　　　金	930,000							
当 座 預 金	1,150,000							
受 取 手 形	770,000							
売 掛 金	1,630,000							
貸 倒 引 当 金		9,000						
有 価 証 券	1,450,000							
繰 越 商 品	960,000							
貸 付 金	800,000							
建　　　　　物	4,000,000							
建物減価償却累計額		1,800,000						
備　　　　　品	1,200,000							
備品減価償却累計額		240,000						
土　　　　　地	1,600,000							
支 払 手 形		1,570,000						
買 掛 金		2,200,000						
資 本 金		8,000,000						
売　　　　　上		19,063,000						
受 取 地 代		42,000						
受 取 利 息		24,000						
仕　　　　　入	12,910,000							
給　　　　　料	4,620,000							
保 険 料	824,000							
消 耗 品 費	87,000							
雑　　　　　費	17,000							
	32,948,000	32,948,000						
貸倒引当金繰入								
減 価 償 却 費								
有価証券評価(　)								
消 耗 品								
前 払 保 険 料								
(　　　)地代								
(　　　)利息								
当 期 純(　　　)								

第6章　帳簿決算

学習の要点 ●●●

帳簿決算の手続き（個人企業）

(1)　決算予備手続き ┬ ①　試算表の作成
　　　　　　　　　　 └ ②　棚卸表の作成

　　　　　　　　　　　　　　決算整理仕訳 ── a　売上原価の算定
　　　　　　　　　　　　　　　　　　　　　　 b　貸し倒れの見積もり
　　　　　　　　　　　　　　　　　　　　　　 c　減価償却費の計上
　　　　　　　　　　　　　　　　　　　　　　 d　有価証券の評価
　　　　　　　　　　　　　　　　　　　　　　 e　費用・収益の繰り延べ
　　　　　　　　　　　　　　　　　　　　　　 f　費用・収益の見越し　など

　　　　　　　　　　　　　　総勘定元帳への転記

(2)　決算本手続き

①　収益の諸勘定を損益勘定に振り替える。
　　（借）　収益の諸勘定　×××　　（貸）　損　　　　益　×××

②　費用の諸勘定を損益勘定に振り替える。
　　（借）　損　　　　益　×××　　（貸）　費用の諸勘定　×××

③　当期純損益を資本金勘定に振り替える。
　　（借）　損　　　　益　×××　　（貸）　資　本　金　×××…当期純利益のとき
　　（借）　資　本　金　×××　　（貸）　損　　　　益　×××…当期純損失のとき

④　総勘定元帳の締め切り
　ア　収益・費用の諸勘定および損益勘定の締め切り

　イ　資産・負債・純資産の諸勘定の締め切り……｛決算日の日付で繰越記入
　　　　　　　　　　　　　　　　　　　　　　　　　決算日の翌日の日付で開始記入

⑤　繰越試算表の作成
　　資産・負債・純資産の諸勘定の次期繰越高を集め，繰越記入が正しくおこなわれたかどうかを検証する。

⑥　仕訳帳・補助簿の締め切り
　　仕訳帳の開始記入の金額は，繰越試算表の合計金額とする。

基本問題

解答p.43

1 高松商店(個人企業)の総勘定元帳の勘定記録と決算整理事項によって，

(1) 決算整理仕訳と決算振替仕訳を示し，総勘定元帳に転記して締め切りなさい。

(2) 繰越試算表を完成しなさい。

ただし，i 各勘定は合計額で示してある。

ii 決算日は12月31日とする。

iii 開始記入もおこなうこと。

決算整理事項

a．期末商品棚卸高　　　*¥520,000*

b．貸 倒 見 積 高　　売掛金残高の2%と見積もり，貸倒引当金を設定する。

c．備品減価償却高　　*¥ 90,000*　　　d．有価証券評価高　　*¥620,000*

e．保 険 料 前 払 高　　*¥ 28,000*　　　f．家 賃 未 払 高　　*¥ 25,000*

g．引出金は整理する。　　　　　　　　h．現金過不足勘定の残高は雑損とする。

(1) 《決算整理仕訳》

	借　　　　　　　方	貸　　　　　　　方
a		
b		
c		
d		
e		
f		
g		
h		

《決算振替仕訳》

借　　　　　方	貸　　　　　方

総 勘 定 元 帳

現 金	1		当 座 預 金	2
323,000			950,000	

売 掛 金	3		貸 倒 引 当 金	4
800,000				2,000

有 価 証 券	5		繰 越 商 品	6
650,000			480,000	

前 払 保 険 料	7		備品減価償却累計額	9
				180,000

備 品	8		買 掛 金	10
500,000				630,000

			未 払 家 賃	11

資 本 金	12		引 出 金	13
	2,000,000		150,000	

			売 上	14
				5,400,000

仕 入	15		給 料	16
3,120,000			1,000,000	

			貸 倒 引 当 金 繰 入	17

減 価 償 却 費	18		保 険 料	19
			112,000	

支 払 家 賃	20		有 価 証 券 評 価 損	21
125,000				

雑 損	22		現 金 過 不 足	23
			2,000	

	損		益	24

(2)

繰 越 試 算 表
令和○年12月31日

借　方	元丁	勘定科目	貸　方
		現　　金	
		当 座 預 金	
		売 掛 金	
		貸倒引当金	
		有 価 証 券	
		繰 越 商 品	
		前払保険料	
		備　　品	
		備品減価償却累計額	
		買 掛 金	
		未 払 家 賃	
		資 本 金	

2 松山商店(個人企業　決算年1回　12月31日)の総勘定元帳の勘定記録と決算整理事項は，次のとおりであった。よって，決算に必要な仕訳を示し，総勘定元帳に転記して締め切り，繰越試算表を完成しなさい。

　　　ただし， ⅰ　決算整理仕訳は繰り延べおよび見越しの勘定を用いること。
　　　　　　　　ⅱ　開始記入は省略すること。

決算整理事項
　　a．期末商品棚卸高　　　￥460,000
　　b．貸 倒 見 積 高　　　売掛金残高の3%と見積もり，貸倒引当金を設定する。
　　c．備品減価償却高　　￥70,000　　　d．有価証券評価高　　　￥780,000
　　e．消耗品未使用高　　￥6,000　　　f．利 息 未 払 高　　　￥5,000

		借　　方	貸　　方
決算整理仕訳	a		
	b		
	c		
	d		
	e		
	f		

	借　　　　　方	貸　　　　　方
決算振替仕訳		

総　勘　定　元　帳

現　　　　金　　　1	
2,560,000	1,824,000

当　座　預　金　　　2	
4,310,000	2,774,000

売　　掛　　金　　　3	
3,310,000	1,210,000

貸　倒　引　当　金　　　4	
66,000	75,000

有　価　証　券　　　5	
800,000	

繰　越　商　品　　　6	
380,000	

消　　耗　　品　　　7	

備　　　　品　　　8	
700,000	

備品減価償却累計額　　　9	
	140,000

買　　掛　　金　　　10	
400,000	2,000,000

借　入　金	11
700,000	1,200,000

従業員預り金	12
	280,000

未　払　利　息	13

資　本　金	14
	3,000,000

売　　上	15
250,000	6,236,000

受　取　手　数　料	16
	30,000

仕　　入	17
4,367,000	220,000

給　　料	18
830,000	

貸倒引当金繰入	19

減　価　償　却　費	20

支　払　家　賃	21
240,000	

消　耗　品　費	22
62,000	

支　払　利　息	23
14,000	

有価証券評価損	24

損　　益	25

繰　越　試　算　表
令和○年12月31日

借　方	元丁	勘定科目	貸　方

第7章 損益計算書と貸借対照表

学習の要点 ● ● ●

1. 損益計算書

損 益 計 算 書

関西商店　　令和○年1月1日から令和○年12月31日まで　　（単位：円）

費　用	金　額	収　益	金　額
売 上 原 価	2,275,000	売　上　高	3,300,000
給　　料	1,100,000	⋮	280,000
⋮			
当 期 純 利 益	205,000		
	3,580,000		3,580,000

期首商品棚卸高＋当期純仕入高－期末商品棚卸高

2. 貸借対照表

貸 借 対 照 表

関西商店　　　　　　令和○年12月31日　　　　　（単位：円）

資　　産		金　額	負債および純資産	金　額
現　　金		700,000	支 払 手 形	320,000
⋮		⋮	買 掛 金	660,000
売 掛 金	900,000		⋮	⋮
貸倒引当金	△ 45,000	855,000	資 本 金	5,000,000
⋮		⋮	当 期 純 利 益	205,000
備　　品	300,000			
減価償却累計額	△ 108,000	192,000		
土　　地		1,000,000		
		×××,×××		×××,×××

控除形式

基本問題

解答p.47

1 東海商店(個人企業 決算年1回 12月31日)の総勘定元帳勘定残高(一部)と決算整理事項によって，損益計算書の売上原価と売上高の欄を作成しなさい。

元帳勘定残高(一部)

　繰越商品 *¥ 200,000*　売　　　　　　上 *¥7,000,000*　仕　　　　　　入 *¥4,500,000*

決算整理事項

　期末商品棚卸高　*¥ 250,000*

損 益 計 算 書

東海商店	令和○年1月1日から令和○年12月31日まで		(単位：円)
費　　用	金　　額	収　　益	金　　額
売 上 原 価		売 上 高	

2 中部商店(個人企業 決算年1回 12月31日)の総勘定元帳勘定残高(一部)と決算整理事項によって，貸借対照表の売掛金と備品の欄を作成しなさい。

元帳勘定残高(一部)

　売　　掛　　金 *¥400,000*　貸 倒 引 当 金 *¥ 2,000*　備　　　　　　品 *¥250,000*

備品減価償却累計額　　*50,000*

決算整理事項

　a. 貸 倒 見 積 高　売掛金残高の2％と見積もり，貸倒引当金を設定する。

　b. 備品減価償却高　*¥40,000*

貸 借 対 照 表

中部商店	令和○年12月31日		(単位：円)
資　　産	金　　額	負債および純資産	金　　額
売 掛 金　（　　　）			
貸倒引当金 △（　　　）			
備　品　（　　　）			
（　　　）△（　　　）			

3 松江商店(個人企業　決算年1回　12月31日)の総勘定元帳勘定残高と決算整理事項は，次のとおりであった。よって，

(1) 決算整理仕訳を示しなさい。ただし，繰り延べおよび見越しの勘定を用いること。

(2) 損益計算書と貸借対照表を完成しなさい。

　(ヒント)　貸借対照表に記入する貸倒引当金と減価償却累計額は，売掛金と備品から控除する形式で示す。

元帳勘定残高

現	金	¥ 319,000	当 座 預 金	¥1,490,000	売 掛 金	¥1,350,000
貸 倒 引 当 金		2,000	有 価 証 券	620,000	繰 越 商 品	280,000
貸 付 金		150,000	備 品	900,000	備品減価償却累計額	360,000
買 掛 金		1,100,000	従 業 員 預 り 金	230,000	資 本 金	2,600,000
引 出 金		100,000	売 上	9,500,000	受 取 利 息	6,000
仕 入		6,170,000	給 料	1,662,000	広 告 料	165,000
支 払 家 賃		495,000	消 耗 品 費	35,000	租 税 公 課	44,000
雑 費		15,000	現 金 過 不 足 (借 方 残 高)	3,000		

決算整理事項

a．期末商品棚卸高　　¥345,000

b．貸 倒 見 積 高　　売掛金残高の2％と見積もり，貸倒引当金を設定する。

c．備品減価償却高　　¥180,000

d．有価証券評価高　　¥600,000

e．消耗品未使用高　　¥ 7,000

f．広 告 料 前 払 高　　¥ 17,000

g．利 息 前 受 高　　¥ 1,000

h．家 賃 未 払 高　　¥ 45,000

i．引出金は整理する。

j．現金過不足勘定の¥3,000は雑損とする。

(1)

	借　　　　方	貸　　　　方
a		
b		
c		
d		
e		
f		
g		
h		
i		
j		

(2)

損　益　計　算　書

松江商店　　　　　　令和○年1月1日から令和○年12月31日まで　　　　　　（単位：円）

費　　　用	金　　額	収　　　益	金　　額
売 上 原 価		売 上 高	
給 料		受 取 利 息	
広 告 料			
（　　　　　）			
（　　　　　）			
支 払 家 賃			
消 耗 品 費			
租 税 公 課			
雑 費			
（　　　　　）			
雑 損			
（　　　　　）			

貸　借　対　照　表

松江商店　　　　　　　　　令和○年12月31日　　　　　　　　　（単位：円）

資　　　産	金　　額	負債および純資産	金　　額
現 金		買 掛 金	
当 座 預 金		従業員預り金	
売 掛 金 （　　　　　）		（　　　　　）	
貸倒引当金 △（　　　　　）		（　　　　　）	
有 価 証 券		資 本 金	
商 品		（　　　　　）	
（　　　　）			
貸 付 金			
（　　　　）			
備 品 （　　　　）			
減価償却累計額 △（　　　　）			

4 北海道商店(個人企業　決算年1回　12月31日)の総勘定元帳勘定残高と付記事項および決算整理
事項は，次のとおりであった。よって，

(1)　付記事項の仕訳を示しなさい。

(2)　決算整理仕訳を示しなさい。ただし，繰り延べおよび見越しの勘定を用いること。

(3)　損益計算書および貸借対照表を完成しなさい。

元帳勘定残高

現　　　　　金	¥ 680,000	当 座 預 金	¥ 1,900,000	受 取 手 形	¥ 1,400,000
売　　掛　　金	1,500,000	貸 倒 引 当 金	30,000	有 価 証 券	1,590,000
繰 越 商 品	1,080,000	備　　　　品	1,600,000	備品減価償却累計額	700,000
支 払 手 形	900,000	買　　掛　　金	1,070,000	借　 入　 金	500,000
従 業 員 預 り 金	234,000	資　　本　　金	6,000,000	売　　　　上	15,850,000
受 取 手 数 料	170,000	仕　　　　入	11,960,000	給　　　　料	2,550,000
支 払 家 賃	900,000	保　　険　　料	69,000	消 耗 品 費	123,000
租 税 公 課	58,000	雑　　　　費	44,000		

付記事項

　　① 札幌商店に対する売掛金¥200,000 が当店の当座預金口座に振り込まれていたが，記帳してい
なかった。

決算整理事項

　　a．期末商品棚卸高　　　¥1,250,000

　　b．貸倒見積高　　　受取手形と売掛金の期末残高に対し，それぞれ3%と見積もり，貸倒引
当金を設定する。

　　c．備品減価償却高　　定率法により，毎期の償却率を25%とする。

　　d．有価証券評価高　　売買を目的として保有する次の株式について，時価によって評価する。

　　　　函館商事株式会社　　300株

　　　　　　帳簿価額　1株　¥5,300　　　時価　1株　¥5,700

　　e．消耗品未使用高　　¥　31,000

　　f．家賃前払高　　　支払家賃のうち¥360,000 は，本年10月から翌年3月分までを支払った
ものであり，前払高を次期に繰り延べる。

　　g．利息未払高　　　¥　5,000

(1)

	借　　　　　　方	貸　　　　　　方
①		

(2)

	借　　　　　　方	貸　　　　　　方
a		
b		
c		
d		
e		
f		
g		

(3)

損 益 計 算 書

北海道商店　　　　　令和○年1月1日から令和○年12月31日まで　　　　　（単位：円）

費　　用	金　　額	収　　益	金　　額
売 上 原 価		売 上 高	
給 　 料		受 取 手 数 料	
（　　　　　）		（　　　　　）	
（　　　　　）			
支 払 家 賃			
保 険 料			
消 耗 品 費			
租 税 公 課			
雑 費			
（　　　　　）			
（　　　　　）			

貸 借 対 照 表

北海道商店　　　　　　　令和○年12月31日　　　　　　　（単位：円）

資　　産	金　　額	負債および純資産	金　　額
現 　 金		支 払 手 形	
当 座 預 金		買 掛 金	
受 取 手 形 （　　　）		借 入 金	
貸倒引当金 △（　　　）		従 業 員 預 り 金	
売 掛 金 （　　　）		（　　　　　）	
貸倒引当金 △（　　　）		資 本 金	
有 価 証 券		（　　　　　）	
商 品			
（　　　　　）			
（　　　　　）			
備 品 （　　　）			
減価償却累計額 △（　　　）			

5　沖縄商店(個人企業　決算年1回　12月31日)の総勘定元帳勘定残高と付記事項および決算整理事項は，次のとおりであった。よって，

(1)　付記事項の仕訳を示しなさい。

(2)　決算整理仕訳を示しなさい。ただし，繰り延べおよび見越しの勘定を用いること。

(3)　損益計算書と貸借対照表を完成しなさい。

元帳勘定残高

現　　　　　金	¥ 876,000	当 座 預 金	¥1,662,000	電子記録債権	¥1,400,000
売　　掛　　金	2,450,000	貸 倒 引 当 金	6,000	有 価 証 券	3,000,000
繰 越 商 品	1,550,000	備　　　　　品	1,800,000	備品減価償却累計額	300,000
電 子 記 録 債 務	1,310,000	買　　掛　　金	1,857,000	借　　入　　金	1,600,000
仮　　受　　金	200,000	資　　本　　金	6,600,000	引　　出　　金	50,000
売　　　　　上	20,597,000	受 取 手 数 料	147,000	仕　　　　　入	14,276,000
給　　　　　料	4,390,000	支 払 家 賃	756,000	保　　険　　料	270,000
消 耗 品 費	102,000	雑　　　　　費	15,000	支 払 利 息	20,000

付 記 事 項

　①　仮受金¥200,000 は，那覇商店から商品の注文を受けたさいの内金であることがわかった。

決算整理事項

　a．期末商品棚卸高　　　¥1,800,000

　b．貸 倒 見 積 高　　　電子記録債権と売掛金の期末残高に対し，それぞれ2%と見積もり，貸倒引当金を設定する。

　c．備品減価償却高　　　定額法による。ただし，残存価額は零(0)　耐用年数は6年とする。

　d．有価証券評価高　　　有価証券は売買目的で保有する次の株式であり，時価によって評価する。

　　　　　　　　　　　　　石垣商事株式会社　500株　　時価　1株　¥6,200

　e．消耗品未使用高　　　未使用分¥16,000 を消耗品勘定により繰り延べること。

　f．保険料前払高　　　　保険料のうち¥180,000 は，本年7月1日からの1年分を支払ったものであり，前払高を次期に繰り延べる。

　g．利 息 未 払 高　　　未払額¥4,000 は当期分につき，見越し計上すること。

　h．引出金は整理する。

(1)

	借　　　　　　方	貸　　　　　　方
①		

(2)

	借　　　　　　方	貸　　　　　　方
a		
b		
c		
d		
e		
f		
g		
h		

(3)

損　益　計　算　書

沖縄商店　　　　令和○年 1 月 1 日から令和○年12月31日まで　　　　（単位：円）

費　　用	金　　額	収　　益	金　　額
売 上 原 価		売 上 高	
給 料		受 取 手 数 料	
（　　　　　）		（　　　　　）	
（　　　　　）			
支 払 家 賃			
保 険 料			
消 耗 品 費			
雑 費			
支 払 利 息			
（　　　　　）			

貸　借　対　照　表

沖縄商店　　　　令和○年12月31日　　　　（単位：円）

資　　　産	金　　額	負債および純資産	金　　額
現 金		電子記録債務	
当 座 預 金		買 掛 金	
電子記録債権 （　　　　）		（　　　　　）	
貸倒引当金 △（　　　　）		借 入 金	
売 掛 金 （　　　　）		（　　　　　）	
貸倒引当金 △（　　　　）		資 本 金	
有 価 証 券		（　　　　　）	
商 品			
（　　　　　）			
（　　　　　）			
備 品 （　　　　）			
減価償却累計額 △（　　　　）			

検定問題

解答p.53

1 　四国商店（個人企業　決算年1回　12月31日）の総勘定元帳勘定残高と付記事項および決算整理事項は，次のとおりであった。よって，損益計算書と貸借対照表を完成しなさい。（第92回一部修正）

元帳勘定残高

現	金	¥ 972,000	当 座 預 金	¥ 2,950,000	受 取 手 形	¥ 2,100,000
売 掛 金		2,850,000	貸 倒 引 当 金	7,000	有 価 証 券	1,845,000
繰 越 商 品		2,160,000	備 品	1,200,000	備品減価償却累計額	300,000
支 払 手 形		1,254,000	買 掛 金	1,423,000	借 入 金	1,800,000
資 本 金		8,200,000	売 上	21,362,000	受 取 手 数 料	35,000
仕 入		12,874,000	給 料	5,910,000	支 払 家 賃	930,000
保 険 料		423,000	消 耗 品 費	76,000	雑 費	61,000
支 払 利 息		30,000				

付 記 事 項

① 　土佐商店に対する売掛金 ¥450,000 が当店の当座預金口座に振り込まれていたが，記帳していなかった。

決算整理事項

a．期末商品棚卸高　　　¥1,830,000

b．貸 倒 見 積 高　　　受取手形と売掛金の期末残高に対し，それぞれ1％と見積もり，貸倒引当金を設定する。

c．備品減価償却高　　　定率法による。ただし，償却率は25％とする。

d．有価証券評価高　　　有価証券は，売買目的で保有している次の株式であり，時価によって評価する。

　　　　　　　　　　　松山商事株式会社　300株　　時価　1株　¥6,500

e．消耗品未使用高　　　未使用分 ¥29,000 を消耗品勘定により繰り延べること。

f．保険料前払高　　　　保険料のうち ¥276,000 は，本年8月1日から1年分の保険料として支払ったものであり，前払高を次期に繰り延べる。

g．利 息 未 払 高　　　未払額 ¥15,000 は当期分のため，見越し計上する。

損　益　計　算　書

四国商店　　　　　令和○年 1 月 1 日から令和○年12月31日まで　　　　　（単位：円）

費　　　用	金　　額	収　　　益	金　　額
売 上 原 価		売　　上　　高	
給　　　料		受 取 手 数 料	
（　　　　　　）		（　　　　　　）	
（　　　　　　）			
支 払 家 賃			
保　険　料			
消 耗 品 費			
雑　　　費			
（　　　　　）			
（　　　　　）			

貸　借　対　照　表

四国商店　　　　　　　　　令和○年12月31日　　　　　　　　　（単位：円）

資　　　産	金　　額	負債および純資産	金　　額
現　　　金		支 払 手 形	
当 座 預 金		（　　　　　）	
受 取 手 形 （　　　　）		借　入　金	
貸倒引当金 △（　　　　）		（　　　　　）	
売　掛　金 （　　　　）		資　本　金	
貸倒引当金 △（　　　　）		（　　　　　）	
（　　　　　）			
（　　　　　）			
消　耗　品			
（　　　　　）			
備　　　品 （　　　　）			
減価償却累計額 △（　　　　）			

2　九州商店(個人企業　決算年1回　12月31日)の総勘定元帳勘定残高と付記事項および決算整理事項は，次のとおりであった。よって，損益計算書と貸借対照表を完成しなさい。(第81回一部修正)

元帳勘定残高

現　　　　　金	¥ 593,000	当 座 預 金	¥2,156,000	受 取 手 形	¥1,200,000
売　　掛　　金	1,680,000	貸 倒 引 当 金	5,000	有 価 証 券	1,920,000
繰 越 商 品	1,040,000	備　　　　品	1,280,000	備品減価償却累計額	560,000
支 払 手 形	1,210,000	買　　掛　　金	1,300,000	借　　入　　金	900,000
従業員預り金	230,000	資　　本　　金	5,500,000	売　　　　上	18,400,000
受 取 手 数 料	189,000	仕　　　　入	13,568,000	給　　　　料	3,192,000
支 払 家 賃	836,000	保　　険　　料	504,000	消 耗 品 費	168,000
租 税 公 課	64,000	雑　　　　費	55,000	支 払 利 息	36,000
現 金 過 不 足 (借 方 残 高)	2,000				

付 記 事 項

　①　かねて，高松商店に掛けで売り渡していた商品について¥30,000の値引きを承諾していたが，記帳していなかった。

決算整理事項

　a．期末商品棚卸高　　¥1,320,000

　b．貸 倒 見 積 高　　受取手形と売掛金の期末残高に対し，それぞれ2%と見積もり，貸倒引当金を設定する。

　c．備品減価償却高　　定率法による。ただし，毎期の償却率は25%とする。

　d．有価証券評価高　　有価証券は，売買目的で保有している次の株式であり，時価によって評価する。

　　　　　　　　　島原商事株式会社　30株　　時価　1株　¥66,000

　e．消耗品未使用高　　¥　29,000

　f．保険料前払高　　保険料のうち¥312,000は，本年9月1日からの1年分を支払ったものであり，前払高を次期に繰り延べる。

　g．家 賃 未 払 高　　家賃¥76,000を当期の費用として見越し計上する。

　h．現金過不足勘定の¥2,000は雑損とする。

損　益　計　算　書

九州商店　　　　　　令和○年1月1日から令和○年12月31日まで　　　　　　（単位：円）

費　　用	金　額	収　　益	金　額
売 上 原 価		売　上　高	
給　　　料		受 取 手 数 料	
（　　　　　　）		（　　　　　　）	
（　　　　　　）			
支 払 家 賃			
保 　険 　料			
消 耗 品 費			
租 税 公 課			
雑　　　費			
支 払 利 息			
（　　　　　）			
（　　　　　）			

貸　借　対　照　表

九州商店　　　　　　　　令和○年12月31日　　　　　　　　（単位：円）

資　　産	金　額	負債および純資産	金　額
現　　金		支 払 手 形	
当 座 預 金		買 　掛 　金	
受 取 手 形　（　　　）		借 　入 　金	
貸倒引当金 △（　　　）		（　　　　　）	
売 掛 金　（　　　）		（　　　　　）	
貸倒引当金 △（　　　）		資 　本 　金	
有 価 証 券		（　　　　　）	
商　　品			
（　　　　）			
（　　　　）			
備 品　（　　　）			
減価償却累計額 △（　　　）			

3 関東商店(個人企業 決算年1回 12月31日)の総勘定元帳勘定残高と付記事項および決算整理事項は，次のとおりであった。よって，損益計算書と貸借対照表を完成しなさい。(第82回一部修正)

元帳勘定残高

現 金	¥ 463,000	当 座 預 金	¥ 2,182,000	受 取 手 形	¥ 1,250,000
売 掛 金	2,750,000	貸 倒 引 当 金	6,000	有 価 証 券	1,800,000
繰 越 商 品	1,400,000	貸 付 金	1,700,000	備 品	1,500,000
備品減価償却累計額	900,000	支 払 手 形	1,680,000	買 掛 金	2,650,000
従業員預り金	300,000	資 本 金	7,000,000	売 上	19,970,000
受 取 手 数 料	49,000	受 取 利 息	34,000	仕 入	14,020,000
給 料	3,300,000	支 払 家 賃	1,320,000	保 険 料	471,000
消 耗 品 費	385,000	租 税 公 課	40,000	雑 費	8,000

付 記 事 項

① 当期首に購入した備品B¥300,000を消耗品費勘定で処理していたので，これを修正する。

決算整理事項

a．期末商品棚卸高　　　¥1,560,000

b．貸 倒 見 積 高　　　受取手形と売掛金の期末残高に対し，それぞれ2％と見積もり，貸倒引当金を設定する。

c．備品減価償却高　　　備品について，次のとおり定額法によって，減価償却をおこなう。

	取得原価	残存価額	耐用年数
備品A	¥1,500,000	零(0)	10年
備品B	¥ 300,000	零(0)	5年

d．有価証券評価高　　　売買を目的として保有する次の株式について，時価によって評価する。

栃木商事株式会社　40株

帳簿価額　1株　¥45,000　　　時価　1株　¥47,000

e．消耗品未使用高　　　¥ 13,000

f．保険料前払高　　　　保険料のうち¥336,000は，本年6月1日からの1年分を支払ったものであり，前払高を次期に繰り延べる。

g．家 賃 未 払 高　　　家賃¥120,000を当期の費用として見越し計上する。

損益計算書

関東商店　　　　　令和○年1月1日から令和○年12月31日まで　　　　（単位：円）

費　　用	金　額	収　　益	金　額
売　上　原　価		売　上　高	
給　　料		受　取　手　数　料	
（　　　　　）		受　取　利　息	
（　　　　　）		（　　　　　）	
支　払　家　賃			
保　険　料			
消　耗　品　費			
租　税　公　課			
雑　　費			
（　　　　　）			

貸借対照表

関東商店　　　　　　　　令和○年12月31日　　　　　　　　（単位：円）

資　　産	金　額	負債および純資産	金　額
現　　金		支　払　手　形	
当　座　預　金		買　掛　金	
受　取　手　形　（　　　）		従業員預り金	
貸倒引当金 △（　　　）		（　　　　　）	
売　掛　金　（　　　）		資　本　金	
貸倒引当金 △（　　　）		（　　　　　）	
有　価　証　券			
商　　品			
（　　　　　）			
貸　付　金			
（　　　　　）			
備　　品	1,800,000		
減価償却累計額 △（　　　）			

4 栃木商店(個人企業　決算年1回　12月31日)の総勘定元帳勘定残高と付記事項および決算整理事項は，次のとおりであった。よって，

(1)　総勘定元帳の損益勘定に必要な記入をおこないなさい。

(2)　貸借対照表を完成しなさい。

（第86回一部修正）

元帳勘定残高

現　　　　　金	¥ 829,000	当 座 預 金	¥2,357,000	受 取 手 形	¥1,600,000
売　掛　金	1,900,000	貸 倒 引 当 金	9,000	有 価 証 券	1,820,000
繰 越 商 品	1,240,000	備　　　品	3,750,000	備品減価償却累計額	1,875,000
支 払 手 形	971,000	買　掛　金	1,156,000	借　入　金	1,500,000
資　本　金	7,000,000	売　　　上	16,905,000	受 取 手 数 料	123,000
固定資産売却益	67,000	仕　　　入	12,480,000	給　　　料	2,142,000
発　送　費	345,000	支 払 家 賃	756,000	保　険　料	228,000
消 耗 品 費	94,000	雑　　　費	45,000	支 払 利 息	20,000

付 記 事 項

①　得意先宇都宮商店に商品を売り渡し，当店負担の発送費¥16,000を現金で支払ったさい，誤って次のように仕訳をしていたので修正する。

　　　（借）雑　　　費　16,000　　（貸）現　　　金　16,000

決算整理事項

a. 期末商品棚卸高　　¥1,520,000

b. 貸 倒 見 積 高　　受取手形と売掛金の期末残高に対し，それぞれ1%と見積もり，貸倒引当金を設定する。

c. 備品減価償却高　　定額法による。ただし，残存価額は零(0)　耐用年数は6年とする。

d. 有価証券評価高　　有価証券は，売買目的で保有している次の株式であり，時価によって評価する。

　　　　　　　日光商事株式会社　35株　　時価　1株　¥55,000

e. 消耗品未使用高　　¥　9,000

f. 保険料前払高　　保険料のうち¥180,000は，本年4月1日からの1年分を支払ったものであり，前払高を次期に繰り延べる。

g. 利 息 未 払 高　　¥　10,000

(1)

総　勘　定　元　帳

損　　　　　益　　　　　　　　　　　31

12/31 仕　　　　　　　　入		12/31 売　　　　　　　　上	
〃　給　　　　　料		〃　受　取　手　数　料	
〃　発　　送　　費		〃　（　　　　　　　　）	
〃　（　　　　　　　）		〃　固　定　資　産　売　却　益	
〃　（　　　　　　　）			
〃　支　払　家　賃			
〃　保　　険　　料			
〃　消　耗　品　費			
〃　雑　　　　　費			
〃　支　払　利　息			
〃　（　　　　　　　）			

(2)

貸　借　対　照　表

栃木商店　　　　　　　　　　令和○年12月31日　　　　　　　　　　（単位：円）

資　　　産	金　　額	負債および純資産	金　　額
現　　　　金		支　払　手　形	
当　座　預　金		買　　掛　　金	
受　取　手　形　（　　　　）		借　　入　　金	
貸倒引当金 △（　　　　）		（　　　　　）	
売　　掛　　金　（　　　　）		資　　本　　金	
貸倒引当金 △（　　　　）		（　　　　　）	
有　価　証　券			
商　　　　品			
（　　　　　）			
（　　　　　）			
備　　　品　（　　　　）			
減価償却累計額 △（　　　　）			

Ⅲ 各種取引の記帳（その２）

第1章 固定資産の売却

学習の要点 ●●●

　　備品や建物などの固定資産を売却したときは，その固定資産の帳簿価額と売却価額の差額が固定資産売却損益となる。減価償却を間接法で記帳している場合の固定資産の帳簿価額は，固定資産の勘定の金額（取得原価）からその固定資産の減価償却累計額を差し引いた金額となる。

　　固定資産の減価償却を間接法で記帳している場合の売却時の処理は，売却した固定資産の勘定を貸方に仕訳して減少させるとともに，その固定資産の減価償却累計額の勘定を借方に仕訳して減少させる。そして，売却による収入額との差額が固定資産売却益または固定資産売却損となる。

　　例　取得原価 ¥500,000　減価償却累計額 ¥300,000 の備品を ¥250,000 で売却し，代金は現金で受け取った。

　　（借）備品減価償却累計額　300,000　　（貸）備　　　品　　500,000
　　　　　現　　　　金　250,000　　　　　　固定資産売却益　　50,000

　　※固定資産の帳簿価額 … ¥500,000 − ¥300,000 ＝ ¥200,000
　　　帳簿価額 ¥200,000 ＜ 売却価額 ¥250,000 … 固定資産売却益 ¥50,000

基本問題

解答p.60

1 次の取引の仕訳を示しなさい。

(1) 取得原価 ¥450,000 の備品を ¥85,000 で売却し，代金は現金で受け取った。なお，この備品に対する減価償却累計額は ¥350,000 であり，備品減価償却累計額勘定を用いて間接法で記帳している。

(2) 取得原価 ¥150,000 の事務用コピー機を ¥40,000 で売却し，代金は月末に受け取ることにした。なお，このコピー機に対する減価償却累計額は ¥120,000 であり，これまでの減価償却高は間接法によって記帳している。

(3) 取得原価 ¥1,600,000 の営業用トラックを ¥500,000 で売却し，代金は当座預金口座に振り込まれた。なお，この営業用トラックに対する減価償却累計額は ¥960,000 であり，これまでの減価償却高は間接法によって記帳している。

	借　　　　　方	貸　　　　　方
(1)		
(2)		
(3)		

検定問題

解答p.61

1 次の取引の仕訳を示しなさい。

(1) 千葉商店は，取得原価 ¥900,000 の備品を ¥230,000 で売却し，代金は月末に受け取ることにした。なお，この備品に対する減価償却累計額は ¥600,000 であり，これまでの減価償却高は間接法で記帳している。　　　　　　　　　　　　　　　　　　　　　　（第86回）

(2) 山形商店は，期首に取得原価 ¥620,000 の備品を ¥205,000 で売却し，代金は小切手で受け取り，ただちに当座預金に預け入れた。なお，この備品の売却時における帳簿価額は ¥155,000 であり，これまでの減価償却高は間接法で記帳している。　　　　　　　　　　　（第91回）

(3) 和歌山商会は，取得原価 ¥500,000 の商品陳列用ケースを ¥80,000 で売却し，代金は月末に受け取ることにした。なお，この商品陳列用ケースに対する減価償却累計額は ¥400,000 であり，これまでの減価償却高は間接法で記帳している。　　　　　　　　　　（第90回）

(4) 宮城商事株式会社は，取得原価 ¥520,000 の備品を ¥180,000 で売却し，代金は月末に受け取ることにした。なお，この備品の売却時における帳簿価額は ¥208,000 であり，これまでの減価償却高は間接法で記帳している。　　　　　　　　　　　　　　（第78回）

(5) 大阪商事株式会社は，取得原価 ¥1,130,000 の備品を ¥300,000 で売却し，代金は月末に受け取ることにした。なお，この備品の売却時における帳簿価額は ¥339,000 であり，これまでの減価償却高は間接法で記帳している。　　　　　　　　　　　　（第80回）

(6) 取得原価 ¥20,000,000 の店舗用建物を ¥6,000,000 で売却し，代金は小切手で受け取った。なお，この店舗用建物に対する建物減価償却累計額勘定の残高は ¥12,000,000 である。　　（第58回）

	借　　　　　　　方	貸　　　　　　　方
(1)		
(2)		
(3)		
(4)		
(5)		
(6)		

第2章　特殊な手形取引

学習の要点 ●●●

1. 手形貸付金・手形借入金

金銭の貸し借りをおこなうさい，借用証書の代わりに約束手形を使うことがある。この場合の債権・債務は**手形貸付金勘定**(資産)および**手形借入金勘定**(負債)で処理する。

例　盛岡商店は仙台商店に現金*¥150,000* を貸し付け，同店振り出しの約束手形 *¥150,000* を受け取った。

| 盛岡商店 | (借) | 手形貸付金 | 150,000 | (貸) | 現　　　　金 | 150,000 |
| 仙台商店 | (借) | 現　　　　金 | 150,000 | (貸) | 手形借入金 | 150,000 |

2. 営業外受取手形・営業外支払手形

商品以外の固定資産や有価証券などの売買取引で生じた手形を営業外手形という。商品以外の代金として約束手形を受け取った場合は**営業外受取手形勘定**(資産)で処理し，逆に商品以外の代金として約束手形を振り出した場合は**営業外支払手形勘定**(負債)で処理する。

例1　備品*¥500,000* を購入し，代金は約束手形を振り出して支払った。

(借) 備　　　品　500,000　(貸) 営業外支払手形　500,000

例2　取得原価*¥500,000*　減価償却累計額*¥300,000* の備品を*¥250,000* で売却し，代金は約束手形で受け取った。

(借) 備品減価償却累計額　300,000　(貸) 備　　　品　500,000
　　 営業外受取手形　250,000　　　　　　固定資産売却益　50,000

〔手形取引のまとめ〕

	商品の代金	商品以外の代金	金銭貸借
約束手形受け取り	受取手形	営業外受取手形	手形貸付金
約束手形振り出し	支払手形	営業外支払手形	手形借入金

	借用証書	約束手形
貸し付け	貸付金	手形貸付金
借り入れ	借入金	手形借入金

基本問題
解答p.62

1　次の取引の仕訳を示しなさい。

(1)　約束手形*¥1,000,000* を振り出して，宇都宮商店から現金*¥1,000,000* を借り入れた。

(2)　水戸商店に現金*¥800,000* を貸し付け，同店振り出しの約束手形*¥800,000* を受け取った。

(3)　前橋商店から現金を借り入れたさいに振り出した約束手形*¥500,000* が満期となり，当座預金から支払われたとの連絡を取引銀行から受けた。

	借　　　　　方	貸　　　　　方
(1)		
(2)		
(3)		

2　次の取引の仕訳を示しなさい。

(1)　備品を¥260,000で購入し，代金は約束手形を振り出して支払った。

(2)　売買目的で横浜商事株式会社の株式50株を1につき¥6,000で買い入れ，代金は約束手形を振り出して支払った。

(3)　金沢商店に取得原価¥250,000の備品を¥70,000で売却し，代金は同店振り出し，当店あての約束手形で受け取った。なお，この備品に対する減価償却累計額は¥200,000であり，これまでの減価償却高は間接法で記帳している。

	借　　　　方	貸　　　　方
(1)		
(2)		
(3)		

検定問題

解答p.62

1　次の取引の仕訳を示しなさい。

(1)　さきに，取引銀行あてに約束手形を振り出して借り入れていた¥3,000,000について，支払期日の延期を申し込み，承諾を得た。よって，新しい約束手形を振り出して旧手形と交換した。なお，支払期日の延期にともなう利息¥15,000は現金で支払った。　（第70回）

	借　　　　方	貸　　　　方
(1)		

第３章　その他の取引

学習の要点 ●●●

１．受取商品券の処理

　百貨店や自治体などでは，現金と引き換えに商品券を発行し，後日，商品券と引き換えに商品を売り渡すという制度をとっている場合がある。他社や自治体などが発行した商品券を受け取ったときは，**受取商品券勘定**（資産の勘定）の借方に記入し，商品券と引き換えに商品を引き渡す。後日，商品券の発行企業や自治体などに換金請求したときは，**受取商品券勘定**（資産の勘定）の貸方に記入する。

例1　商品 ¥20,000 を売り渡し，代金として自治体発行の商品券を受け取った。
　　　（借）受 取 商 品 券　20,000　　（貸）売　　　　　上　20,000

例2　かねて商品の売上代金として受け取っていた自治体発行の商品券 ¥20,000 を引き渡して換金請求し，代金は普通預金口座に振り込まれた。
　　　（借）普 通 預 金　20,000　　（貸）受 取 商 品 券　20,000

２．修繕費の処理

建物などの定期修繕にかかる費用は**修繕費勘定**（費用の勘定）で処理する。

例3　建物の定期修繕にかかる費用 ¥80,000 を現金で支払った。
　　　（借）修　繕　費　80,000　　（貸）現　　　　金　80,000

３．社会保険料預り金と法定福利費の処理

　従業員から預かった社会保険料（＝従業員負担の社会保険料）は**社会保険料預り金勘定**（負債の勘定）で，会社負担の社会保険料は**法定福利費勘定**（費用の勘定）でそれぞれ処理する。

例4　従業員に本月分の給料 ¥380,000 を支払うにあたり，源泉徴収の所得税額 ¥20,000 と社会保険料 ¥30,000 を差し引き，残額を現金で支払った。
　　　（借）給　　　　料　380,000　　（貸）所得税預り金　20,000
　　　　　　　　　　　　　　　　　　　　　社会保険料預り金　30,000
　　　　　　　　　　　　　　　　　　　　　現　　　　金　330,000

例5　従業員から預かっていた社会保険料 ¥30,000 および会社負担の社会保険料 ¥30,000 を現金で納付した。
　　　（借）社会保険料預り金　30,000　　（貸）現　　　　金　60,000
　　　　　　法 定 福 利 費　30,000

４．貯蔵品の処理

　期末に郵便切手や収入印紙の未使用高がある場合は，通信費勘定や租税公課勘定から**貯蔵品勘定**（資産の勘定）の借方に振り替える。そして，次期の最初の日付で費用の勘定に再振替をおこなう。

例6　決算にあたり，郵便切手の未使用高 ¥400 および収入印紙の未使用高 ¥1,800 を次期に繰り延べた。
　　　（借）貯　蔵　品　2,200　　（貸）通　信　費　400
　　　　　　　　　　　　　　　　　　　　租 税 公 課　1,800
　　　　　　　　　　　　　　　　　　　　（または印紙税）

例7　翌期首にあたり，例6の再振替仕訳をおこなう。
　　　（借）通　信　費　400　　（貸）貯　蔵　品　2,200
　　　　　　租 税 公 課　1,800
　　　　　　（または印紙税）

基本問題

解答p.63

1 次の取引の仕訳を示しなさい。ただし，商品に関する勘定は 3 分法によること。

(1) 従業員から預かっていた社会保険料 ¥44,000 および会社負担の社会保険料 ¥44,000 を現金で納付した。

(2) 前期末の決算において，収入印紙の未使用分 ¥2,900 と郵便切手の未使用分 ¥600 を貯蔵品勘定に振り替えていたが，当期首にあたり，再振替仕訳をおこなった。

(3) 名古屋商店は商品 ¥35,000 を売り渡し，代金として自治体発行の商品券を受け取った。

(4) 従業員に本月分の給料 ¥400,000 を支払うにあたり，源泉徴収の所得税額 ¥30,000 と社会保険料 ¥50,000 を差し引き，残額を小切手を振り出して支払った。

(5) 決算にあたり，収入印紙の未使用高 ¥1,100 を次期に繰り延べた。

(6) 甲府商店は，かねて商品の売上代金として受け取っていた自治体発行の商品券 ¥25,000 を引き渡して換金請求し，代金は当座預金口座に振り込まれた。

(7) 大津商店は，建物の定期修繕にかかる費用 ¥160,000 を小切手を振り出して支払った。

(8) 決算にあたり，郵便切手の未使用高 ¥900 を次期に繰り延べた。

	借　　　　　　方	貸　　　　　　方
(1)		
(2)		
(3)		
(4)		
(5)		
(6)		
(7)		
(8)		

Ⅳ 本支店会計

第1章 支店会計の独立

学習の要点 ● ● ●

1．支店会計の独立

企業は，規模の拡大につれて，多くの支店を設けることがある。支店は，独立した帳簿をもち，支店でおこなわれるすべての取引を記帳して独自の決算をおこなう。これを**支店会計の独立**という。

2．本支店間の取引の記帳

支店会計が独立している場合，本店と支店の間に内部的な貸借関係が生じる。この貸借関係は，本店では**支店勘定**，支店では**本店勘定**を設けて記帳する。

〈本店の総勘定元帳〉

支 店	
支店に対する 債権の増加 債務の減少	支店に対する 債権の減少 債務の増加
	（残高）

⇐ 貸借反対で一致 ⇒

〈支店の総勘定元帳〉

本 店	
本店に対する 債権の増加 債務の減少	本店に対する 債権の減少 債務の増加
	（残高）

例 ① 本店は，支店に現金 ¥50,000 を送付し，支店はこれを受け取った。

〔本店〕（借）支　店　50,000　（貸）現　　金　50,000
〔支店〕（借）現　金　50,000　（貸）本　　店　50,000

② 本店は，支店に商品 ¥30,000（原価）を発送し，支店はこれを受け取った。

〔本店〕（借）支　店　30,000　（貸）仕　　入　30,000
〔支店〕（借）仕　入　30,000　（貸）本　　店　30,000

③ 支店は，本店の借入金 ¥5,000 を現金で支払い，本店はこの通知を受けた。

〔本店〕（借）借入金　5,000　（貸）支　　店　5,000
〔支店〕（借）本　店　5,000　（貸）現　　金　5,000

支 店			
①	50,000	③	5,000
		残高	75,000
②	30,000		

⇐ 一致 ⇒

本 店			
③	5,000	①	50,000
残高	75,000		
		②	30,000

本店の支店勘定の借方残高は支店に対する債権を意味し，支店の本店勘定の貸方残高は本店に対する債務を意味する。支店勘定・本店勘定を**照合勘定**という。

3．支店の純損益の計算

決算の結果，支店が計上した当期純損益は本店に報告される。そのさい，支店は当期純損益を損益勘定から本店勘定に振り替える。また，本店は，支店の当期純損益を支店勘定

と損益勘定に記入し，本店の当期純損益に支店の当期純損益を加算して，会社全体の当期純損益を把握する。

> **例**　支店は，決算の結果，当期純利益 *¥25,000* を計上し，本店はこの通知を受けた。
> 〔支店〕（借）損　　益 *25,000*　　（貸）本　　店 *25,000*
> 〔本店〕（借）支　　店 *25,000*　　（貸）損　　益 *25,000*

> **例**　支店は，決算の結果，当期純損失 *¥10,000* を計上し，本店はこの通知を受けた。
> 〔支店〕（借）本　　店 *10,000*　　（貸）損　　益 *10,000*
> 〔本店〕（借）損　　益 *10,000*　　（貸）支　　店 *10,000*

基本問題

解答p.64

1　次の取引について，本店と支店の仕訳を示しなさい。ただし，商品に関する勘定は3分法によること。なお，支店会計は独立している。

(1)　本店は，支店に現金 *¥100,000* を送付し，支店はこれを受け取った。
(2)　支店は，本店に現金 *¥40,000* を送付し，本店はこれを受け取った。
(3)　本店は，支店に商品 *¥70,000*（原価）を発送し，支店はこれを受け取った。
(4)　本店は，支店の買掛金 *¥85,000* を現金で支払い，支店はこの通知を受けた。
(5)　支店は，決算の結果，当期純利益 *¥250,000* を計上し，本店はこの通知を受けた。
(6)　支店は，決算の結果，当期純損失 *¥95,000* を計上し，本店はこの通知を受けた。

		借　　　　　方	貸　　　　　方
(1)	本店		
	支店		
(2)	本店		
	支店		
(3)	本店		
	支店		
(4)	本店		
	支店		
(5)	本店		
	支店		
(6)	本店		
	支店		

2　支店会計が独立している神奈川商店の次の取引について，本店と支店の仕訳を示しなさい。ただし，商品に関する勘定は3分法によること。
(1)　本店は，支店に現金¥250,000を送付し，支店はこれを受け取った。
(2)　本店は，支店に商品¥120,000（原価）を発送し，支店はこれを受け取った。
(3)　支店は，本店の売掛金¥240,000を現金で受け取り，本店はこの通知を受けた。
(4)　支店は，本店に現金¥50,000を送付し，本店はこれを受け取った。
(5)　本店は，支店の買掛金¥80,000を小切手を振り出して支払い，支店はこの通知を受けた。
(6)　支店は，本店の借入金¥100,000を現金で返済し，本店はこの通知を受けた。
(7)　支店は，本店の広告料¥150,000を現金で支払い，本店はこの通知を受けた。

		借　　　　方	貸　　　　方
(1)	本店		
	支店		
(2)	本店		
	支店		
(3)	本店		
	支店		
(4)	本店		
	支店		
(5)	本店		
	支店		
(6)	本店		
	支店		
(7)	本店		
	支店		

3　2の取引について，支店勘定と本店勘定に転記し，支店勘定残高と本店勘定残高の一致額を求めなさい。ただし，各勘定への転記は問題番号と金額だけを示せばよい。

本 店 の 総 勘 定 元 帳
支　　　　店

支 店 の 総 勘 定 元 帳
本　　　　店

支店勘定残高と本店勘定残高の一致額	¥

4 次の取引について，本店と支店の仕訳を示しなさい。ただし，商品に関する勘定は3分法による
こと。なお，支店会計は独立している。
(1) 本店は，支店に現金¥150,000と商品¥300,000（原価）を送付し，支店はこれを受け取った。
(2) 支店は，現金¥230,000を本店の当座預金口座に振り込み，本店はこの通知を受けた。
(3) 支店は，本店の買掛金¥360,000を支店振り出しの約束手形で支払い，本店はこの通知を受けた。
(4) 本店は，支店受取分の手数料¥60,000を現金で受け取り，支店はこの通知を受けた。
(5) 支店は，本店受取分の利息¥8,000を現金で受け取り，本店はこの通知を受けた。
(6) 支店は，本店の従業員の旅費¥15,000を現金で立て替え払いし，本店はこの通知を受けた。
(7) 支店は，決算の結果，当期純利益¥570,000を計上し，本店はこの通知を受けた。
(8) 支店は，決算の結果，当期純損失¥120,000を計上し，本店はこの通知を受けた。

		借　方	貸　方
(1)	本店		
	支店		
(2)	本店		
	支店		
(3)	本店		
	支店		
(4)	本店		
	支店		
(5)	本店		
	支店		
(6)	本店		
	支店		
(7)	本店		
	支店		
(8)	本店		
	支店		

検定問題

解答p.66

1 次の取引の仕訳を示しなさい。ただし，商品に関する勘定は3分法によること。なお，支店会計は独立している。

(1) 埼玉商店は，あらたに支店を開設し，支店は本店から現金 ¥600,000 と備品 ¥1,000,000 の送付を受けた。（支店の仕訳） （第43回）

(2) 大分商店は支店を開設し，本店の現金 ¥200,000 と備品 ¥500,000 を支店に送付した。（本店の仕訳） （第61回）

(3) 関西商会の本店は，支店の得意先に対する売掛金 ¥280,000 を現金で回収し，支店にこの通知をした。（本店の仕訳） （第84回）

(4) 長崎商会の本店は，支店に送付した商品のうちに品違いがあったので ¥49,000 （原価）の返品を受けた。（本店の仕訳） （第72回）

(5) 鳥取商店の支店は，本店から送付された商品 ¥37,000 （原価）が品違いであったので本店に返品した。（支店の仕訳） （第68回）

(6) 茨城商店の本店は，通信費 ¥18,000 を現金で支払った。ただし，このうち ¥6,000 は支店の負担分である。（本店の仕訳） （第86回）

(7) 岐阜商店の本店は，広告料 ¥120,000 を小切手を振り出して支払った。ただし，このうち3分の1は支店の負担分である。（本店の仕訳） （第59回）

(8) 北海道商店の本店は，決算の結果，支店が当期純利益 ¥850,000 を計上したとの通知を受けた。（本店の仕訳） （第66回）

(9) 北西商会の本店は，支店から当期純損失 ¥320,000 を計上したとの報告を受けた。（本店の仕訳） （第75回）

(10) 滋賀商会の本店は，広告料 ¥380,000 を支払ったさい，全額を本店の広告料として処理していたが，このうち ¥80,000 は支店の負担分であることが判明したので，本日，これを訂正した。（本店の仕訳） （第64回）

	借 方	貸 方
(1)		
(2)		
(3)		
(4)		
(5)		
(6)		
(7)		
(8)		
(9)		
(10)		

第2章　支店相互間の取引（本店集中計算制度）

学習の要点 ●●●

1．本店集中計算制度

　支店が２つ以上ある企業において，支店相互間の取引がおこなわれた場合，各支店は本店を相手として取引をしたように記帳する方法をとることがある。これを**本店集中計算制度**という。

2．支店相互間取引の記帳

　支店側　本店勘定を相手勘定として記帳する。

　本店側　各支店名をつけた勘定を用い，取引の中心に位置するかたちで記帳する。

　例　京都支店は，兵庫支店に現金 ¥50,000 を送付し，兵庫支店はこれを受け取った。なお，本店は，両支店からこの通知を受けた。

〔京都支店の仕訳〕　（借）　本　　店　50,000　　（貸）　現　　　金　50,000

〔兵庫支店の仕訳〕　（借）　現　　　金　50,000　　（貸）　本　　店　50,000

〔本　店　の　仕　訳〕　（借）　兵庫支店　50,000　　（貸）　京都支店　50,000

　支店が複数ある場合でも，本店の各支店勘定と各支店の本店勘定は貸借反対で一致する。この原理を利用して本店の仕訳を導き出す。

　例　奈良支店は，大阪支店の得意先に対する売掛金 ¥700,000 を現金で回収し，本店ならびに大阪支店はこの通知を受けた。

〔奈良支店の仕訳〕　（借）　現　　　金　700,000　　（貸）　本　　店　700,000

〔大阪支店の仕訳〕　（借）　本　　店　700,000　　（貸）　売　掛　金　700,000

〔本　店　の　仕　訳〕　（借）　奈良支店　700,000　　（貸）　大阪支店　700,000

　例　和歌山支店は，三重支店から出張している従業員の旅費 ¥120,000 を現金で立て替え払いした。本店ならびに三重支店はこの通知を受けた。

〔和歌山支店の仕訳〕　（借）　本　　店　120,000　　（貸）　現　　　金　120,000

〔三重支店の仕訳〕　（借）　旅　　費　120,000　　（貸）　本　　店　120,000

〔本　店　の　仕　訳〕　（借）　三重支店　120,000　　（貸）　和歌山支店　120,000

基本問題

解答p.66

1 次の取引について，本店と各支店の仕訳を示しなさい。ただし，本店集中計算制度を採用している。なお，商品に関する勘定は3分法によること。

(1) 香川支店は，高知支店に現金*￥200,000*を送付し，高知支店はこれを受け取った。なお，本店はこの通知を受けた。

(2) 愛媛支店は，徳島支店の仕入先に対する買掛金*￥100,000*を現金で支払い，本店ならびに徳島支店はこの通知を受けた。

(3) 岡山支店は，兵庫支店に商品*￥150,000*（原価）を発送し，兵庫支店はこれを受け取った。なお，本店はこの通知を受けた。

(4) 東京支店は，神奈川支店の得意先に対する売掛金*￥360,000*を現金で回収し，本店ならびに神奈川支店はこの通知を受けた。

(5) 沖縄支店は，大阪支店から出張している従業員の旅費*￥240,000*を現金で立て替え払いし，本店ならびに大阪支店はこの通知を受けた。

		借　　　　　　　方	貸　　　　　　　方
(1)	香川支店		
	高知支店		
	本　　店		
(2)	愛媛支店		
	徳島支店		
	本　　店		
(3)	岡山支店		
	兵庫支店		
	本　　店		
(4)	東京支店		
	神奈川支店		
	本　　店		
(5)	沖縄支店		
	大阪支店		
	本　　店		

2　次の取引について，本店と各支店の仕訳を示しなさい。ただし，本店集中計算制度を採用している。なお，商品に関する勘定は3分法によること。

(1)　青森支店は，岩手支店に商品∜500,000 (原価)を発送し，岩手支店はこれを受け取った。なお，本店はこの通知を受けた。

(2)　宮城支店は，秋田支店の得意先に対する売掛金∜400,000を現金で回収した。なお，本店ならびに秋田支店はこの通知を受けた。

(3)　山形支店は，福島支店の仕入先に対する買掛金∜300,000を小切手を振り出して支払った。なお，本店ならびに福島支店はこの通知を受けた。

(4)　千葉支店は，茨城支店の当座預金口座に現金∜190,000を振り込んだ。なお，本店ならびに茨城支店はこの通知を受けた。

(5)　山梨支店は，広告料∜350,000を小切手を振り出して支払った。ただし，このうち∜150,000は本店の負担分であり∜100,000は静岡支店の負担分である。なお，本店ならびに静岡支店はこの通知を受けた。

		借　　　　　方	貸　　　　　方
(1)	青森支店		
	岩手支店		
	本　店		
(2)	宮城支店		
	秋田支店		
	本　店		
(3)	山形支店		
	福島支店		
	本　店		
(4)	千葉支店		
	茨城支店		
	本　店		
(5)	山梨支店		
	静岡支店		
	本　店		

検定問題

解答p.68

1　次の取引の仕訳を示しなさい。ただし，商品に関する勘定は3分法によること。

(1)　愛媛商店の松山支店は，現金 #500,000 を宇和島支店の当座預金口座に振り込んだ。ただし，本店集中計算制度を採用している。（松山支店の仕訳）　　　　　　　　　　（第81回）

(2)　宮城商会の盛岡支店は，仙台支店からの当座振込によって，当座預金口座に #500,000 の入金があったとの通知を取引銀行から受けた。ただし，本店集中計算制度を採用している。（盛岡支店の仕訳）　　　　　　　　　　　　　　　　　　　　　　　　　　　　　　（第44回一部修正）

(3)　宮城商会の本店は，白石支店が仙台支店に現金 #180,000 を送付したとの通知を受けた。ただし，本店集中計算制度を採用している。（本店の仕訳）　　　　　　　　　（第85回）

(4)　兵庫商会の本店は，明石支店が神戸支店に発送した商品 #170,000（原価）について，神戸支店からこの商品を受け取ったとの通知を受けた。ただし，本店集中計算制度を採用している。（本店の仕訳）　　　　　　　　　　　　　　　　　　　　　　　　　　　（第49回一部修正）

(5)　兵庫商会の本店は，神戸支店が西宮支店の従業員の旅費 #90,000 を現金で立て替え払いしたとの通知を受けた。ただし，本店集中計算制度を採用している。（本店の仕訳）　　（第71回）

(6)　富山商店の本店は，高岡支店から，黒部支店の得意先福井商店に対する売掛金 #760,000 を，同店振り出しの小切手で回収したとの通知を受けた。ただし，本店集中計算制度を採用している。（本店の仕訳）　　　　　　　　　　　　　　　　　　　　　　　　　　　　　（第83回）

(7)　埼玉商会の本店は，川口支店から本店の広告料 #80,000 と所沢支店の広告料 #70,000 を支払ったとの通知を受けた。ただし，本店集中計算制度を採用している。（本店の仕訳）　　（第70回）

(8)　山梨商店の甲府支店は，広告料 #180,000 を現金で支払った。ただし，このうち #50,000 は本店の負担分であり #30,000 は大月支店の負担分である。なお，本店集中計算制度を採用している。（甲府支店の仕訳）　　　　　　　　　　　　　　　　　　　　　　　　　　　　（第63回）

(9)　和歌山商会の本店は，白浜支店の売掛金 #260,000 と勝浦支店の売掛金 #150,000 を小切手で回収し，ただちに当座預金としたときに，誤って，次のような仕訳をしていたので，本日，これを訂正した。ただし，本店集中計算制度を採用している。（本店の仕訳）　　　　　（第45回）

　　　（借）　当座預金　410,000　　　（貸）　売 掛 金　410,000

	借　　　　　　　　方	貸　　　　　　　　方
(1)		
(2)		
(3)		
(4)		
(5)		
(6)		
(7)		
(8)		
(9)		

第３章　本支店の貸借対照表の合併

学習の要点 ●●●

１．本支店合併の財務諸表

　　本店と支店は，それぞれ個別に決算をおこない，財務諸表を作成する。しかし，本店も支店も同一企業であるため，企業全体の最終的な財政状態と経営成績を明らかにする必要がある。そこで，本店では，本店・支店合併の貸借対照表と損益計算書を作成する。このとき，本店の支店勘定残高と支店の本店勘定残高は一致しているはずであるが，一致していない場合がある。これは本店・支店のいずれか一方は記帳しており，もう一方は記帳していない取引（これを**未達取引**という）があるためである。合併財務諸表を作成するためには，未達取引を整理し，支店勘定残高と本店勘定残高を一致させなければならない。

２．本支店合併の貸借対照表の作成

　　本支店合併の貸借対照表は次の手順で作成する。

(1)　未達取引を整理する（未達取引の整理は合併精算表上でおこなわれる）。

(2)　本店の支店勘定残高と支店の本店勘定残高の一致を確認する。

(3)　本店・支店の同一科目の金額を合計し，未達取引の金額を加減する。

　　　そのさい，未達現金は「現金」に，未達商品は「商品」に加算する。

(4)　本店勘定・支店勘定は相殺し，本支店合併の貸借対照表には記載しない。

　例　石川商店(個人企業)の期末（12月31日）の本店・支店の貸借対照表と未達事項をもとに，本支店合併後の貸借対照表を作成する。

本店	貸 借 対 照 表	（単位：円）		支店	貸 借 対 照 表	（単位：円）	
現　　　金	35,000	買　掛　金	60,000	現　　　金	20,000	買　掛　金	45,000
売　掛　金	80,000	資　本　金	200,000	売　掛　金	50,000	本　　　店	25,000
商　　　品	50,000	当期純利益	20,000	商　　　品	10,000	当期純利益	10,000
備　　　品	70,000				80,000		80,000
支　　　店	45,000						
	280,000		280,000				

　　未達事項

　①　支店から本店に送付した現金￥10,000が，本店に未達である。

　②　本店から支店に発送した商品￥15,000（原価)が，支店に未達である。

　③　支店で受け取った本店の手数料￥5,000の通知が，本店に未達である。

　〈作成手順〉

(1)　未達事項の仕訳

　　①　〔本店〕（借）現　　　金*1　10,000　　（貸）支　　　店　10,000

　　②　〔支店〕（借）仕　　　入*1　15,000　　（貸）本　　　店　15,000

　　③　〔本店〕（借）支　　　店　5,000　　（貸）受取手数料　5,000

　　　　*1　手許の現金や商品と区別するために「未達現金」「未達商品」勘定を用いて処理する方法もある。

（2）　本店の支店勘定残高と支店の本店勘定残高の一致を確認

〈本店〉　　支　　　　店

貸借対照表上の残高　45,000	①　　　10,000
	残高　　40,000
③　　　5,000	

〈支店〉　　本　　　　店

残高　　40,000	貸借対照表上の残高　25,000
	②　　　15,000

一致

（3）　本支店合併後の貸借対照表の作成

貸　借　対　照　表

石川商店　　　　令和○年12月31日　　　　（単位：円）

資　産	金　額	負債および純資産	金　額
*¹現　　金	65,000	買　掛　金	105,000
売　掛　金	130,000	資　本　金	200,000
*²商　　品	75,000	当期純利益	35,000 *³
備　　品	70,000		
	340,000		340,000

* 1　¥35,000 ＋ ¥20,000 ＋ ¥10,000
　　　（本店）　（支店）　（未達現金）

* 2　¥50,000 ＋ ¥10,000 ＋ ¥15,000
　　　（本店）　（支店）　（未達商品）

* 3　貸借の差額で求める。

（注）　本支店合併後の当期純損益は次の計算でも算出できる。

本店の当期純損益＋支店の当期純損益＋未達事項の収益－未達事項の費用

　　　¥20,000 ＋ ¥10,000 ＋ ¥5,000 － ¥0 ＝ ¥35,000

基本問題

解答p.69

1　次の未達事項の仕訳を示し，支店勘定と本店勘定に転記しなさい。また，支店勘定残高と本店勘定残高の一致額を求めなさい。ただし，各勘定への転記は番号と金額を示せばよい。

未達事項

①　本店から支店に送付した現金 ¥200,000 が，支店に未達である。

②　本店から支店に発送した商品 ¥250,000（原価）が，支店に未達である。

③　支店は，本店の売掛金 ¥300,000 を回収したが，この通知が本店に未達である。

		借　　　　　　方	貸　　　　　　方
①	（　）店		
②	（　）店		
③	（　）店		

支　　　　店		本　　　　店	
1,700,000			1,550,000

支店勘定残高と本店勘定残高の一致額	¥

2　沖縄商店(個人企業)の本店および支店の貸借対照表と未達事項によって，次の各問いに答えなさい。

(1)　未達事項の仕訳を示しなさい。

(2)　支店勘定残高と本店勘定残高の一致額を求めなさい。

(3)　本支店合併後の貸借対照表を完成しなさい。

貸　借　対　照　表

本店		令和○年12月31日		（単位：円）
現　　　金	400,000	買　掛　金	600,000
売　掛　金	750,000	借　入　金	300,000
商　　　品	530,000	資　本　金	1,500,000
備　　　品	620,000	当期純利益	450,000
支　　　店	550,000		
	2,850,000		2,850,000

貸　借　対　照　表

支店		令和○年12月31日		（単位：円）
現　　　金	100,000	買　掛　金	400,000
売　掛　金	430,000	本　　　店	380,000
商　　　品	170,000	当期純利益	120,000
備　　　品	200,000		
	900,000		900,000

未達事項

①　支店は，本店に現金￥20,000を送付したが，本店に未達である。

②　本店は，支店に商品￥45,000（原価）を発送したが，支店に未達である。

③　支店は，本店の買掛金￥80,000を支払ったが，この通知が本店に未達である。

④　本店は，支店の広告料￥25,000を立て替えて支払ったが，この通知が支店に未達である。

(1)

		借　　　　　方	貸　　　　　方
①	（　）店		
②	（　）店		
③	（　）店		
④	（　）店		

(2)

支店勘定残高と本店勘定残高の一致額	￥

(3)

貸　借　対　照　表

沖縄商店		令和○年12月31日		（単位：円）
資　　産	金　額	負債および純資産	金　額
現　　　金		買　掛　金	
売　掛　金		借　入　金	
商　　　品		資　本　金	
備　　　品		当　期　純　利　益	

3　山口商店(個人企業)の本店および支店の貸借対照表と未達事項によって，次の各問いに答えなさい。

(1)　未達事項の仕訳を示しなさい。

(2)　支店勘定残高と本店勘定残高の一致額を求めなさい。

(3)　本支店合併後の貸借対照表を完成しなさい。

<table>
<tr><td colspan="4" align="center">貸　借　対　照　表</td></tr>
<tr><td>本店</td><td colspan="2" align="center">令和○年12月31日</td><td>(単位：円)</td></tr>
<tr><td>現　　　金</td><td align="right">170,000</td><td>支 払 手 形</td><td align="right">430,000</td></tr>
<tr><td>当 座 預 金</td><td align="right">513,000</td><td>買 掛 金</td><td align="right">540,000</td></tr>
<tr><td>受 取 手 形</td><td align="right">500,000</td><td>貸倒引当金</td><td align="right">60,000</td></tr>
<tr><td>売 掛 金</td><td align="right">700,000</td><td>資 本 金</td><td align="right">2,500,000</td></tr>
<tr><td>商　　　品</td><td align="right">400,000</td><td>当期純利益</td><td align="right">970,000</td></tr>
<tr><td>建　　　物</td><td align="right">1,320,000</td><td></td><td></td></tr>
<tr><td>備　　　品</td><td align="right">420,000</td><td></td><td></td></tr>
<tr><td>支　　　店</td><td align="right">477,000</td><td></td><td></td></tr>
<tr><td></td><td align="right">4,500,000</td><td></td><td align="right">4,500,000</td></tr>
</table>

<table>
<tr><td colspan="4" align="center">貸　借　対　照　表</td></tr>
<tr><td>支店</td><td colspan="2" align="center">令和○年12月31日</td><td>(単位：円)</td></tr>
<tr><td>現　　　金</td><td align="right">70,000</td><td>支 払 手 形</td><td align="right">350,000</td></tr>
<tr><td>当 座 預 金</td><td align="right">215,000</td><td>買 掛 金</td><td align="right">276,000</td></tr>
<tr><td>売 掛 金</td><td align="right">280,000</td><td>貸倒引当金</td><td align="right">14,000</td></tr>
<tr><td>商　　　品</td><td align="right">190,000</td><td>本　　　店</td><td align="right">360,000</td></tr>
<tr><td>備　　　品</td><td align="right">200,000</td><td></td><td></td></tr>
<tr><td>当期純損失</td><td align="right">45,000</td><td></td><td></td></tr>
<tr><td></td><td align="right">1,000,000</td><td></td><td align="right">1,000,000</td></tr>
</table>

未達事項

①　本店から支店に送付した現金 ¥42,000 が，支店に未達である。

②　本店から支店に発送した商品 ¥50,000 (原価)が，支店に未達である。

③　支店で立て替え払いした本店従業員の旅費 ¥25,000 の通知が，本店に未達である。

(1)

		借　　　　　　方	貸　　　　　　方
①	(　)店		
②	(　)店		
③	(　)店		

(2)

支店勘定残高と本店勘定残高の一致額	¥

(3)

<table>
<tr><td colspan="4" align="center">貸　借　対　照　表</td></tr>
<tr><td>山口商店</td><td colspan="2" align="center">令和○年12月31日</td><td>(単位：円)</td></tr>
<tr><td align="center">資　　　　産</td><td align="center">金　　額</td><td align="center">負債および純資産</td><td align="center">金　　額</td></tr>
<tr><td>現　　　　金</td><td></td><td>支 払 手 形</td><td></td></tr>
<tr><td>当 座 預 金</td><td></td><td>買 掛 金</td><td></td></tr>
<tr><td>受 取 手 形</td><td></td><td>貸 倒 引 当 金</td><td></td></tr>
<tr><td>売 掛 金</td><td></td><td>資 本 金</td><td></td></tr>
<tr><td>商　　　　品</td><td></td><td>(　　　　　　　)</td><td></td></tr>
<tr><td>建　　　　物</td><td></td><td></td><td></td></tr>
<tr><td>(　　　　　　)</td><td></td><td></td><td></td></tr>
</table>

4 広島商店(個人企業)の本店および支店の貸借対照表と未達事項は，次のとおりであった。よって，

(1) 未達事項の仕訳を示しなさい。ただし，□□□□の金額は各自推定すること。

(2) 支店勘定残高と本店勘定残高の一致額を求めなさい。

(3) 本支店合併後の貸借対照表を完成しなさい。

貸 借 対 照 表

本店　　　　令和○年12月31日　　　(単位：円)

現　　　　金	400,000	支 払 手 形	520,000
当 座 預 金	740,000	買　掛　金	315,000
受 取 手 形	610,000	借　入　金	150,000
売　掛　金	430,000	資　本　金	2,400,000
商　　　品	550,000	当期純利益	345,000
備　　　品	280,000		
支　　　店	720,000		
	3,730,000		3,730,000

貸 借 対 照 表

支店　　　　令和○年12月31日　　　(単位：円)

現　　　　金	183,000	支 払 手 形	370,000
当 座 預 金	402,000	買　掛　金	231,000
売　掛　金	300,000	本　　　店	576,000
商　　　品	260,000	当期純利益	123,000
備　　　品	155,000		
	1,300,000		1,300,000

未達事項

① 本店から支店に発送した商品￥46,000（原価）が，支店に未達である。

② 支店から本店に送付した現金￥30,000が，本店に未達である。

③ 支店で返済した本店の借入金￥50,000の通知が，本店に未達である。

④ 支店で受け取った本店受取分の手数料￥□□□□の通知が，本店に未達である。

⑤ 本店で立て替え払いした支店の旅費￥24,000の通知が，支店に未達である。

(1)

		借　　　　　　方	貸　　　　　　方
①	(　)店		
②	(　)店		
③	(　)店		
④	(　)店		
⑤	(　)店		

(2)

支店勘定残高と本店勘定残高の一致額	￥

(3)

貸 借 対 照 表

広島商店　　　　令和○年12月31日　　　　　　　(単位：円)

資　　　産	金　　額	負債および純資産	金　　額
現　　　　　金		支 払 手 形	
当 座 預 金		買　　掛　　金	
受 取 手 形		借　　入　　金	
売　　掛　　金		資　　本　　金	
商　　　　　品		当 期 純 利 益	
備　　　　　品			

5 島根商店(個人企業)の本店および支店の貸借対照表と未達事項は，次のとおりであった。よって，

(1) 本店貸借対照表の支店（アの金額）を求めなさい。

(2) 本支店合併後の貸借対照表を完成しなさい。

貸　借　対　照　表

本店		令和○年12月31日	（単位：円）
現　　　金	630,000	支 払 手 形	600,000
当 座 預 金	1,360,000	買　掛　金	300,000
受 取 手 形	720,000	資　本　金	4,000,000
売　掛　金	（　　）	当期純利益	920,000
商　　　品	680,000		
備　　　品	500,000		
支　　　店	（　ア　）		
	5,820,000		5,820,000

貸　借　対　照　表

支店		令和○年12月31日	（単位：円）
現　　　金	250,000	支 払 手 形	500,000
当 座 預 金	510,000	買　掛　金	280,000
受 取 手 形	540,000	本　　　店	1,320,000
売　掛　金	300,000		
商　　　品	230,000		
備　　　品	200,000		
当期純損失	70,000		
	2,100,000		2,100,000

未達事項

① 本店から支店に発送した商品 ¥20,000（原価）が，支店に未達である。

② 支店から本店の当座預金口座に振り込んだ ¥70,000 の通知が，本店に未達である。

③ 本店が支払った支店の買掛金 ¥82,000 の通知が，支店に未達である。

④ 支店で受け取った本店受取分の手数料 ¥22,000 の通知が，本店に未達である。

(1)

本店貸借対照表の支店（アの金額）	¥

(2)

貸　借　対　照　表

島根商店		令和○年12月31日		（単位：円）
資　　　産	金　　額	負債および純資産		金　　額
現　　　　　金		支 払 手 形		
当 座 預 金		買　掛　金		
受 取 手 形		資　本　金		
売　　掛　　金		当 期 純 利 益		
商　　　　　品				
備　　　　　品				

6 岡山商店(個人企業)の本店および支店は，決算の結果，本店が当期純利益 ¥730,000　支店が当期純損失 ¥180,000 を計上したが，次の未達事項があることが判明した。よって，本支店合併後の当期純損益の金額を求めなさい。

未達事項

① 支店から本店に送付した現金 ¥40,000 が，本店に未達である。

② 支店で受け取った本店受取分の手数料 ¥25,000 の通知が，本店に未達である。

③ 本店で立て替え払いした支店の旅費 ¥30,000 の通知が，支店に未達である。

本支店合併後の当期純（　　　）	¥

検定問題

解答p.73

1 関西商店（個人企業）の12月31日における本店・支店の貸借対照表および未達事項は，次のとおりであった。よって， (第64回改題)

(1) 支店勘定残高と本店勘定残高の一致額を求めなさい。

(2) 本支店合併後の貸借対照表を完成しなさい。

貸 借 対 照 表

本店	令和○年12月31日		（単位：円）
資　産	金　額	負債・純資産	金　額
現　　金	650,000	支払手形	640,000
当座預金	2,740,000	買　掛　金	780,000
売　掛　金	1,860,000	資　本　金	5,200,000
商　　品	790,000	当期純利益	1,500,000
備　　品	1,320,000		
支　　店	760,000		
	8,120,000		8,120,000

貸 借 対 照 表

支店	令和○年12月31日		（単位：円）
資　産	金　額	負債・純資産	金　額
現　　金	230,000	支払手形	410,000
当座預金	480,000	買　掛　金	530,000
売　掛　金	590,000	本　　店	670,000
商　　品	310,000	当期純利益	560,000
備　　品	560,000		
	2,170,000		2,170,000

未達事項

① 本店から支店に発送した商品 ¥ ［　　　　］（原価）が，支店に未達である。

② 支店で本店の買掛金 ¥60,000 を支払ったが，この通知が本店に未達である。

③ 本店で支店の従業員の旅費 ¥20,000 を立て替え払いしたが，この通知が支店に未達である。

④ 支店で本店受取分の手数料 ¥70,000 を受け取ったが，この通知が本店に未達である。

(1)

支店勘定残高と本店勘定残高の一致額	¥

(2)

貸 借 対 照 表

関西商店	令和○年12月31日		（単位：円）
資　産	金　額	負債および純資産	金　額
現　　　金		支　払　手　形	
当　座　預　金		買　　掛　　金	
売　　掛　　金		資　　本　　金	
商　　　品		（　　　　　）	
（　　　　　）			

2 支店会計が独立している北海道商店（個人企業）の下記の資料と本支店合併後の貸借対照表によって，次の金額を計算しなさい。 （第90回）
　a．支店勘定残高と本店勘定残高の一致額　　b．本支店合併後の当期純利益（アの金額）

資　料
　ⅰ　12月30日における元帳勘定残高（一部）

	本　店	支　店
現　　　金	¥ 380,000	¥ 274,000
当 座 預 金	1,468,000	1,087,000
買 　掛 　金	820,000	465,000
支　　　店	419,000（借方）	―
本　　　店	―	334,000（貸方）

　ⅱ　12月31日における本支店の取引
　①　本店は，支店の買掛金¥62,000を現金で支払った。
　　　支店は，その報告を受けた。
　②　本店は，支店の広告料¥120,000を小切手を振り出して立て替え払いした。
　　　支店は，その報告を受けた。
　③　本店は，支店が12月29日に送付していた商品¥85,000（原価）を受け取った。

〔本支店合併後の貸借対照表〕

貸 借 対 照 表
北海道商店　　令和○年12月31日　　（単位：円）

資　産	金　額	負債・純資産	金　額
現　　金	(　　)	支 払 手 形	1,620,000
当 座 預 金	(　　)	買　掛　金	(　　)
売 　掛　 金	2,260,000	資　本　金	5,000,000
商　　品	1,466,000	当期純利益	(　ア　)
備　　品	1,920,000		
(　　)		(　　)	

a	支店勘定残高と本店勘定残高の一致額	¥
b	本支店合併後の当期純利益（アの金額）	¥

3 東部商店（個人企業）の本店・支店の貸借対照表と未達事項および本支店合併後の貸借対照表によって，次の金額を計算しなさい。 （第83回一部修正）
　a．支店勘定残高と本店勘定残高の一致額　　b．本支店合併後の商品（アの金額）
　c．本支店合併後の当期純利益（イの金額）

貸 借 対 照 表
本店　　令和○年12月31日　　（単位：円）

資　産	金　額	負債・純資産	金　額
現　　金	330,000	支 払 手 形	960,000
当 座 預 金	2,020,000	買　掛　金	734,000
売 　掛　 金	1,590,000	資　本　金	(　　)
商　　品	(　　)	当期純利益	812,000
備　　品	1,470,000		
支　　店	736,000		
(　　)		(　　)	

貸 借 対 照 表
支店　　令和○年12月31日　　（単位：円）

資　産	金　額	負債・純資産	金　額
現　　金	254,000	支 払 手 形	940,000
当 座 預 金	(　　)	買　掛　金	(　　)
売 　掛　 金	421,000	本　　店	485,000
商　　品	369,000		
備　　品	246,000		
当期純損失	(　　)		
(　　)		(　　)	

未達事項
　①　本店から支店に発送した商品¥92,000（原価）が，支店に未達である。
　②　支店で本店の買掛金¥165,000を支払ったが，この通知が本店に未達である。
　③　本店で支店受取分の手数料¥42,000を受け取ったが，この通知が支店に未達である。
　④　支店で本店の広告料¥36,000を立て替え払いしたが，この通知が本店に未達である。

〔本支店合併後の貸借対照表〕

貸 借 対 照 表
東部商店　　令和○年12月31日　　（単位：円）

資　産	金　額	負債・純資産	金　額
現　　金	(　　)	支 払 手 形	(　　)
当 座 預 金	2,680,000	買　掛　金	1,282,000
売 　掛　 金	2,011,000	資　本　金	4,560,000
商　　品	(　ア　)	当期純利益	(　イ　)
備　　品	1,716,000		
		(　　)	

a	支店勘定残高と本店勘定残高の一致額	¥
b	本支店合併後の商品（アの金額）	¥
c	本支店合併後の当期純利益（イの金額）	¥

第４章　本支店の損益計算書の合併

学習の要点 ●●●

１．本支店合併の損益計算書の作成

本支店合併の損益計算書は次の手順で作成する。

(1) 未達取引を整理する。

(2) 本店の支店勘定残高と支店の本店勘定残高の一致を確認する。

(3) 本店・支店の同一科目の金額を合計し，未達取引の金額を加減する。

そのさい，未達商品は「仕入高」と「期末商品棚卸高」に加算する。

例　滋賀商店（個人企業）の本店および支店の損益計算書と未達事項をもとに，本支店合併後の損益計算書を作成する。

本店	損益計算書	（単位：円）			支店	損益計算書	（単位：円）	
売上原価	490,000	売上高	800,000		売上原価	260,000	売上高	400,000
給料	175,000	受取手数料	20,000		給料	90,000		
旅費	35,000				旅費	10,000		
貸倒引当金繰入	10,000				貸倒引当金繰入	5,000		
減価償却費	20,000				減価償却費	15,000		
当期純利益	90,000				当期純利益	20,000		
	820,000		820,000			400,000		400,000

未達事項

① 本店から支店に発送した商品 ¥15,000（原価）が，支店に未達である。

② 支店で本店従業員の旅費 ¥5,000 を立て替え払いしたが，この通知が本店に未達である。

〈作成手順〉

(1) 未達事項の仕訳

① 〔支店〕（借）仕　入 15,000 （貸）本　店 15,000

② 〔本店〕（借）旅　費 5,000 （貸）支　店 5,000

(2) 本支店合併後の損益計算書に記入する金額の計算

以下の科目については，未達事項を考慮する必要がある。

旅費　¥35,000（本店）＋ ¥10,000（支店）＋ ¥5,000（未達の旅費）＝ ¥50,000

当期純利益　¥90,000（本店）＋ ¥20,000（支店）－ ¥5,000（未達の費用）＝ ¥105,000

(3) 本支店合併後の損益計算書の作成

損 益 計 算 書

滋賀商店　令和○年1月1日から令和○年12月31日まで（単位：円）

費　用	金　額	収　益	金　額
売 上 原 価	750,000	売 上 高	1,200,000
給　　　料	265,000	受取手数料	20,000
旅　　　費	50,000		
貸倒引当金繰入	15,000		
減価償却費	35,000		
当期純利益	105,000		
	1,220,000		1,220,000

基本問題

解答p.75

1 新潟商店（個人企業）の本店および支店の損益計算書と未達事項によって，次の各問いに答えなさい。ただし，未達事項整理前の本店の支店勘定残高は¥670,000（借方），支店の本店勘定残高は¥450,000（貸方）である。

(1) 未達事項の仕訳を示しなさい。

(2) 支店勘定残高と本店勘定残高の一致額を求めなさい。

(3) 本支店合併後の損益計算書を完成しなさい。

本店	損 益 計 算 書	（単位：円）	
売 上 原 価	3,720,000	売 上 高	5,300,000
給　　　料	940,000	受取手数料	40,000
広　告　料	75,000		
貸倒引当金繰入	15,000		
減価償却費	50,000		
当期純利益	540,000		
	5,340,000		5,340,000

支店	損 益 計 算 書	（単位：円）	
売 上 原 価	1,730,000	売 上 高	2,300,000
給　　　料	320,000		
貸倒引当金繰入	5,000		
減価償却費	10,000		
当期純利益	235,000		
	2,300,000		2,300,000

未達事項

① 本店から支店に発送した商品¥160,000（原価）が，支店に未達である。

② 支店で受け取った本店受取分の手数料¥30,000の通知が，本店に未達である。

③ 支店で立て替え払いした本店負担の広告料¥90,000の通知が，本店に未達である。

(1)

		借　　　　方	貸　　　　方
①	（　）店		
②	（　）店		
③	（　）店		

(2)

支店勘定残高と本店勘定残高の一致額	¥

(3)

損　益　計　算　書

新潟商店　　　　　令和○年 1 月 1 日から令和○年12月31日まで　　　　（単位：円）

費　　用	金　　額	収　　益	金　　額
売 上 原 価		売 上 高	
給 料		受 取 手 数 料	
広 告 料			
貸 倒 引 当 金 繰 入			
減 価 償 却 費			
当 期 純 利 益			

2　栃木商店(個人企業)の本店・支店の損益計算書と未達事項および資料によって，次の各問いに答えなさい。ただし，未達事項整理前の本店における支店勘定の残高は*¥620,000*(借方)，支店における本店勘定の残高は*¥270,000*(貸方)である。

(1)　未達事項の仕訳を示しなさい。

(2)　支店勘定残高と本店勘定残高の一致額を求めなさい。

(3)　本支店合併後の損益計算書を完成しなさい。

損　益　計　算　書

本店　令和○年1月1日から令和○年12月31日まで（単位：円）

費　　用	金　額	収　益	金　額
売 上 原 価	5,200,000	売　上　高	7,012,000
給　　料	800,000		
旅　　費	245,000		
貸倒引当金繰入	25,000		
減価償却費	85,000		
雑　　費	7,000		
当期純利益	650,000		
	7,012,000		7,012,000

損　益　計　算　書

支店　令和○年1月1日から令和○年12月31日まで（単位：円）

費　　用	金　額	収　益	金　額
売 上 原 価	3,530,000	売　上　高	4,580,000
給　　料	540,000		
貸倒引当金繰入	15,000		
減価償却費	20,000		
支 払 家 賃	180,000		
雑　　費	5,000		
当期純利益	290,000		
	4,580,000		4,580,000

未達事項

①　支店から本店に送付した現金*¥130,000*が，本店に未達である。

②　本店から支店に発送した商品*¥200,000*(原価)が，支店に未達である。

③　支店で受け取った本店受取分の手数料*¥15,000*の通知が，本店に未達である。

④　支店で立て替え払いした本店従業員の旅費*¥35,000*の通知が，本店に未達である。

資　　料

i　期首商品棚卸高　本店　*¥470,000*　　　　支店　*¥230,000*

ii　仕　入　高　本店　*¥5,260,000*(未達処理前)　支店　*¥3,400,000*

iii　期末商品棚卸高　本店　*¥530,000*(未達処理前)　支店　*¥100,000*

(1)

		借　　　　　方	貸　　　　　方
①	（　）店		
②	（　）店		
③	（　）店		
④	（　）店		

(2)

支店勘定残高と本店勘定残高の一致額	*¥*

(3)

損 益 計 算 書

栃木商店　　　　　　　令和○年1月1日から令和○年12月31日まで　　　　　　（単位：円）

費　　　用	金　　額	収　　　益	金　　　額
売 上 原 価		売 上 高	
給　　　料		（　　　　　　）	
旅　　　費			
貸 倒 引 当 金 繰 入			
減 価 償 却 費			
支 払 家 賃			
雑　　　費			
（　　　　　　）			

3 和歌山商店（個人企業）の本店・支店の損益計算書と未達事項および資料によって，次の金額を計算しなさい。

　　a．本支店合併後の期末商品棚卸高　　　b．本支店合併後の当期純損益

損 益 計 算 書

本店　　令和○年1月1日から令和○年12月31日まで（単位：円）

費　　　用	金　　額	収　　益	金　　　額
売 上 原 価	5,600,000	売 上 高	7,450,000
給　　　料	1,190,000	受取手数料	40,000
減 価 償 却 費	80,000		
当期純利益	620,000		
	7,490,000		7,490,000

損 益 計 算 書

支店　　令和○年1月1日から令和○年12月31日まで（単位：円）

費　　　用	金　　額	収　　益	金　　　額
売 上 原 価	（　　　）	売 上 高	2,180,000
給　　　料	480,000	当期純損失	（　　　）
減 価 償 却 費	30,000		
（　　　）			（　　　）

未達事項

　　① 本店から支店に発送した商品¥100,000（原価）が，支店に未達である。

　　② 支店で本店の手数料¥30,000を受け取ったが，この通知が本店に未達である。

　　③ 支店で本店の広告料¥50,000を立て替え払いしたが，この通知が本店に未達である。

資　料

　　ⅰ　期首商品棚卸高　本店　¥ 490,000　　支店　¥ 210,000

　　ⅱ　仕　入　高　本店　¥5,630,000　　支店　¥1,690,000（未達処理前）

　　ⅲ　期末商品棚卸高　本店　¥ 520,000　　支店　¥ 170,000（未達処理前）

a	本支店合併後の期末商品棚卸高	¥
b	本支店合併後の当期純（　　　）	¥

4 富山商店(個人企業)の本店・支店の貸借対照表と損益計算書，未達事項および資料は次のとおりである。よって，

(1) 未達事項の仕訳を示しなさい。

(2) 支店勘定残高と本店勘定残高の一致額を求めなさい。

(3) 本支店合併後の貸借対照表と損益計算書を完成しなさい。

貸借対照表

本店　　　令和○年12月31日　　　(単位：円)

資　　産	金　　額	負債・純資産	金　　額
現　　　　金	256,000	支 払 手 形	389,000
当 座 預 金	628,000	買　掛　金	400,000
受 取 手 形	590,000	貸倒引当金	51,000
売　掛　金	430,000	資　本　金	3,000,000
商　　　品	410,000	当期純利益	520,000
建　　　物	930,000		
備　　　品	200,000		
支　　　店	916,000		
	4,360,000		4,360,000

貸借対照表

支店　　　令和○年12月31日　　　(単位：円)

資　　産	金　　額	負債・純資産	金　　額
現　　　　金	125,000	支 払 手 形	311,000
当 座 預 金	420,000	買　掛　金	278,000
受 取 手 形	358,000	貸倒引当金	32,000
売　掛　金	282,000	借　入　金	200,000
商　　　品	185,000	本　　　店	724,000
備　　　品	120,000		
当期純損失	55,000		
	1,545,000		1,545,000

損益計算書

本店　令和○年1月1日から令和○年12月31日まで　(単位：円)

費　　用	金　　額	収　　益	金　　額
売 上 原 価	2,290,000	売　上　高	3,900,000
給　　　料	950,000	受取手数料	23,000
貸倒引当金繰入	34,000		
減価償却費	129,000		
当期純利益	520,000		
	3,923,000		3,923,000

損益計算書

支店　令和○年1月1日から令和○年12月31日まで　(単位：円)

費　　用	金　　額	収　　益	金　　額
売 上 原 価	540,000	売　上　高	800,000
給　　　料	240,000	当期純損失	55,000
貸倒引当金繰入	30,000		
減価償却費	45,000		
	855,000		855,000

未達事項

① 本店から支店に発送した商品 ¥45,000 (原価)が，支店に未達である。

② 支店から本店に送付した現金 ¥12,000 が，本店に未達である。

③ 本店で支店の買掛金 ¥54,000 を支払ったが，この通知が支店に未達である。

④ 支店で本店受取分の手数料 ¥22,000 を受け取ったが，この通知が本店に未達である。

⑤ 本店で支店の借入金 ¥100,000 を利息 ¥3,000 とともに支払ったが，この通知が支店に未達である。

資　料

i　期首商品棚卸高　本店　¥ 380,000　　支店　¥ 220,000

ii　仕　入　高　　　本店　¥2,320,000　　支店　¥505,000 (未達処理前)

iii　期末商品棚卸高　本店　¥ 410,000　　支店　¥185,000 (未達処理前)

(1)

		借　　　　　　方	貸　　　　　　方
①	（　）店		
②	（　）店		
③	（　）店		
④	（　）店		
⑤	（　）店		

(2)

支店勘定残高と本店勘定残高の一致額	￥

(3)

貸　借　対　照　表

富山商店　　　　　　　　　　令和○年12月31日　　　　　　　　　　（単位：円）

資　　　産	金　　額	負債および純資産	金　　額
現　　　　　金		支　払　手　形	
当　座　預　金		買　　掛　　金	
受　取　手　形		貸　倒　引　当　金	
売　　掛　　金		（　　　　　）	
商　　　　　品		（　　　　　）	
建　　　　　物		（　　　　　）	
（　　　　　　）			

損　益　計　算　書

富山商店　　　　令和○年1月1日から令和○年12月31日まで　　　　（単位：円）

費　　　用	金　　額	収　　　益	金　　額
売　上　原　価		売　　上　　高	
給　　　　　料		（　　　　　）	
貸　倒　引　当　金　繰　入			
減　価　償　却　費			
（　　　　　　）			
（　　　　　　）			

検定問題 解答p.80

1　徳島商店（個人企業）における本店・支店の損益計算書と本支店合併後の損益計算書および資料によって，次の金額を計算しなさい。　　　　　　　　　　　　　　　　　　（第86回一部修正）
　　a．本店損益計算書の広告料（アの金額）　　b．本支店合併後の売上原価（イの金額）
　　c．資本金勘定の次期繰越高

損　益　計　算　書

本店	令和○年1月1日から令和○年12月31日まで（単位：円）			
費　　用	金　　額	収　　益	金　　額	
売 上 原 価	（　　　　）	売 上 高	6,025,000	
給　　料	（　　　　）	受取手数料	150,000	
広 告 料	（　ア　）			
減価償却費	220,000			
雑　　費	53,000			
当期純利益	760,000			
	（　　　　）		（　　　　）	

損　益　計　算　書

支店	令和○年1月1日から令和○年12月31日まで（単位：円）			
費　　用	金　　額	収　　益	金　　額	
売 上 原 価	（　　　　）	売 上 高	（　　　　）	
給　　料	624,000	受取手数料	（　　　　）	
広 告 料	120,000			
減価償却費	160,000			
雑　　費	（　　　　）			
当期純利益	346,000			
	（　　　　）		（　　　　）	

資　　料
　ⅰ　本店から支店に発送した商品 ¥70,000（原価）がまだ支店に到着しておらず，支店側では未処理である。
　ⅱ　本店における決算整理前の元帳勘定残高（一部）
　　　　資　本　金　¥ 7,780,000
　　　　引　出　金　　　281,000
　ⅲ　期首商品棚卸高
　　　　本　　店　¥　328,000
　　　　支　　店　　　307,000
　ⅳ　仕　入　高
　　　　本　　店　¥ 3,632,000
　　　　支　　店　　2,050,000（未達処理前）
　ⅴ　期末商品棚卸高
　　　　本　　店　¥　345,000
　　　　支　　店　　　324,000（未達処理前）

〔本支店合併後の損益計算書〕

損　益　計　算　書

徳島商店	令和○年1月1日から令和○年12月31日まで　（単位：円）			
費　　用	金　　額	収　　益	金　　額	
売 上 原 価	（　イ　）	売 上 高	（　　　　）	
給　　料	1,920,000	受取手数料	256,000	
広 告 料	（　　　　）			
減価償却費	（　　　　）			
雑　　費	76,000			
当期純利益	（　　　　）			
	（　　　　）		（　　　　）	

a	本店損益計算書の広告料（アの金額）	¥
b	本支店合併後の売上原価（イの金額）	¥
c	資本金勘定の次期繰越高	¥

2　鳥取商店（個人企業　決算年1回　12月31日）の下記の資料によって，次の金額を計算しなさい。
　　　　　　　　　　　　　　　　　　　　　　　　　　　　　　　　　　　　　（第85回）
　　a．支店勘定残高と本店勘定残高の一致額　　b．本支店合併後の買掛金
　　c．本支店合併後の売上総利益
資　　料
　ⅰ　元帳勘定残高（一部）

	本　　店	支　　店
繰 越 商 品	¥　740,000	¥　125,000
買　掛　金	890,000	430,000
支　　店	763,000（借方）	――――
本　　店	――――	653,000（貸方）
売　　上	9,250,000	3,100,000
仕　　入	7,280,000	2,540,000

ⅱ　付記事項
①　本店で支店の買掛金 ₩214,000 を現金で支払っていたが，本店・支店ともに未処理であった。
②　支店から本店に発送した商品 ₩110,000（原価）がまだ本店に到着しておらず，本店側で未処理であった。

ⅲ　決算整理事項（一部）
期末商品棚卸高　本店　₩ 675,000（付記事項②の商品は含まれていない）
　　　　　　　　支店　₩ 140,000

a	支店勘定残高と本店勘定残高の一致額	₩
b	本支店合併後の買掛金	₩
c	本支店合併後の売上総利益	₩

3　山形商店（個人企業）における本店・支店の損益計算書と未達事項および本支店合併後の損益計算書によって，次の金額を計算しなさい。ただし，未達事項整理前の本店における支店勘定の残高は ₩971,000（借方），支店における本店勘定の残高は ₩675,000（貸方）である。　（第82回一部修正）

a．支店勘定残高と本店勘定残高の一致額　　b．本店損益計算書の受取手数料（アの金額）
c．本支店合併後の当期純利益（イの金額）

損　益　計　算　書
本店　令和○年1月1日から令和○年12月31日まで（単位：円）

費　　用	金　　額	収　　益	金　　額
売 上 原 価	3,026,000	売 上 高	（　　　）
給　　料	684,000	受取手数料	（　ア　）
旅　　費	148,000		
減価償却費	120,000		
雑　　費	12,000		
当期純利益	490,000		
	4,480,000		4,480,000

損　益　計　算　書
支店　令和○年1月1日から令和○年12月31日まで（単位：円）

費　　用	金　　額	収　　益	金　　額
売 上 原 価	1,700,000	売 上 高	2,500,000
給　　料	342,000	受取手数料	18,000
旅　　費	114,000		
減価償却費	80,000		
雑　　費	8,000		
当期純利益	274,000		
	2,518,000		2,518,000

未達事項
①　本店から支店に発送した商品 ₩217,000（原価）が，支店に未達である。
②　支店で本店の買掛金 ₩95,000 を支払ったが，この通知が本店に未達である。
③　支店で本店の旅費 ₩35,000 を立て替え払いしたが，この通知が本店に未達である。
④　本店で支店受取分の手数料 ₩51,000 を受け取ったが，この通知が支店に未達である。

〔本支店合併後の損益計算書〕
損　益　計　算　書
山形商店　令和○年1月1日から令和○年12月31日まで　（単位：円）

費　　用	金　　額	収　　益	金　　額
売 上 原 価	（　　　）	売 上 高	（　　　）
給　　料	1,026,000	受取手数料	99,000
旅　　費	（　　　）		
減価償却費	200,000		
雑　　費	20,000		
当期純利益	（　イ　）		
	（　　　）		（　　　）

a	支店勘定残高と本店勘定残高の一致額	₩
b	本店損益計算書の受取手数料（アの金額）	₩
c	本支店合併後の当期純利益（イの金額）	₩

V 株式会社会計

第1章 株式会社の純資産

1．株式会社の資本金・資本準備金

学習の要点 ● ● ●

1．株式会社の純資産

株式会社の純資産は，会社法・会社計算規則によれば，**株主資本**とその他の純資産に分けられる。さらに，株主資本は，次のように分類される。

● 株主資本の分類

2．株式会社の資本金

株式会社の資本金は，ふつう，会社が発行した株式に対する出資によって調達される。株式会社の資本金は，原則として発行済株式の払込金額の総額である。

> 資本金 ＝ 1株の払込金額 × 発行済株式数

例　会社設立にさいし，株式400株を1株につき*¥100,000*で発行し，全額の引き受け・払い込みを受け，払込金は当座預金とした。

（借）当 座 預 金 *40,000,000*　（貸）資　　本　　金 *40,000,000*

¥100,000（1株の払込金額）×400株（発行済株式数）＝*¥40,000,000*（資本金）

3．資本金の増加

会社設立後，事業拡張などのため，取締役会の決議によって新たに株式を発行して資本金を増加させることができる。

4．株式払込剰余金

　株式を発行したときは，払込金額の総額を資本金とするのが原則であるが，払込金額の2分の1を超えない額を資本金に計上しないことができる。この資本金に計上しない部分を**株式払込剰余金**といい，**資本準備金勘定**(純資産の勘定)の貸方に記入する。

[例]　会社設立にさいし，株式400株を1株につき￥100,000で発行し，全額の引き受け・払い込みを受け，払込金は当座預金とした。ただし，1株の払込金額のうち￥20,000は資本金に計上しないことにした。

（借）当　座　預　金　40,000,000　　（貸）資　　本　　金　32,000,000
　　　　　　　　　　　　　　　　　　　　　資　本　準　備　金　8,000,000

　　￥100,000（1株の払込金額）×400株（発行済株式数）＝￥40,000,000（払込総額）

　　￥20,000 ×400株＝￥8,000,000（資本金に計上しない額）

　　（￥100,000 －￥20,000 ）×400株＝￥32,000,000（資本金）

[例]　事業拡張のため，株式400株を1株につき￥100,000で発行し，全額の引き受け・払い込みを受け，払込金は当座預金とした。ただし，1株の払込金額のうち￥50,000は資本金に計上しないことにした。

（借）当　座　預　金　40,000,000　　（貸）資　　本　　金　20,000,000
　　　　　　　　　　　　　　　　　　　　　資　本　準　備　金　20,000,000

　　￥100,000（1株の払込金額）×400株（発行済株式数）＝￥40,000,000（払込総額）

　　￥50,000 ×400株＝￥20,000,000（資本金に計上しない額）

　　（￥100,000 －￥50,000 ）×400株＝￥20,000,000（資本金）

基本問題

解答p.83

1　次の取引の仕訳を示しなさい。

(1) 長野商事株式会社は，設立にさいし，株式1,000株を1株につき￥150,000で発行し，全額の引き受け・払い込みを受け，払込金は当座預金とした。

(2) 茨城商事株式会社は，設立にさいし，株式2,000株を1株につき￥120,000で発行し，全額の引き受け・払い込みを受け，払込金は当座預金とした。ただし，1株の払込金額のうち￥60,000は資本金に計上しないことにした。

(3) 新潟商事株式会社は，企業規模の拡大のため，株式100株を1株につき￥160,000で発行し，全額の引き受け・払い込みを受け，払込金は当座預金とした。ただし，1株の払込金額のうち￥80,000は資本金に計上しないことにした。

(4) 福井商事株式会社は，設立にさいし，株式3,000株を1株につき￥140,000で発行し，全額の引き受け・払い込みを受け，払込金は当座預金とした。ただし，1株の払込金額のうち￥40,000は資本金に計上しないことにした。

	借　　　　方	貸　　　　方
(1)		
(2)		
(3)		
(4)		

検定問題

解答p.84

1 次の取引の仕訳を示しなさい。

(1) 根室商事株式会社は，事業拡張のために，株式200株を 1 株につき*¥80,000* で発行し，全額の引き受け・払い込みを受け，払込金は当座預金とした。　　　　　　　　　　　　（第54回一部修正）

(2) 秋田商事株式会社は，設立にさいし，株式300株を 1 株につき*¥70,000* で発行し，全額の引き受け・払い込みを受け，払込金は当座預金とした。ただし， 1 株の払込金額のうち*¥30,000* は資本金に計上しないことにした。　　　　　　　　　　　　　　　　　　　　　　　（第62回一部修正）

(3) 根室商事株式会社は，事業拡張のために，株式100株を 1 株につき*¥90,000* で発行し，全額の引き受け・払い込みを受け，払込金は当座預金とした。ただし， 1 株の払込金額のうち*¥40,000* は資本金に計上しないことにした。　　　　　　　　　　　　　　　　　（第50回一部修正）

(4) 鹿児島商事株式会社は，設立にさいし，株式400株を 1 株につき*¥60,000* で発行し，全額の引き受け・払い込みを受け，払込金は当座預金とした。ただし， 1 株の払込金額のうち*¥10,000* は資本金に計上しないことにした。　　　　　　　　　　　　　　　　　　　（第48回一部修正）

(5) 福岡商事株式会社は，事業拡張のため，株式200株を 1 株につき*¥65,000* で発行し，全額の引き受け・払い込みを受け，払込金は当座預金とした。ただし， 1 株の払込金額のうち*¥15,000* は資本金に計上しないことにした。　　　　　　　　　　　　　　　　　　　（第46回一部修正）

(6) 埼玉商事株式会社は，設立にさいし，株式300株を 1 株につき*¥140,000* で発行し，全額の引き受け・払い込みを受け，払込金は当座預金とした。ただし， 1 株の払込金額のうち*¥70,000* は資本金に計上しないことにした。　　　　　　　　　　　　　　　　　（第58回一部修正）

(7) 愛知商事株式会社は，事業拡張のために，株式300株を 1 株につき*¥80,000* で発行し，全額の引き受け・払い込みを受け，払込金は当座預金とした。ただし， 1 株の払込金額のうち*¥40,000* は資本金に計上しないことにした。　　　　　　　　　　　　　　　　　（第63回一部修正）

	借　　　　　　　方	貸　　　　　　　方
(1)		
(2)		
(3)		
(4)		
(5)		
(6)		
(7)		

2．創立費・開業費・株式交付費

学習の要点 ●●●

　株式会社が会社を設立するときや，設立してから開業するまでの間には，さまざまな費用がかかる。また，株式を発行するときも証券会社などに支払う手数料が発生する。これらは原則として支出時の費用として処理する。

1．創立費

　会社を設立するために発起人が立て替え払いをした費用，たとえば定款の作成費・株式の発行費用・設立登記料などは**創立費勘定**（費用の勘定）で処理する。

　例1　会社を設立し，発起人が立て替えた設立登記の諸費用 ¥300,000 を小切手を振り出して支払った。

　（借）創　立　費　300,000　　（貸）当　座　預　金　300,000

2．開業費

　会社設立後，開業までに直接要した諸費用，たとえば広告宣伝費，通信費，土地や建物の賃借料，消耗品費，給料などは**開業費勘定**（費用の勘定）で処理する。

　例2　会社設立後，開業までに直接要した広告宣伝費等の諸費用 ¥200,000 を小切手を振り出して支払った。

　（借）開　業　費　200,000　　（貸）当　座　預　金　200,000

3．株式交付費

　会社設立後，企業規模の拡大などの目的で新株を発行したさいに要した費用，たとえば新株発行手数料などは**株式交付費勘定**（費用の勘定）で処理する。

　例3　事業拡張のため，新たに発行した株式の発行費用 ¥90,000 を小切手を振り出して支払った。

　（借）株式交付費　90,000　　（貸）当　座　預　金　90,000

●創立費と株式交付費の使い分け
　・会社設立時の株式発行費用　…………　創立費勘定
　・会社設立後の株式発行費用　…………　株式交付費勘定

基本問題

解答p.84

1　次の取引の仕訳を示しなさい。

(1)　岐阜商事株式会社は，会社設立にあたって，発起人が立て替えていた諸費用 ¥520,000 を小切手を振り出して支払った。

(2)　富山物産株式会社は，会社設立後，開業のために直接要した広告宣伝費用 ¥870,000 を現金で支払った。

(3)　三重産業株式会社は，企業規模の拡大のための新株発行に要した諸費用 ¥400,000 を小切手を振り出して支払った。

	借　　　　　　　方	貸　　　　　　　方
(1)		
(2)		
(3)		

検定問題

解答p.85

1 次の取引の仕訳を示しなさい。

(1) 島根商事株式会社は，会社設立後，開業準備のために直接要した諸費用 ¥2,300,000 を小切手を振り出して支払った。 　　　　　　　　　　　　　　　　　　　　　　　　　　　（第64回一部修正）

(2) 茨城産業株式会社は，企業規模拡張のため，株式30,000株を1株につき ¥800 で発行し，全額の引き受け・払い込みを受け，払込金は当座預金とした。なお，この株式の発行に要した諸費用 ¥470,000 は小切手を振り出して支払った。 　　　　　　　　　　　　　　　　（第92回）

(3) 大阪商事株式会社は，企業規模拡大のため，あらたに株式500株を1株につき ¥70,000 で発行し，全額の引き受け，払い込みを受け，払込金は当座預金とした。ただし，1株の払込金額のうち ¥30,000 は資本金に計上しないことにした。なお，この株式の発行に要した諸費用 ¥480,000 は小切手を振り出して支払った。 　　　　　　　　　　　　　　　　　　（第90回）

(4) 山梨商事株式会社は，事業規模拡大のため，あらたに株式400株を1株につき ¥130,000 で発行し，全額の引き受け・払い込みを受け，払込金は当座預金とした。ただし，1株の払込金額のうち ¥50,000 は資本金に計上しないことにした。なお，この株式の発行に要した諸費用 ¥460,000 は小切手を振り出して支払った。 　　　　　　　　　　　　　　　（第83回）

(5) 熊本商事株式会社は，設立にさいし，株式300株を1株につき ¥100,000 で発行し，全額の引き受け・払い込みを受け，払込金は当座預金とした。ただし，1株の払込金額のうち ¥50,000 は資本金に計上しないことにした。なお，設立に要した諸費用 ¥780,000 は小切手を振り出して支払った。 　　　　　　　　　　　　　　　　　　（第65回一部修正）

(6) 岩手産業株式会社は，設立にさいし，株式400株を1株につき ¥90,000 で発行し，全額の引き受け・払い込みを受け，払込金は当座預金とした。ただし，1株の払込金額のうち ¥40,000 は資本金に計上しないことにした。なお，設立に要した諸費用 ¥370,000 は小切手を振り出して支払った。 　　　　　　　　　　　　　　　　（第85回）

	借　　　　　　　方	貸　　　　　　　方
(1)		
(2)		
(3)		
(4)		
(5)		
(6)		

第2章　剰余金の配当および処分と損失の処理

1．剰余金の配当および処分

学習の要点 ●●●

1．当期純利益を計上したときの記帳（決算時）

株式会社では，決算の結果，損益勘定で算出された当期純利益は，**繰越利益剰余金勘定**（純資産の勘定）の貸方に振り替え，株主総会においてその配当および処分が決定される（個人企業では，資本金勘定の貸方に振り替える）。

例　1　第1期決算（3/31）の結果，当期純利益 ¥300,000 を計上した。

● 個人企業の場合

（借）損　　　　　益　300,000　　（貸）資　　本　　金　300,000

● 株式会社の場合

（借）損　　　　　益　300,000　　（貸）繰越利益剰余金　300,000

損　　　　　　益				繰　越　利　益　剰　余　金			
（総費用）	1,700,000	（総収益）	2,000,000	3/31 次期繰越	300,000	3/31 損　　益	300,000
3/31 繰越利益剰余金	300,000					4/1 前期繰越	300,000
	2,000,000		2,000,000				

2．剰余金の配当および処分の記帳

繰越利益剰余金勘定の貸方残高は，株主総会の決議によって，次の内容（勘定科目）に配当および処分される。

● 配当金

株主に対して支払われる利益の分配額を配当金といい，**未払配当金勘定**（負債の勘定）で処理する。

● 利益準備金の積み立て

繰越利益剰余金を配当するときは，一定の金額*を会社内に積み立てることが法律によって強制されており，この積立額は**利益準備金勘定**（純資産の勘定）で処理する。

＊繰越利益剰余金を財源として配当する場合には，配当する金額の10分の1を，資本準備金と利益準備金の合計額が資本金の4分の1に達するまで，積み立てが強制されている。

● 任意積立金

法律の強制によるものではなく，株主総会の決議によって利益を任意に積み立てた額を**任意積立金**という。任意積立金には，次のようなものがある。

・**新 築 積 立 金**……店舗などの新築に備えて積み立てるもの。

新築積立金勘定（純資産の勘定）

・**配当平均積立金**……営業不振の年度でも一定の配当ができるよう積み立てるもの。

配当平均積立金勘定（純資産の勘定）

・**別 途 積 立 金**……特に目的を定めないで積み立てるもの。

別途積立金勘定（純資産の勘定）

例 2　株主総会(6/30)において，繰越利益剰余金の貸方残高*300,000*を次のとおり配当および処分することを決議した。

利 益 準 備 金 *20,000*　　配　　当　　金 *200,000*　　新 築 積 立 金 *50,000*

配当平均積立金 *15,000*　　別 途 積 立 金 *10,000*

(借)　繰越利益剰余金　*295,000*　　(貸)　利 益 準 備 金　*20,000*
　　　　　　　　　　　　　　　　　　　　　未 払 配 当 金　*200,000*
　　　　　　　　　　　　　　　　　　　　　新 築 積 立 金　*50,000*
　　　　　　　　　　　　　　　　　　　　　配当平均積立金　*15,000*
　　　　　　　　　　　　　　　　　　　　　別 途 積 立 金　*10,000*

例 3　例 2 の配当金*200,000*の支払いを銀行に委託し，小切手を振り出して支払った。

(借)　未 払 配 当 金　*200,000*　　(貸)　当 座 預 金　*200,000*

(1) 繰越利益剰余金に貸方残高があるとき（利益額を意味する）

例 4　第 2 期決算(3/31)の結果，当期純利益*400,000*を計上した。ただし，繰越利益剰余金勘定の貸方残高が*5,000*ある。

(借)　損　　　　益　*400,000*　　(貸)　繰越利益剰余金　*400,000*

損		益	
（総費用)	*1,900,000*	（総収益)	*2,300,000*
3/31 繰越利益剰余金	*400,000*		
	2,300,000		*2,300,000*

繰 越 利 益 剰 余 金			
3/31 次期繰越	*405,000*	（残　高)	*5,000*
		3/31 損　益	*400,000*
	405,000		*405,000*
		4/1 前期繰越	*405,000*

(2) 繰越利益剰余金に借方残高があるとき（損失額を意味する）

① 繰越利益剰余金＜当期純利益のとき

例 5　決算（3/31）の結果，当期純利益 *¥400,000* を計上した。ただし，繰越利益剰余金勘定の借方残高が *¥100,000* ある。

（借）損　　　　　益　　400,000　　（貸）繰越利益剰余金　　400,000

② 繰越利益剰余金＞当期純利益のとき

例 6　決算（3/31）の結果，当期純利益 *¥400,000* を計上した。ただし，繰越利益剰余金勘定の借方残高が *¥600,000* ある。

（借）損　　　　　益　　400,000　　（貸）繰越利益剰余金　　400,000

(注)　当期純利益を計上した場合，①②とも仕訳は同じである。しかし，繰越利益剰余金勘定の残高（借方・貸方）に注意しておく必要がある。

基本問題

解答p.86

1　次の滋賀商事株式会社における一連の取引の仕訳を示し，繰越利益剰余金勘定と損益勘定に転記し，締め切りなさい。また，開始記入を示しなさい。

3/31　第1期決算の結果，当期純利益 ¥5,000,000 を計上した。

6/28　株主総会において，繰越利益剰余金を次のとおり配当および処分することを決議した。

利益準備金　¥280,000　　　配　当　金　¥2,800,000　　　新築積立金　¥1,200,000

6/30　配当金 ¥2,800,000 を小切手を振り出して支払った。

3/31　第2期決算の結果，当期純利益 ¥6,400,000 を計上した。

	借　　　　　方	貸　　　　　方
3/31		
6/28		
6/30		
3/31		

総　勘　定　元　帳

繰　越　利　益　剰　余　金

損　　　　　益

（総費用）　1,2000,000	（総収益）　17,000,000
（総費用）　18,000,000	（総収益）　24,400,000

2　次の京都商事株式会社における一連の取引の仕訳を示しなさい。

3/31　第1期決算の結果，当期純利益╱15,600,000を計上した。

6/28　株主総会において，繰越利益剰余金を次のとおり配当および処分することを決議した。

利益準備金　╱1,060,000　　配　当　金　╱10,600,000　　別途積立金　╱3,480,000

6/30　株主総会で決議した配当金を小切手を振り出して支払った。

3/31　第2期決算の結果，当期純利益╱12,400,000を計上した。

	借　　　　方	貸　　　　方
3/31		
6/28		
6/30		
3/31		

3　次の一連の取引の仕訳を示しなさい。

3/31　兵庫商会株式会社(発行済株式数500株)は，第2期決算の結果，当期純利益╱4,200,000を計上した。ただし，繰越利益剰余金勘定の借方残高が╱1,000,000ある。

6/25　株主総会において，繰越利益剰余金を次のとおり配当および処分することを決議した。

利益準備金　╱230,000　　配　当　金　1株につき╱4,600　　別途積立金　╱380,000

6/30　株主総会で決議した配当金を小切手を振り出して支払った。

3/31　第3期決算の結果，当期純利益╱5,310,000を計上した。

	借　　　　方	貸　　　　方
3/31		
6/25		
6/30		
3/31		

検定問題

解答p.88

1　次の取引の仕訳を示しなさい。

(1)　和歌山物産株式会社は，株主総会において，繰越利益剰余金を次のとおり配当および処分することを決議した。ただし，繰越利益剰余金勘定の貸方残高は¥3,970,000 である。　　（第71回）

利益準備金 ¥310,000　　配 当 金 ¥3,100,000　　別途積立金 ¥420,000

(2)　岡山商事株式会社（発行済株式数5,800株）は，株主総会において，繰越利益剰余金を次のとおり配当および処分することを決議した。ただし，繰越利益剰余金勘定の貸方残高は¥4,700,000 である。　　（第91回）

利益準備金 ¥203,000　　配 当 金 1株につき¥350　　別途積立金 ¥1,890,000

(3)　滋賀商事株式会社は，決算の結果，当期純利益¥1,762,000 を計上した。　　（第84回）

(4)　九州産業株式会社は，決算の結果，当期純利益¥2,210,000 を計上した。　　（第89回）

(5)　香川物産株式会社（発行済株式数3,400株）は，株主総会において，繰越利益剰余金を次のとおり配当および処分することを決議した。ただし，繰越利益剰余金勘定の貸方残高は¥2,875,000 である。　　（第86回）

利益準備金 ¥170,000　　配 当 金 1株につき¥500　　別途積立金 ¥260,000

(6)　宮崎産業株式会社は，決算の結果，当期純利益¥1,740,000 を計上した。　　（第72回）

(7)　北海道物産株式会社（発行済株式数3,500株）は，株主総会において，繰越利益剰余金を次のとおり配当および処分することを決議した。　　（第75回）

利益準備金 ¥280,000　　配 当 金 1株につき¥800　　新築積立金 ¥600,000

(8)　福島商事株式会社は，株主総会で決議された配当金¥4,300,000 の支払いを全商銀行に委託し，小切手を振り出して支払った。　　（第85回）

	借　　　　　方	貸　　　　　方
(1)		
(2)		
(3)		
(4)		
(5)		
(6)		
(7)		
(8)		

2．損失の処理

1．当期純損失を計上したときの記帳（決算時）

　株式会社では，決算の結果，損益勘定で算出された当期純損失は**繰越利益剰余金勘定**（純資産の勘定）の借方に振り替える（個人企業では，資本金勘定の借方に振り替える）。

例 1　決算（3/31）の結果，当期純損失∦100,000を計上した。
（借）　繰越利益剰余金 100,000　　（貸）　損　　　　　益 100,000

損		益		繰 越 利 益 剰 余 金			
（総費用）	1,500,000	（総収益）	1,400,000	3/31損　益	100,000	3/31次期繰越	100,000
		3/31 繰越利益剰余金	100,000	4/1 前期繰越	100,000		
	1,500,000		1,500,000				

　　⑴繰越利益剰余金に借方残高があるとき（損失額を意味する）

例 2　決算（3/31）の結果，当期純損失∦100,000を計上した。ただし，繰越利益剰余金勘定の借方残高が∦50,000ある。
（借）　繰越利益剰余金 100,000　　（貸）　損　　　　　益 100,000

損		益		繰 越 利 益 剰 余 金			
（総費用）	1,500,000	（総収益）	1,400,000	（残　高）	50,000	3/31次期繰越	150,000
		3/31 繰越利益剰余金	100,000	3/31損　益	100,000		
	1,500,000		1,500,000		150,000		150,000
				4/1 前期繰越	150,000		

　　⑵繰越利益剰余金に貸方残高があるとき（利益額を意味する）

　　① 繰越利益剰余金＜当期純損失のとき

例 3　決算（3/31）の結果，当期純損失∦100,000を計上した。ただし，繰越利益剰余金勘定の貸方残高が∦50,000ある。
（借）　繰越利益剰余金 100,000　　（貸）　損　　　　　益 100,000

損		益		繰 越 利 益 剰 余 金			
（総費用）	1,500,000	（総収益）	1,400,000	3/31損　益	100,000	（残　高）	50,000
		3/31 繰越利益剰余金	100,000			3/31次期繰越	50,000
	1,500,000		1,500,000		100,000		100,000
				4/1 前期繰越	50,000		

　　② 繰越利益剰余金＞当期純損失のとき

例 4　決算（3/31）の結果，当期純損失∦100,000を計上した。ただし，繰越利益剰余金勘定の貸方残高が∦150,000ある。
（借）　繰越利益剰余金 100,000　　（貸）　損　　　　　益 100,000

（注）　いずれも同じ仕訳であるが，繰越利益剰余金勘定の残高（借方・貸方）に注意しておく必要がある。

2．損失処理の記帳（株主総会で決議されたとき）

繰越利益剰余金勘定の借方残高の処理は，原則として株主総会で決議される。

例　5　株主総会において，繰越利益剰余金勘定の借方残高 ¥100,000 をてん補するため，別途積立金 ¥60,000 を取り崩すことを決議した。

（借）別 途 積 立 金　60,000　　（貸）繰越利益剰余金　60,000

繰 越 利 益 剰 余 金		別 途 積 立 金	
前期繰越　100,000	別途積立金　60,000	てん補　　60,000	積立額　　60,000
	残　　高　40,000		

（株主総会の決議）

基本問題

解答p.88

1　次の取引の仕訳を示しなさい。

(1)　南東商事株式会社は，決算の結果，当期純損失 ¥400,000 を計上した。

(2)　北西物産株式会社は，株主総会において，繰越利益剰余金勘定の借方残高 ¥1,260,000 を利益準備金 ¥310,000 と別途積立金 ¥670,000 を取り崩しててん補することを決議した。

	借　　　　　方	貸　　　　　方
(1)		
(2)		

2　次の(1)〜(3)において，決算（3月31日）の結果，当期純損失 ¥800,000 を計上したときの仕訳を
示し，繰越利益剰余金勘定に転記して締め切りなさい。また，開始記入も示しなさい。
(1)　繰越利益剰余金勘定の借方残高が ¥130,000 ある。
(2)　繰越利益剰余金勘定の貸方残高が ¥220,000 ある。
(3)　繰越利益剰余金勘定の貸方残高が ¥950,000 ある。

(1)

借　　　　　方	貸　　　　　方

繰 越 利 益 剰 余 金

（残　　高）	130,000		

(2)

借　　　　　方	貸　　　　　方

繰 越 利 益 剰 余 金

		（残　　高）	220,000

(3)

借　　　　　方	貸　　　　　方

繰 越 利 益 剰 余 金

		（残　　高）	950,000

3 次の取引の仕訳を示しなさい。

(1) 東南商事株式会社は，決算の結果，当期純損失 ¥960,000 を計上した。

(2) 中央商事株式会社は，株主総会において，繰越利益剰余金勘定の借方残高 ¥280,000 を別途積立金 ¥280,000 を取り崩しててん補することを決議した。

(3) 東西商事株式会社は，株主総会において，繰越利益剰余金勘定の借方残高 ¥1,200,000 を新築積立金 ¥400,000 と別途積立金 ¥800,000 を取り崩しててん補することを決議した。

(4) 南北商事株式会社は，決算の結果，当期純損失 ¥730,000 を計上した。ただし，繰越利益剰余金勘定の貸方残高が ¥130,000 ある。

(5) 北西商事株式会社は，株主総会において，繰越利益剰余金勘定の借方残高 ¥840,000 をてん補するため，新築積立金 ¥630,000 と別途積立金 ¥140,000 を取り崩すことを決議した。

	借 方	貸 方
(1)		
(2)		
(3)		
(4)		
(5)		

4 次の一連の取引の仕訳を示しなさい。

3/31 東北産業株式会社は，第２期決算の結果，当期純損失 ¥1,074,000 を計上した。ただし，繰越利益剰余金勘定の借方残高が ¥108,000 ある。

6/28 株主総会において，繰越利益剰余金勘定の借方残高を次のとおり利益準備金と積立金を取り崩しててん補することを決議した。

利益準備金 ¥257,000 新築積立金 ¥662,000 別途積立金 ¥235,000

	借 方	貸 方
3/31		
6/28		

検定問題

解答p.90

1　次の取引の仕訳を示しなさい。

(1)　北西物産株式会社は，決算の結果，当期純損失 ¥520,000 を計上した。　　　　　　　　（第82回）

(2)　小倉商事株式会社は，株主総会において，繰越利益剰余金勘定の借方残高 ¥940,000 を別途積立金 ¥780,000 を取り崩しててん補することを決議した。　　　　　　　　　（第42回一部修正）

(3)　神奈川物産株式会社は，株主総会において，繰越利益剰余金勘定の借方残高 ¥860,000 を利益準備金 ¥210,000 と別途積立金 ¥450,000 を取り崩しててん補することを決議した。

（第39回一部修正）

(4)　東西商事株式会社は，決算の結果，当期純損失 ¥293,000 を計上した。　　　　　　　　（第92回）

(5)　東南物産株式会社は，株主総会において，繰越利益剰余金勘定の借方残高 ¥1,600,000 を次の積立金を取り崩して，てん補することを決議した。

　　　　新築積立金　¥1,000,000　　別途積立金　¥500,000　　　　　　　（第48回一部修正）

(6)　西南物産株式会社は，株主総会において，繰越利益剰余金勘定の借方残高 ¥1,900,000 を別途積立金 ¥1,730,000 を取り崩しててん補することを決議した。　　　　　（第58回一部修正）

	借　　　　　方	貸　　　　　方
(1)		
(2)		
(3)		
(4)		
(5)		
(6)		

2　長崎商事株式会社（決算年1回　3月31日）の下記の勘定と資料によって，次の金額を計算しなさい。　　　　　　　　　　　　　　　　　　　　　　　　　　　　　　　　　　（第81回）

　　　　a．仕　　入　　高　　　b．繰越利益剰余金勘定の次期繰越高（アの金額）

	損	益	
3/31 仕　　　入	2,067,000	3/31 売　　上	3,445,000
〃 給　　　料	210,000		
〃 減価償却費	120,000		
〃 雑　　　費	13,000		
〃 法人税等	414,000		
〃 繰越利益剰余金	621,000		
	3,445,000		3,445,000

繰 越 利 益 剰 余 金			
6/27 利益準備金	50,000	4/1 前期繰越	810,000
〃 未払配当金	500,000	3/31 損　　益	（　　　）
〃 別途積立金	40,000		
3/31 次期繰越	（　ア　）		
	（　　　）		（　　　）

資　料

ⅰ　期首商品棚卸高　　¥780,000
ⅱ　期末商品棚卸高　　¥650,000

a	仕　入　高	¥
b	繰越利益剰余金勘定の次期繰越高（アの金額）	¥

第3章　株式会社の税務

1. 株式会社に関する税金の種類

学習の要点 ●●●

1. 株式会社に関する税金の種類

株式会社にも個人企業と同じように納税義務があり，国が課す国税と地方公共団体が課す地方税とに分けられる。

	税 金 の 種 類	国 税	地 方 税
①	税法上，費用として処理できない税金	法人税	都道府県民税(住民税) 市町村民税(住民税) 事業税など
②	税法上，費用として処理できる税金	印紙税 登録免許税 消費税	固定資産税など

2. 法人税の記帳

法人税は，事業年度における会社の利益にもとづいて所定の税務調整をおこなって課税所得を計算し，これによって算出された税額を**法人税等勘定**の借方と**未払法人税等勘定**(負債の勘定)の貸方に記入する。なお，税金を納付したときは，未払法人税等勘定の借方に記入する。

● 年1回決算の会社

中間申告によって半期分の法人税を納付したときは，**仮払法人税等勘定**の借方に記入する。そして，決算によってその事業年度の法人税額が確定したら，その税額を法人税等勘定の借方に記入するとともに，すでに納付してある中間納税額を差し引くため，仮払法人税等勘定の貸方に記入し，差額を未払法人税等勘定の貸方に記入する。

① 事業年度開始後6か月を過ぎた日から2か月以内に中間申告をして法人税を納付する。中間申告額は，前年度の法人税の2分の1，または中間決算をおこなって納付する。

② 決算日に，法人税の納付額を見積もる。

③ 事業年度終了後，2か月以内に確定申告をおこなって法人税を納付する。

ふつう，法人税は，後述する住民税や事業税とあわせて法人税等勘定で処理するため，ここでも法人税等勘定とする。

例1　① 法人税の中間申告をおこない，前年度の法人税額¥60,000の2分の1を現金で納付した。

　　　(借) 仮払法人税等　30,000　　(貸) 現　　　　金　30,000

②　決算(年1回)の結果，当期純利益が確定し，法人税*70,000 を計上した。

(借)　法　人　税　等　　70,000　　　(貸)　仮払法人税等　　30,000
　　　　　　　　　　　　　　　　　　　　　　未払法人税等　　40,000

③　確定申告をおこない，法人税額*70,000 から，中間申告によって納付した税額*30,000 を差し引き，残額*40,000 を現金で納付した。

(借)　未払法人税等　　40,000　　　(貸)　現　　　　　金　　40,000

3．住民税・事業税の記帳

　住民税は，会社の住所がある都道府県や市町村に対して支払う税金で，会社の資本金額に応じて定められた均等割額と，法人税額をもとに計算された法人税割額の合計が税額となる。

　また，事業税は，企業の事業活動に対して課せられる税金で，当期純利益にもとづいて計算した所得をもとに税額が計算される。

　住民税と事業税の申告や納税は法人税に準じておこなわれるため，法人税・住民税・事業税をあわせて**法人税等勘定・仮払法人税等勘定・未払法人税等勘定**を用いて記帳する。

例2　①　決算(年1回)にあたり，当期の法人税・住民税及び事業税の合計額*200,000 を計上した。ただし，中間申告によって*90,000 を納付してある。

(借)　法　人　税　等　200,000　　　(貸)　仮払法人税等　　90,000
　　　　　　　　　　　　　　　　　　　　　　未払法人税等　 110,000

②　確定申告をおこない，法人税・住民税及び事業税の合計額*200,000 から，中間申告によって納付した税額*90,000 を差し引き，残額*110,000 を現金で納付した。

(借)　未払法人税等　110,000　　　(貸)　現　　　　　金　 110,000

4．固定資産税の記帳

　固定資産税は，土地・建物などの固定資産に対して課せられる税金である。固定資産税を納付したときは，**租税公課勘定**(または**固定資産税勘定**)の借方に記入する。また，納税通知書を受け取ったときや，決算時に未納分があれば未納額を**未払税金勘定**(負債の勘定)に記入する。

例3　固定資産税*25,000 (第1期分)を現金で納付した。

(借)　租　税　公　課　　25,000　　　(貸)　現　　　　　金　　25,000
　　　(または固定資産税)

例4　決算にあたり，当期の固定資産税の未納分*75,000 を計上した。

(借)　租　税　公　課　　75,000　　　(貸)　未　払　税　金　　75,000
　　　(または固定資産税)

●納税通知書を受け取ったときに，全額を未払税金としたとき。

例5　固定資産税*100,000 の納税通知書を受け取った。ただし，固定資産税は4回(期)に分けて納付する。

(借)　租　税　公　課　100,000　　　(貸)　未　払　税　金　100,000
　　　(または固定資産税)

例6　固定資産税*25,000 (第1期分)を現金で納付した。

(借)　未　払　税　金　　25,000　　　(貸)　現　　　　　金　　25,000

基本問題

解答p.91

1 次の取引の仕訳を示しなさい。

(1) 九州産業株式会社(決算年1回)は，法人税・住民税及び事業税の中間申告をおこない，前年度の納税額*¥1,200,000* の2分の1を現金で納付した。

(2) 栃木商事株式会社は，決算の結果，当期の法人税・住民税及び事業税の合計額*¥1,240,000* を計上した。ただし，仮払法人税等の残高が*¥580,000* ある。

(3) 福島商事株式会社は，法人税・住民税及び事業税の確定申告をおこない，中間申告によって納付した*¥800,000* を差し引いた*¥840,000* を現金で納付した。

(4) 奈良商事株式会社は，法人税・住民税及び事業税の確定申告をおこない，決算で計上した法人税等*¥720,000* から中間申告のさいに納付した*¥300,000* を差し引いた額を現金で納付した。

	借　　　方	貸　　　方
(1)		
(2)		
(3)		
(4)		

2 次の一連の取引の仕訳を示しなさい。

5／20　固定資産税*¥500,000*（第1期分）を現金で納付した。

12／31　決算にあたり，当期の固定資産税の未納分*¥1,500,000* を計上した。

	借　　　方	貸　　　方
5/20		
12/31		

3 次の一連の取引の仕訳を示しなさい。

5／10　高知物産株式会社は，固定資産税*¥1,000,000* の納税通知書を受け取った。

6／20　固定資産税の第1期分*¥250,000* を現金で納付した。

	借　　　方	貸　　　方
5/10		
6/20		

検定問題

解答p.92

1 次の取引の仕訳を示しなさい。

(1) 滋賀商事株式会社は，法人税・住民税及び事業税の確定申告をおこない*630,000*を現金で納付した。ただし，未払法人税等勘定の残高が*630,000*ある。　　　　　　　　　　（第74回）

(2) 東北商事株式会社（決算年1回）は，中間申告をおこない，前年度の法人税・住民税及び事業税の合計額*2,880,000*の2分の1を小切手を振り出して納付した。　　　　　　（第85回）

(3) 大分商事株式会社は，決算にあたり，当期の法人税・住民税及び事業税の合計額*1,510,000*を計上した。ただし，仮払法人税等勘定の残高が*680,000*ある。　　　　　　　　（第72回）

(4) 神奈川商事株式会社（決算年1回）は，決算にあたり，当期の法人税・住民税及び事業税の合計額*1,578,000*を計上した。ただし，中間申告のさい*750,000*を納付しており，仮払法人税等勘定で処理している。　　　　　　　　　　　　　　　　　　　　　　　　　　　（第86回）

(5) 沖縄商事株式会社は，法人税・住民税及び事業税の合計額*680,000*と従業員の給料から差し引いて預かっていた所得税額*120,000*を，小切手を振り出して納付した。ただし，未払法人税等勘定の残高が*680,000*ある。　　　　　　　　　　　　　　　　　　　（第40回一部修正）

	借　　　　方	貸　　　　方
(1)		
(2)		
(3)		
(4)		
(5)		

2 石川株式会社（決算年1回　12月31日）の次の勘定と資料によって，(①)に入る勘定科目と(②)に入る金額を記入しなさい。　　　　　　　　　　　　　　　　　　（第83回）

仮 払 法 人 税 等

8/26 ( )	( )	12/31 (①)	( )

未 払 法 人 税 等

2/24 当座預金 ( )		1/1 前期繰越	*310,000*
12/31 次期繰越 ( )		12/31 ( )	(②)
( )			( )

法 人 税 等

12/31 ( )		12/31 ( )	( )

資　料

i　2月末までに，確定申告をおこなっている。

ii　8月末までに，前期の法人税・住民税及び事業税額の2分の1を中間申告している。

iii　税金の納付は，小切手を振り出しておこなっている。

iv　法人税・住民税及び事業税の計上額
　　前期　*600,000*
　　当期　*650,000*

①		②	*

3　東京商事株式会社（決算年１回　12月31日）の下記の資料によって，次の金額を答えなさい。

（第92回）

a．当期の純仕入高　　　b．決算日における法人税等の未払額

c．繰越利益剰余金勘定の次期繰越高

資　　料

i　3月28日におこなわれた株主総会において，前期の繰越利益剰余金の配当および処分が次のとおり決議されている。

利益準備金　¥60,000　　　配　当　金　¥600,000　　　別途積立金　¥100,000

ii　総勘定元帳勘定（一部）

繰　越　商　品

1/ 1 前 期 繰 越	640,000	12/31 仕　　　　入	640,000
12/31 仕　　　入	570,000	〃 次 期 繰 越	570,000
	1,210,000		1,210,000

仮　払　法　人　税　等

8/28 当 座 預 金	130,000	12/31 法 人 税 等	130,000

繰　越　利　益　剰　余　金

3/28 諸　　　　口 （　　　　）		1/ 1 前 期 繰 越	920,000
12/31 次 期 繰 越 （　　　　）		12/31 損　　　　益 （　　　　）
（　　　　）		（　　　　）

損　　　　　益

12/31 仕　　　　入 （　　　　）		12/31 売　　　上	8,460,000
〃 給　　　料	1,800,000		
〃 減 価 償 却 費	600,000		
〃 雑　　　費	34,000		
〃 法 人 税 等	275,000		
〃 繰 越 利 益 剰 余 金	625,000		
	8,460,000		8,460,000

a	当期の純仕入高	¥
b	決算日における法人税等の未払額	¥
c	繰越利益剰余金勘定の次期繰越高	¥

Ⅵ　3伝票制による記帳

第1章　伝票の集計と転記

学習の要点 ●●●

1．3伝票制

　入金伝票・出金伝票・振替伝票の3種類の伝票を使用して，取引を記入する方法を**3伝票制**という。取引は，入金取引・出金取引・振替取引に分けて起票する。

入金取引　現金が増加する取引を記入
出金取引　現金が減少する取引を記入
振替取引　現金の収支をともなわない
　　　　　取引を記入

　振替取引には，次のようなものがある。
(1)　全部振替取引……現金増減を全くともなわない取引→振替伝票のみに記入
(2)　一部振替取引……現金の増減を一部ともなう取引→現金の増減に相当する部分は入金
　　　　　　　　　　　伝票または出金伝票に記入し，残額については振替伝票に記入する。

2．返品・値引きの起票

　仕入取引と売上取引の返品および値引きは，現金が増減する取引ではないので，振替伝票に記入する。

例1　富山商店から仕入れた商品の一部が不良であったため，次のとおり返品した。なお，返品額は買掛金から差し引くことにした。
　　　A品　　10個　　@¥700　　¥7,000

振替伝票（借方）		振替伝票（貸方）	
買　掛　金	7,000	仕　　　入	7,000
（富山商店）			

例2　石川商店に売り渡した商品のうちに汚れがあったので，次のとおり値引きをおこなった。なお，値引き額は売掛金から差し引くことにした。
　　　B品　　50個　　@¥100　　¥5,000

振替伝票（借方）		振替伝票（貸方）	
売　　　上	5,000	売　掛　金	5,000
		（石川商店）	

3．伝票の集計と転記

(1)　仕訳集計表

　伝票から総勘定元帳に転記する前に各伝票の金額を集計する必要がある。この集計のために記入する表が**仕訳集計表**である。仕訳集計表には勘定科目別・貸借別に分類・集計していくので，集計に誤りがなければ貸借の合計は必ず一致する。

　仕訳集計表の種類には，伝票を1日分まとめて集計する仕訳日計表や，1週間分まとめて集計する仕訳週計表などがある。

(2)　総勘定元帳・補助元帳への転記

　仕訳集計表の貸借の一致を確認し，総勘定元帳に一括して転記する。これを**合計転記**という。仕訳集計表に集計した勘定科目ごとの借方合計金額は総勘定元帳の借方へ，貸方合計金額は総勘定元帳の貸方へ合計転記する。合計転記は，集計した期間の金額をまとめて1回だけ転記する。これに対して，売掛金元帳や買掛金元帳などの補助元帳への転記のように，取引ごとに転記しなければならない**個別転記**がある。

　[例]　次の3月1日の略式伝票から，売掛金元帳と買掛金元帳に個別転記するとともに，仕訳集計表（仕訳日計表）を作成し，総勘定元帳に合計転記する。

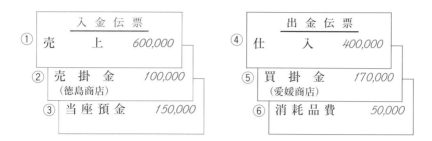

	入 金 伝 票	
①	売　　　　　上	600,000
②	売　掛　金 （徳島商店）	100,000
③	当 座 預 金	150,000

	出 金 伝 票	
④	仕　　　　　入	400,000
⑤	買　掛　金 （愛媛商店）	170,000
⑥	消 耗 品 費	50,000

仕　訳　集　計　表

令和○年3月1日

	借　　方	元丁	勘 定 科 目	元丁	貸　　方	
①+②+③	850,000	1	現　　　　　金	1	620,000	④+⑤+⑥
⑧	200,000	2	当 座 預 金	2	150,000	③
⑦	500,000	4	売　　掛　　金	4	320,000	②+⑧+⑫
		9	支 払 手 形	9	180,000	⑪
⑤+⑩+⑪	365,000	10	買　　掛　　金	10	250,000	⑨
⑫	20,000	14	売　　　　　上	14	1,100,000	①+⑦
④+⑨	650,000	18	仕　　　　　入	18	15,000	⑩
⑥	50,000	29	消 耗 品 費			
	2,635,000				2,635,000	

	振替伝票（借方）		振替伝票（貸方）	
⑦	売　掛　金 （徳島商店）	500,000	売　　　　　上	500,000
⑧	当 座 預 金	200,000	売　掛　金 （香川商店）	200,000
⑨	仕　　　　　入	250,000	買　掛　金 （高知商店）	250,000
⑩	買　掛　金 （高知商店値引）	15,000	仕　　　　　入	15,000
⑪	買　掛　金 （愛媛商店）	180,000	支 払 手 形	180,000
⑫	売　　　　　上	20,000	売　掛　金 （香川商店返品）	20,000

※入金伝票の合計額は現金勘定の借方に，出金伝票の合計額は現金勘定の貸方に記入する。入金伝票に記入されている勘定科目は貸方に，出金伝票に記入されている勘定科目は借方に集計する。振替伝票に記入されている勘定科目はそれぞれ借方，貸方別に集計する。

売　掛　金　元　帳				買　掛　金　元　帳			
徳　島　商　店			1	愛　媛　商　店			1
3/1 前月繰越	×××	3/1 入金伝票	100,000	3/1 出金伝票	170,000	3/1 前月繰越	×××
〃 振替伝票	500,000			〃 振替伝票	180,000		

香　川　商　店			2	高　知　商　店			2
3/1 前月繰越	×××	3/1 振替伝票	200,000	3/1 振替伝票	15,000	3/1 前月繰越	×××
		〃 振替伝票	20,000			〃 振替伝票	250,000

総　勘　定　元　帳							
現　　金			1	当　座　預　金			2
3/1 前期繰越	×××	3/1 仕訳集計表	620,000	3/1 前期繰越	×××	3/1 仕訳集計表	150,000
〃 仕訳集計表	850,000			〃 仕訳集計表	200,000		

売　　掛　　金			4	支　払　手　形			9
3/1 前期繰越	×××	3/1 仕訳集計表	320,000			3/1 前期繰越	×××
〃 仕訳集計表	500,000					〃 仕訳集計表	180,000

買　　掛　　金			10	売　　　上			14
3/1 仕訳集計表	365,000	3/1 前期繰越	×××	3/1 仕訳集計表	20,000	3/1 仕訳集計表	1,100,000
		〃 仕訳集計表	250,000				

仕　　　入			18	消　耗　品　費			29
3/1 仕訳集計表	650,000	3/1 仕訳集計表	15,000	3/1 仕訳集計表	50,000		

基本問題

解答p.94

1　下記の伝票を集計し，6月20日の仕訳集計表（日計表）を作成しなさい。なお，元丁欄の記入は省略する。

入　金　伝　票	
売　掛　金	90,000
（栃木商店）	

出　金　伝　票	
消　耗　品　費	50,000

入　金　伝　票	
当　座　預　金	110,000

出　金　伝　票	
買　掛　金	60,000
（茨城商店）	

入　金　伝　票	
売　掛　金	70,000
（埼玉商店）	

出　金　伝　票	
消　耗　品　費	80,000

振替伝票（借方）	振替伝票（貸方）
売　掛　金　　70,000 （埼玉商店）	売　　　上　　70,000

振替伝票（借方）	振替伝票（貸方）
売　　　上　　10,000	売　掛　金　　10,000 （栃木商店返品）

振替伝票（借方）	振替伝票（貸方）
仕　　　入　　160,000	買　掛　金　　160,000 （茨城商店）

振替伝票（借方）	振替伝票（貸方）
仕　　　入　　100,000	買　掛　金　　100,000 （千葉商店）

振替伝票（借方）	振替伝票（貸方）
売　掛　金　　230,000 （群馬商店）	売　　　上　　230,000

振替伝票（借方）	振替伝票（貸方）
買　掛　金　　20,000 （東京商店値引）	仕　　　入　　20,000

振替伝票（借方）	振替伝票（貸方）
買　掛　金　　100,000 （千葉商店）	支　払　手　形　　100,000

振替伝票（借方）	振替伝票（貸方）
当　座　預　金　　120,000	売　掛　金　　120,000 （埼玉商店）

仕　訳　集　計　表
令和○年 6 月20日

借　　　　方	元丁	勘　定　科　目	元丁	貸　　　　方
		現　　　　　金		
		当　座　預　金		
	省	売　　掛　　金	省	
		支　払　手　形		
		買　　掛　　金		
	略	売　　　　　上	略	
		仕　　　　　入		
		消　耗　品　費		

2 下記の伝票を集計し，10月1日の仕訳集計表（日計表）を作成して，総勘定元帳に転記しなさい。
ただし，ⅰ　次の取引について，必要な伝票に記入したうえで集計すること。
　　　　ⅱ　総勘定元帳の記入は，日付と金額を示せばよい。

取　引
10月1日　小切手 ¥100,000 を振り出して現金を引き出した。
　　〃　　新聞折り込みの広告代金として，小切手 ¥60,000 を振り出して支払った。

入 金 伝 票
売　掛　金	130,000
受取手数料	20,000
売　掛　金	150,000
(　　　)	(　　　)

出 金 伝 票
買　掛　金	70,000
広　告　料	50,000
当 座 預 金	80,000
買　掛　金	90,000
(　　　)	(　　　)

振替伝票（借方）		振替伝票（貸方）	
当 座 預 金	160,000	売　掛　金	160,000
仕　　　入	170,000	買　掛　金	170,000
売　掛　金	180,000	売　　　上	180,000
売　掛　金	110,000	売　　　上	110,000
買　掛　金	110,000	当 座 預 金	110,000
買　掛　金	40,000	仕　　　入	40,000
仕　　　入	140,000	買　掛　金	140,000
売　掛　金	190,000	売　　　上	190,000
売　　　上	30,000	売　掛　金	30,000
仕　　　入	120,000	買　掛　金	120,000
(　　　)	(　　　)	(　　　)	(　　　)

仕　訳　集　計　表

令和○年10月1日

借　　方	元丁	勘 定 科 目	元丁	貸　　方
		現　　　　　金		
		当　座　預　金		
		売　　掛　　金		
		買　　掛　　金		
		売　　　　　上		
		受　取　手　数　料		
		仕　　　　　入		
		広　　告　　料		

総　勘　定　元　帳

現　　　　金　　　1		当　座　預　金　　　2	
10/1 前期繰越　310,000		10/1 前期繰越　570,000	

売　　掛　　金　　　4		買　　掛　　金　　　10	
10/1 前期繰越　630,000			10/1 前期繰越　450,000

売　　　　上　　　15		受　取　手　数　料　　　16	

仕　　　　入　　　20		広　　告　　料　　　22	

3 下記の伝票を集計して,

(1) 4月1日の仕訳集計表(日計表)を作成しなさい。

(2) 総勘定元帳の売掛金勘定と買掛金勘定に転記しなさい。

(3) 補助元帳の売掛金元帳と買掛金元帳に転記しなさい。

　　ただし, ⅰ 次の取引について,必要な伝票に記入したうえで集計すること。

　　　　　　ⅱ 仕訳集計表(日計表)の元丁欄の記入は省略する。

　　　　　　ⅲ 総勘定元帳および補助元帳の記入は,日付と金額を示せばよい。

<u>取　引</u>

　　4月1日　4月分の家賃 ¥130,000 を現金で受け取った。

　　　〃　　得意先が振り出した当店受け取りの約束手形 ¥180,000 が支払期日となり,当店の当
　　　　　　座預金口座に入金されたとの通知を取引銀行から受けた。

(1)

仕 訳 集 計 表
令和○年 4 月 1 日

借　　方	元丁	勘 定 科 目	元丁	貸　　方
		現　　　　金		
		当 座 預 金		
	省	受 取 手 形	省	
		売 　 掛 　 金		
		買 　 掛 　 金		
		売　　　　上		
	略	受 取 家 賃	略	
		仕　　　　入		
		消 耗 品 費		

(2)

総 勘 定 元 帳

売　　掛　　金　　4	
4/1 前期繰越 *823,000*	

買　　掛　　金　　11	
	4/1 前期繰越 *678,000*

(3)

売 掛 金 元 帳

長 岡 商 店　　1	
4/1 前月繰越 *150,000*	

柏 崎 商 店　　2	
4/1 前月繰越 *120,000*	

新 津 商 店　　3	
4/1 前月繰越 *123,000*	

寺 泊 商 店　　4	
4/1 前月繰越 *170,000*	

燕 商 店　　5	
4/1 前月繰越 *260,000*	

買 掛 金 元 帳

上 越 商 店　　1	
	4/1 前月繰越 *110,000*

新 発 田 商 店　　2	
	4/1 前月繰越 *140,000*

三 条 商 店　　3	
	4/1 前月繰越 *210,000*

弥 彦 商 店　　4	
	4/1 前月繰越 *90,000*

湯 沢 商 店　　5	
	4/1 前月繰越 *128,000*

発展問題

解答p.98

1 下記の伝票を集計し，12月1日の仕訳集計表（日計表）を作成して，総勘定元帳に転記しなさい。
ただし， ⅰ 次の取引について，必要な伝票に記入したうえで集計すること。
　　　　 ⅱ 総勘定元帳の記入は，日付と金額を示せばよい。

取　引

12月1日　愛知商店から商品 \470,000 を仕入れ，代金は掛けとした。

仕　訳　集　計　表
令和○年12月1日

借　　方	元丁	勘 定 科 目	元丁	貸　　方
		現　　　　　金		
		当　座　預　金		
		受　取　手　形		
		売　　掛　　金		
		支　払　手　形		
		買　　掛　　金		
		売　　　　　上		
		仕　　　　　入		
		消　耗　品　費		
		雑　　　　　費		

総　勘　定　元　帳

現　　金　　1

12/1 前期繰越 2,250,000

当　座　預　金　　2

12/1 前期繰越 3,947,000

受　取　手　形　　3

12/1 前期繰越 598,000

売　掛　金　　4

12/1 前期繰越 778,000

支　払　手　形　　9

12/1 前期繰越 330,000

買　掛　金　　10

12/1 前期繰越 518,000

売　上　　14

仕　入　　18

消　耗　品　費　　25

雑　費　　29

2　関東商店の下記の伝票を集計し，9月1日の仕訳集計表（日計表）を作成して，
　(1)　総勘定元帳の現金勘定・売掛金勘定・買掛金勘定・仕入勘定に転記しなさい。
　(2)　補助元帳の売掛金元帳と買掛金元帳に転記しなさい。
　　　ただし，i　次の取引について，必要な伝票に記入したうえで集計すること。
　　　　　　　ii　一部振替取引については，取引を分解して起票している。
　　　　　　　iii　仕訳集計表（日計表）の元丁欄の記入は省略する。
　　　　　　　iv　総勘定元帳および補助元帳の記入は，日付と金額を示せばよい。

取　引
　　9月1日　横浜商店から商品 ¥189,000 を仕入れ，代金のうち ¥100,000 は約束手形♯12を振り
　　　　　　出して支払い，残額は掛けとした。
　　　〃　　約束手形 ¥100,000 を振り出して，川崎商店から現金 ¥100,000 を借り入れた。

仕　訳　集　計　表
令和○年 9 月 1 日

借　　　方	元丁	勘 定 科 目	元丁	貸　　　方
		現　　　　　金		
		当 座 預 金		
		受 取 手 形		
	省	売 　掛　 金	省	
		支 払 手 形		
		買 　掛　 金		
		手 形 借 入 金		
	略	売　　　　　上	略	
		受 取 利 息		
		仕　　　　　入		
		通 信 費		

総 勘 定 元 帳

現　　　金　　1

9/1 前期繰越 1,440,000

売　掛　金　　4

9/1 前期繰越 1,126,000

買　掛　金　　11

9/1 前期繰越 862,000

仕　　　入　　21

売 掛 金 元 帳

横 須 賀 商 店　　1

9/1 前月繰越 106,000

鎌 倉 商 店　　2

9/1 前月繰越 320,000

三 浦 商 店　　3

9/1 前月繰越 350,000

厚 木 商 店　　4

9/1 前月繰越 200,000

平 塚 商 店　　5

9/1 前月繰越 150,000

買 掛 金 元 帳

川 崎 商 店　　1

9/1 前月繰越 260,000

相 模 原 商 店　　2

9/1 前月繰越 250,000

藤 沢 商 店　　3

9/1 前月繰越 94,000

湘 南 商 店　　4

9/1 前月繰越 80,000

横 浜 商 店　　5

9/1 前月繰越 178,000

Ⅶ 英文会計

第1章　会計用語の英語表記

学習の要点 ●●●

基礎会計用語

英　　　語	日　　本　　語
account；a/c	勘定
account title；title of account	勘定科目
accountability	説明責任
accounting cycle	簿記一巡の手続
accounting period	会計期間
accounts payable	買掛金
accounts payable ledger	買掛金元帳
accounts receivable	売掛金
accounts receivable ledger	売掛金元帳
accrued expenses	未払費用
accrued income；accrued revenue	未収収益
accumulated depreciation	減価償却累計額
adjusting entry	決算整理仕訳
allowance for doubtful accounts	貸倒引当金
assets	資産
automobile；vehicle	車両運搬具
bad debt	貸し倒れ
balance	残高
balance sheet；B/S	貸借対照表
bank overdraft	当座借越
bankbook	当座預金出納帳
bookkeeping	簿記
building	建物
capital drawing	資本の引き出し
cash	現金
cash over and short	現金過不足
cashbook	現金出納帳
check	小切手
checking account	当座預金
closing books	決算

cost of goods sold；CGS；COGS；cost of sales	売上原価
credit；Cr.	貸方
debit；Dr.	借方
depreciation	減価償却
depreciation charges；depreciation expenses	減価償却費
disbursement slip；payment slip	出金伝票
discounting of bills	手形の割引
double-entry bookkeeping	複式簿記
endorsement	手形の裏書譲渡
equipment	備品
equity	資本
expenses	費用
financial position	財政状態
financial statements；F/S	財務諸表
first-in first-out method；FIFO	先入先出法
fixed assets；non-current assets	固定資産
general ledger	総勘定元帳／元帳
gift tickets	商品券
goods；merchandise	商品
gross profit	売上総利益
imprest system	定額資金前渡法
income；revenue	収益
increase capital	資本の追加元入れ
inventory book；stock ledger	商品有高帳
investor relations；IR	投資家向け広報活動
journal	仕訳帳
journal slip；transfer slip	振替伝票
journalizing；journal entry	仕訳
land	土地
liabilities	負債
maker	振出人
merchandise inventory（account）	繰越商品（勘定）
moving average method	移動平均法
net assets	純資産
net sales	純売上高
note	手形
notes payable（account）	支払手形（勘定）
notes payable book	支払手形記入帳

notes receivable（account）	受取手形（勘定）
notes receivable book	受取手形記入帳
office supplies expenses	消耗品費
payee	受取人
petty cash	小口現金
petty cashbook	小口現金出納帳
posting	転記
prepaid expenses	前払費用
profit and loss statement；P/L；income statement；I/S	損益計算書
profit for the year	当期純利益
promissory note	約束手形
purchase allowance	仕入値引
purchase returns	仕入返品
purchases（account）	仕入（勘定）
purchases journal；purchases book	仕入帳
receipt slip	入金伝票
result of operations	経営成績
reversing entry	再振替仕訳
salaries expenses	給料
sales（account）	売上（勘定）
sales allowance	売上値引
sales journal；sales book	売上帳
sales returns	売上返品
securities	有価証券
selling, general and administrative expenses；SGA	販売費及び一般管理費
share capital	資本金
single-entry bookkeeping	単式簿記
slip	伝票
tax	税金
temporary payment	仮払金
temporary receipt	仮受金
transactions	取引
trial balance；T/B	試算表
unearned income；unearned revenue	前受収益
voucher	証ひょう
work sheet；worksheet；W/S	精算表

基本問題
解答p.101

1　次の簿記に関する用語を英語に直したものとして，もっとも適当なものを下記の語群のなかから選び，その番号を記入しなさい。

用語
　　ア．勘定　　　　　　　　　イ．貸方　　　　　　　　　ウ．当座預金出納帳

語群
　　1．bankbook　　　　　　　2．assets　　　　　　　　3．bookkeeping
　　4．debit　　　　　　　　　5．credit　　　　　　　　6．account

ア		イ		ウ	

2　次の簿記に関する用語を英語に直したものとして，もっとも適当なものを下記の語群のなかから選び，その番号を記入しなさい。

用語
　　ア．簿記一巡の手続　　　　イ．財務諸表　　　　　　　ウ．現金過不足

語群
　　1．financial statements　　2．accounting cycle　　　3．cash over and short
　　4．accountability　　　　　5．cashbook　　　　　　　6．balance sheet

ア		イ		ウ	

3　次の簿記に関する用語を英語に直したものとして，もっとも適当なものを下記の語群のなかから選び，その番号を記入しなさい。

用語
　　ア．費用　　　　　　　　　イ．経営成績　　　　　　　ウ．精算表

語群
　　1．work sheet　　　　　　2．financial position　　　3．expenses
　　4．liabilities　　　　　　　5．profit and loss statement　6．result of operations

ア		イ		ウ	

4　次の簿記に関する用語を英語に直したものとして，もっとも適当なものを下記の語群のなかから選び，その番号を記入しなさい。

用語
　　ア．手形　　　　　　　　　　イ．小口現金　　　　　　　　ウ．総勘定元帳

語群
　　1．securities　　　　　　　2．general ledger　　　　　　3．note
　　4．journal　　　　　　　　5．check　　　　　　　　　　6．petty cash

ア		イ		ウ	

5　次の簿記に関する用語を英語に直したものとして，もっとも適当なものを下記の語群のなかから選び，その番号を記入しなさい。

用語
　　ア．売掛金　　　　　　　　　イ．出金伝票　　　　　　　　ウ．決算

語群
　　1．disbursement slip　　　　2．receipt slip　　　　　　3．closing books
　　4．accounts receivable　　　5．accounts payable　　　　6．accounting period

ア		イ		ウ	

6　次の簿記に関する用語を英語に直したものとして，もっとも適当なものを下記の語群のなかから選び，その番号を記入しなさい。

用語
　　ア．移動平均法　　　　　　　イ．支払手形　　　　　　　　ウ．仕訳

語群
　　1．posting　　　　　　　　2．notes payable　　　　　　3．journalizing
　　4．notes receivable　　　　5．first-in first-out method　6．moving average method

ア		イ		ウ	

7　次の簿記に関する用語を日本語に直したものとして，もっとも適当なものを下記の語群のなかから選び，その番号を記入しなさい。

用語
　ア．share capital　　　　　イ．checking account　　　　ウ．sales allowance

語群
　1．当座預金　　　　　　　2．資産　　　　　　　　　　3．売上値引
　4．当座借越　　　　　　　5．売上返品　　　　　　　　6．資本金

ア		イ		ウ	

8　次の簿記に関する用語を日本語に直したものとして，もっとも適当なものを下記の語群のなかから選び，その番号を記入しなさい。

用語
　ア．gross profit　　　　　　イ．purchases journal　　　　ウ．purchase returns

語群
　1．仕入帳　　　　　　　　2．仕入返品　　　　　　　　3．売上総利益
　4．仕入値引　　　　　　　5．商品有高帳　　　　　　　6．売上原価

ア		イ		ウ	

検定問題

解答p.103

1　次の文の[　　　　　]にあてはまるもっとも適当な語を，下記の語群のなかから選び，その番号を記入しなさい。
（3級　第91回）

　企業の一会計期間の経営成績を明らかにした報告書を損益計算書といい，英語では[　　　　]と表す。

　1．Balance Sheet（B/S）　　　　　　2．Account（A/C）
　3．Profit and Loss Statement（P/L）

Ⅷ 形式別問題

第1章 仕訳

解答p.104

1 次の取引の仕訳を示しなさい。ただし，勘定科目は次のなかからもっとも適当なものを使用すること。

現　　　　　金	当 座 預 金	受 取 手 形	売 　掛　 金
有 価 証 券	営業外受取手形	支 払 手 形	買 　掛　 金
当 座 借 越	営業外支払手形	引 　出　 金	売 　　　 上
受 取 利 息	租 税 公 課	支 払 利 息	現 金 過 不 足

(1) 北海道商店に商品∦740,000を売り渡し，代金のうち∦500,000は同店振り出しの約束手形で受け取り，残額は掛けとした。

(2) 青森商店に対する買掛金∦395,000を小切手を振り出して支払った。ただし，当座預金勘定の残高は∦180,000であり，限度額を∦500,000とする当座借越契約を結んでいる。

(3) さきに，岩手商店から商品代金として受け取っていた同店振り出し，当店あての約束手形について，支払期日の延期の申し出があり，これを承諾した。よって，支払期日の延期にともなう利息∦6,000を加えた新しい手形∦731,000を受け取り，旧手形と交換した。

(4) 売買目的で宮城商事株式会社の株式500株を1株につき∦8,000で買い入れ，代金は約束手形を振り出して支払った。

(5) 事業主が，店の現金∦65,000を私用のために引き出した。

(6) 現金の実際有高を調べたところ∦678,000であり，帳簿残高∦702,000と不一致であった。よって，帳簿残高を修正してその原因を調査することにした。

(7) 固定資産税の納税通知書を受け取り，ただちにこの税額∦135,000を現金で納付した。

	借　　　　　　　方	貸　　　　　　　方
(1)		
(2)		
(3)		
(4)		
(5)		
(6)		
(7)		

2 次の取引の仕訳を示しなさい。ただし，勘定科目は次のなかからもっとも適当なものを使用すること。

現　　　　　金	当　座　預　金	受　取　手　形	不　渡　手　形
電子記録債権	売　　掛　　金	有　価　証　券	貸　付　金
手　形　貸　付　金	備　　　　　品	備品減価償却累計額	仮　払　消　費　税
電子記録債務	買　　掛　　金	当　座　借　越	未　払　消　費　税
仮　受　消　費　税	資　　本　　金	売　　　　　上	有価証券売却益
固定資産売却益	仕　　　　　入	有価証券売却損	固定資産売却損

(1) 秋田商店に現金￥1,000,000 を貸し付け，同店振り出しの約束手形￥1,000,000 を受け取った。

(2) 山形商店から売掛金￥420,000 を同店振り出しの小切手で受け取り，ただちに当座預金に預け入れた。ただし，当座借越勘定の残高が￥197,000 ある。

(3) 事業主が，所得税の予定納付額の第1期分￥168,000 を，店の現金で納付した。

(4) 商品を￥385,000 （消費税￥35,000 を含む）で仕入れ，代金は掛けとした。ただし，消費税の処理方法は税抜き方式によっている。

(5) 取得原価￥650,000 の備品を￥150,000 で売却し，代金は現金で受け取った。なお，この備品に対する減価償却累計額は￥520,000 であり，これまでの減価償却高は間接法で記帳している。

(6) 福島商店から商品￥300,000 を仕入れ，代金はかねて商品代金として受け取っていた茨城商店振り出しの約束手形￥300,000 を裏書譲渡して支払った。

(7) 売買目的で保有している栃木商事株式会社の株式100株（1株の帳簿価額￥4,800）を1株につき￥4,100 で売却し，代金は当座預金口座に振り込まれた。

(8) 東北商店は，得意先の陸奥商店に対する売掛金￥660,000 について，同店の承諾を得て，電子債権記録機関に電子記録債権の発生記録の請求をおこなった。

(9) かねて，東西商店から商品代金として受け取っていた約束手形￥320,000 が不渡りとなったので，同店に償還請求をおこなった。なお，償還請求の諸費用￥2,000 は現金で支払った。

	借　　　　　　　方	貸　　　　　　　方
(1)		
(2)		
(3)		
(4)		
(5)		
(6)		
(7)		
(8)		
(9)		

3 次の取引の仕訳を示しなさい。ただし、勘定科目は次のなかからもっとも適当なものを使用すること。

現　　　　　金	当 座 預 金	受 取 手 形	不 渡 手 形
売 　掛　 金	貸 倒 引 当 金	有 価 証 券	営業外受取手形
備　　　　　品	備品減価償却累計額	仮 払 消 費 税	支 払 手 形
買 　掛　 金	未 払 消 費 税	社会保険料預り金	仮 受 消 費 税
売　　　　　上	固定資産売却益	仕　　　　　入	法 定 福 利 費
貸 倒 損 失	支 払 利 息	固定資産売却損	現 金 過 不 足

(1) さきに、群馬商店に対する買掛金の支払いのために振り出した約束手形 ¥600,000 について、支払期日の延期を申し出て、同店の承諾を得た。よって、新しい手形を振り出して、旧手形と交換した。なお、支払期日の延期にともなう利息 ¥2,000 は現金で支払った。

(2) 現金の実際有高を調べたところ、帳簿残高より ¥4,000 多かった。よって、帳簿残高を修正して、その原因を調査することにした。

(3) 前期に商品代金として受け取っていた東北商店振り出し、当店あての約束手形 ¥210,000 が不渡りとなり、償還請求の諸費用 ¥3,000 とあわせて東北商店に支払請求していたが、本日、全額回収不能となったので、貸し倒れとして処理した。ただし、貸倒引当金勘定の残高が ¥165,000 ある。

(4) 売買目的で埼玉物産株式会社の社債（額面 ¥500,000）を額面 ¥100 につき ¥94 で買い入れ、代金は現金で支払った。

(5) 商品 ¥572,000 （消費税 ¥52,000 を含む）を売り渡し、代金は掛けとした。ただし、消費税の処理方法は税抜き方式によっている。

(6) 従業員から預かっていた社会保険料 ¥56,000 および会社負担の社会保険料 ¥56,000 を現金で納付した。

(7) 期首に取得原価 ¥750,000 の備品を ¥250,000 で神奈川商店に売却し、代金は同店振り出し、当店あての約束手形で受け取った。なお、この備品の売却時における帳簿価額は ¥384,000 であり、これまでの減価償却高は間接法で記帳している。

	借　　　　　方	貸　　　　　方
(1)		
(2)		
(3)		
(4)		
(5)		
(6)		
(7)		

4　次の取引の仕訳を示しなさい。ただし，勘定科目は次のなかからもっとも適当なものを使用すること。

現　　　　金	当 座 預 金	受 取 手 形	電 子 記 録 債 権
売 　掛 　金	有 価 証 券	営業外受取手形	未 　収 　家 　賃
支 払 手 形	電 子 記 録 債 務	手 形 借 入 金	仮 受 消 費 税
営業外支払手形	資 　本 　金	受 取 家 賃	交 　通 　費
支 払 手 数 料	租 税 公 課	支 払 利 息	手 形 売 却 損
電子記録債権売却損	現 金 過 不 足		

(1)　収入印紙 ¥8,000 を購入し，代金は現金で支払った。

(2)　売買目的で新潟産業株式会社の株式200株を 1 株につき ¥7,000 で買い入れ，代金は買入手数料 ¥28,000 とともに約束手形を振り出して支払った。

(3)　かねて，現金の実際有高が帳簿残高より ¥4,000 少なかったので，帳簿残高を修正して原因を調査していたが，本日，そのうち ¥2,000 は交通費の記帳もれであることが判明した。

(4)　北陸商店は，電子記録債権 ¥750,000 を取引銀行で割り引くために譲渡記録の請求をおこない，割引料 ¥15,000 が差し引かれた手取金が当座預金口座に振り込まれた。

(5)　さきに，取引銀行あてに約束手形を振り出して借り入れていた ¥1,500,000 について，支払期日の延期を申し出て，承諾を得た。よって，支払期日の延期にともなう利息 ¥9,000 を加えた新しい約束手形を振り出して旧手形と交換した。

(6)　富山商店から商品代金として受け取っていた同店振り出しの約束手形 ¥300,000 を取引銀行で割り引き，割引料 ¥3,000 を差し引かれた手取金は当座預金とした。

(7)　石川商店は，前期末の決算において，家賃の未収高を次のとおり未収家賃勘定に振り替えていたが，当期首にあたり，この未収高を再振替した。

未　収　家　賃

| 12/31 受 取 家 賃 | 150,000 | 12/31 次 期 繰 越 | 150,000 |
| 1/ 1 前 期 繰 越 | 150,000 | | |

(8)　事業規模を拡大するため，事業主が現金 ¥1,200,000 を追加元入れした。

	借　　　　　　　方	貸　　　　　　　方
(1)		
(2)		
(3)		
(4)		
(5)		
(6)		
(7)		
(8)		

⑤　次の取引の仕訳を示しなさい。ただし，勘定科目は次のなかからもっとも適当なものを使用すること。

現　　　　　金	当 座 預 金	受 取 手 形	不 渡 手 形
売 　掛　 金	クレジット売掛金	手 形 貸 付 金	前 払 利 息
建　　　　物	建物減価償却累計額	仮 払 消 費 税	当 座 借 越
未 払 消 費 税	仮 受 消 費 税	引 　出　 金	売　　　　上
固 定 資 産 売 却 益	仕　　　　入	支 払 手 数 料	支 払 利 息
固 定 資 産 売 却 損	現 金 過 不 足		

(1)　福井商店は，期首に，前払利息勘定の前期繰越額 ¥34,000 を支払利息勘定に再振替した。

(2)　かねて，商品代金として山梨商店に裏書譲渡していた南西商店振り出しの約束手形が期日に不渡りとなり，山梨商店から償還請求を受けた。よって，手形金額 ¥650,000 および償還請求の諸費用 ¥3,000 をともに小切手を振り出して支払い，同時に南西商店に支払請求をおこなった。

(3)　事業主が，現金 ¥15,000 と当期に仕入れた原価 ¥20,000 の商品を私用のために引き出した。

(4)　長野商店は，期首に取得原価 ¥24,000,000 の店舗用建物を ¥15,000,000 で売却し，代金は当座預金口座に振り込まれた。なお，この建物に対する減価償却累計額は ¥10,040,000 であり，これまでの減価償却高は間接法で記帳している。

(5)　現金の実際有高を調べたところ，帳簿残高より ¥17,000 少なかった。よって，帳簿残高を修正して，その原因を調査することにした。

(6)　中部百貨店はクレジット払いの条件により，商品を ¥160,000 で売り渡した。なお，クレジットカード会社への手数料は売上代金の 3 ％であり，販売時に計上する。

(7)　岐阜商店に現金を貸し付けたさいに受け取った同店振り出しの約束手形 ¥500,000 が，本日，満期となり，当座預金口座に入金されたとの連絡を取引銀行から受けた。ただし，当座借越勘定の残高が ¥190,000 ある。

(8)　決算にさいし，消費税の納付額を計上した。ただし，消費税の処理方法は税抜き方式によっており，仮払消費税勘定の残高は ¥628,000　仮受消費税勘定の残高は ¥920,000 であった。

	借　　　　　　方	貸　　　　　　方
(1)		
(2)		
(3)		
(4)		
(5)		
(6)		
(7)		
(8)		

6 次の取引の仕訳を示しなさい。ただし，勘定科目は次のなかからもっとも適当なものを使用すること。

現 金	当 座 預 金	仮 払 法 人 税 等	未 払 法 人 税 等
未 払 配 当 金	資 本 金	資 本 準 備 金	利 益 準 備 金
別 途 積 立 金	繰 越 利 益 剰 余 金	創 立 費	開 業 費
株 式 交 付 費	法 人 税 等	支 店	大 津 支 店
彦 根 支 店	本 店	損 益	

(1) 静岡商会の支店は，決算の結果，当期純利益 ¥1,750,000 を計上したことを本店に通知した。

(支店の仕訳)

(2) 滋賀商会の本店は，彦根支店が大津支店の当座預金口座に現金 ¥180,000 を振り込んだとの通知を受けた。ただし，本店集中計算制度を採用している。（本店の仕訳）

(3) 京都商事株式会社は，企業規模拡大のために，株式200株を1株につき ¥120,000 で発行し，全額の引き受け・払い込みを受け，払込金は当座預金とした。ただし，1株の払込金額のうち ¥40,000 は資本金に計上しないことにした。なお，この株式の発行に要した諸費用 ¥270,000 は小切手を振り出して支払った。

(4) 大阪商事株式会社は，株主総会において，繰越利益剰余金勘定の借方残高 ¥600,000 を別途積立金 ¥600,000 を取り崩しててん補することを決議した。

(5) 兵庫産業株式会社（発行済株式数6,500株）は，株主総会において，繰越利益剰余金を次のとおり配当および処分することを決議した。ただし，繰越利益剰余金勘定の貸方残高は ¥5,500,000 である。

　　　利益準備金 ¥260,000 　　配 当 金 1株につき ¥400 　　別途積立金 ¥1,420,000

(6) 奈良物産株式会社は，決算の結果，当期純利益 ¥1,230,000 を計上した。

(7) 和歌山産業株式会社（決算年1回）は，法人税・住民税及び事業税の中間申告をおこない，前年度の納付額 ¥1,900,000 の2分の1を小切手を振り出して納付した。

	借　　　　　　　　方	貸　　　　　　　　方
(1)		
(2)		
(3)		
(4)		
(5)		
(6)		
(7)		

7　次の取引の仕訳を示しなさい。ただし，勘定科目は次のなかからもっとも適当なものを使用すること。

現　　　　　金	当 座 預 金	備　　　　品	仮 払 法 人 税 等
未 払 法 人 税 等	未 払 配 当 金	資　本　金	資 本 準 備 金
利 益 準 備 金	新 築 積 立 金	別 途 積 立 金	繰 越 利 益 剰 余 金
支 払 利 息	創 立 費	開 業 費	株 式 交 付 費
法 人 税 等	支　　　　店	本　　　　店	損　　　　益

(1)　鳥取商会は支店を開設し，本店の現金 ₩400,000 と備品 ₩1,000,000 を支店に送付した。

（本店の仕訳）

(2)　島根商会の本店は，支店から当期純損失 ₩1,080,000 を計上したとの報告を受けた。

（本店の仕訳）

(3)　岡山商事株式会社は，設立にさいし，株式300株を１株につき ₩130,000 で発行し，全額の引き受け・払い込みを受け，払込金は当座預金とした。ただし，１株の払込金額のうち ₩65,000 は資本金に計上しないことにした。なお，設立に要した諸費用 ₩790,000 は小切手を振り出して支払った。

(4)　株式会社広島商事は，株主総会において，繰越利益剰余金勘定の借方残高 ₩1,000,000 を利益準備金 ₩300,000 と別途積立金 ₩700,000 を取り崩しててん補することを決議した。

(5)　山口産業株式会社は，株主総会において，繰越利益剰余金を次のとおり配当および処分することを決議した。ただし，繰越利益剰余金勘定の貸方残高は ₩5,700,000 である。

　　　利益準備金　₩400,000　　配 当 金　₩4,000,000　　新築積立金　₩100,000

(6)　南北物産株式会社は，決算の結果，当期純損失 ₩460,000 を計上した。

(7)　香川商事株式会社は，確定申告をおこない，法人税・住民税及び事業税を現金で納付した。ただし，前期の中間申告において ₩350,000 を納付し，決算において法人税・住民税及び事業税額 ₩840,000 を計上している。

	借　　　　方	貸　　　　方
(1)		
(2)		
(3)		
(4)		
(5)		
(6)		
(7)		

8　次の取引の仕訳を示しなさい。ただし，勘定科目は次のなかからもっとも適当なものを使用すること。

現　　　　　金	当 座 預 金	仮 払 法 人 税 等	未 払 法 人 税 等
未 払 配 当 金	資 　 本 　 金	資 本 準 備 金	利 益 準 備 金
新 築 積 立 金	別 途 積 立 金	繰 越 利 益 剰 余 金	仕 　 　 　 入
通 　 信 　 費	創 　 立 　 費	開 　 業 　 費	株 式 交 付 費
法 人 税 等	支 　 　 　 店	土 佐 支 店	四 万 十 支 店
本 　 　 　 店	損 　 　 　 益		

(1)　愛媛商会の本店は，支店に送付した商品のうちに品違いがあったので，原価 ¥340,000 の商品の返送を受けた。（本店の仕訳）

(2)　高知商会の土佐支店は，通信費 ¥360,000 を現金で支払った。ただし，このうち ¥160,000 は本店の負担分であり ¥100,000 は四万十支店の負担分である。なお，本店集中計算制度を採用している。（土佐支店の仕訳）

(3)　佐賀商事株式会社は，設立にさいし，株式600株を1株につき ¥80,000 で発行し，全額の引き受け・払い込みを受け，払込金は当座預金とした。ただし，1株の払込金額のうち ¥30,000 は資本金に計上しないことにした。なお，設立に要した諸費用 ¥940,000 は小切手を振り出して支払った。

(4)　長崎物産株式会社は，決算の結果，当期純利益 ¥1,880,000 を計上した。

(5)　熊本産業株式会社（発行済株式数8,000株）は，株主総会において，繰越利益剰余金を次のとおり配当および処分することを決議した。ただし，繰越利益剰余金勘定の貸方残高は ¥4,730,000 である。

　　　　利益準備金　¥400,000　　　配 当 金　¥4,000,000　　　別途積立金　¥100,000

(6)　大分物産株式会社は，株主総会において，繰越利益剰余金勘定の借方残高 ¥850,000 を別途積立金 ¥850,000 を取り崩しててん補することを決議した。

(7)　宮崎商事株式会社は，決算にあたり，当期の法人税・住民税及び事業税の合計額 ¥1,830,000 を計上した。ただし，中間申告において ¥1,000,000 が納付してある。

	借　　　　　　方	貸　　　　　　方
(1)		
(2)		
(3)		
(4)		
(5)		
(6)		
(7)		

第2章　語句・計算

解答p.108

1. 語句

1 　次の簿記に関する用語を英語に直したものとして，もっとも適当なものを下記の語群のなかから選び，その番号を記入しなさい。

用語
　ア．資産　　　　　　　　イ．簿記　　　　　　　　ウ．借方

語群
　1．bankbook　　　　　2．assets　　　　　　3．bookkeeping
　4．debit　　　　　　　5．credit　　　　　　6．account

ア		イ		ウ	

2 　次の簿記に関する用語を英語に直したものとして，もっとも適当なものを下記の語群のなかから選び，その番号を記入しなさい。

用語
　ア．貸借対照表　　　　　イ．現金出納帳　　　　　ウ．説明責任

語群
　1．financial statements　　2．accounting cycle　　3．cash over and short
　4．accountability　　　　5．cashbook　　　　　6．balance sheet

ア		イ		ウ	

3 　次の簿記に関する用語を英語に直したものとして，もっとも適当なものを下記の語群のなかから選び，その番号を記入しなさい。

用語
　ア．損益計算書　　　　　イ．負債　　　　　　　　ウ．財政状態

語群
　1．work sheet　　　　　2．financial position　　3．expenses
　4．liabilities　　　　　5．profit and loss statement
　6．result of operations

ア		イ		ウ	

4 次の簿記に関する用語を英語に直したものとして，もっとも適当なものを下記の語群のなかから選び，その番号を記入しなさい。

用語
　ア．小切手　　　　　　　イ．仕訳帳　　　　　　　ウ．有価証券

語群
　1．securities　　　　　　2．general ledger　　　　3．note
　4．journal　　　　　　　5．check　　　　　　　　6．petty cash

ア		イ		ウ	

5 次の簿記に関する用語を英語に直したものとして，もっとも適当なものを下記の語群のなかから選び，その番号を記入しなさい。

用語
　ア．会計期間　　　　　　イ．買掛金　　　　　　　ウ．入金伝票

語群
　1．disbursement slip　　2．receipt slip　　　　　3．closing books
　4．accounts receivable　5．accounts payable　　6．accounting period

ア		イ		ウ	

6 次の簿記に関する用語を英語に直したものとして，もっとも適当なものを下記の語群のなかから選び，その番号を記入しなさい。

用語
　ア．受取手形　　　　　　イ．転記　　　　　　　　ウ．先入先出法

語群
　1．posting　　　　　　　2．notes payable　　　　3．journalizing
　4．notes receivable　　　5．first-in first-out method
　6．moving average method

ア		イ		ウ	

7　次の簿記に関する用語を日本語に直したものとして，もっとも適当なものを下記の語群のなかから選び，その番号を記入しなさい。

用語
　　ア．sales returns　　　　　イ．assets　　　　　　ウ．bank overdraft

語群
　　1．当座預金　　　　　　2．資産　　　　　　　3．売上値引
　　4．当座借越　　　　　　5．売上返品　　　　　6．資本金

ア		イ		ウ	

8　次の簿記に関する用語を日本語に直したものとして，もっとも適当なものを下記の語群のなかから選び，その番号を記入しなさい。

用語
　　ア．purchase allowance　　　イ．cost of goods sold　　　ウ．inventory book

語群
　　1．仕入帳　　　　　　2．仕入返品　　　　　3．売上総利益
　　4．仕入値引　　　　　5．商品有高帳　　　　6．売上原価

ア		イ		ウ	

9　次の簿記に関する用語を英語に直したものとして，もっとも適当なものを下記の語群のなかから選び，その番号を記入しなさい。

用語
　　ア．複式簿記　　　　　　イ．振出人　　　　　　ウ．収益

語群
　　1．equity　　　　　　　2．payee　　　　　　　3．maker
　　4．income　　　　　　　5．single-entry bookkeeping
　　6．double-entry bookkeeping

ア		イ		ウ	

10　次の簿記に関する用語を英語に直したものとして，もっとも適当なものを下記の語群のなかから
選び，その番号を記入しなさい。

用語
　　ア．備品　　　　　　　　　イ．未収収益　　　　　　　ウ．証ひょう

語群
　　1．equipment　　　　　　2．voucher　　　　　　　3．automobile
　　4．unearned income　　　5．accrued income　　　6．slip

ア		イ		ウ	

11　次の簿記に関する用語を英語に直したものとして，もっとも適当なものを下記の語群のなかから
選び，その番号を記入しなさい。

用語
　　ア．取引　　　　　　　　　イ．手形の割引　　　　　　ウ．資本の追加元入れ

語群
　　1．depreciation　　　　　2．capital drawing　　　3．transactions
　　4．increase capital　　　5．endorsement　　　　6．discounting of bills

ア		イ		ウ	

12　次の簿記に関する用語を英語に直したものとして，もっとも適当なものを下記の語群のなかから
選び，その番号を記入しなさい。

用語
　　ア．商品券　　　　　　　　イ．決算整理仕訳　　　　　ウ．仮受金

語群
　　1．temporary payment　　2．adjusting entry　　　3．tax
　　4．gift tickets　　　　　　5．temporary receipt　　6．reversing entry

ア		イ		ウ	

2．計算

1　札幌商店(個人企業)の下記の資料によって，次の金額を計算しなさい。

　　　　　a．仕　入　高　　b．当期純利益　　c．期末の売掛金

資　料

　i　資産および負債

	（期首）	（期末）
現金預金	¥2,000,000	¥2,500,000
売　掛　金	1,300,000	☐
商　　　品	900,000	800,000
買　掛　金	1,000,000	1,700,000

　ii　期間中の収益および費用

売　上　高	¥15,000,000
売上原価	10,000,000
給　　　料	3,500,000
減価償却費	450,000
雑　　　費	50,000

　iii　期間中の引出金　　¥　400,000

a	仕　入　高 ¥	b	当期純利益 ¥	c	期末の売掛金 ¥

2　盛岡商店(個人企業)の期末における本店および支店の下記の資料によって，次の金額を計算しなさい。

　　　a．支店勘定残高と本店勘定残高の一致額　　b．本支店合併後の買掛金　　c．本支店合併後の売上総利益

資　料

　i　元帳勘定残高（一部）

	本　　店	支　　店
繰　越　商　品	¥　888,000	¥　150,000
買　　掛　　金	1,068,000	540,000
支　　　　　店	1,032,000（借方）	──
本　　　　　店	──	840,000（貸方）
売　　　　　上	11,100,000	3,720,000
仕　　　　　入	8,736,000	3,048,000

　ii　決算整理事項（一部）

　　　期末商品棚卸高　本店　¥810,000　　支店　¥168,000（未達商品は含まれていない。）

　iii　未達事項

　　①　本店から支店に発送した商品¥108,000（原価）が，支店に未達である。

　　②　支店から本店に送付した現金¥48,000 が，本店に未達である。

　　③　本店で支店の買掛金¥☐を支払ったが，この通知が支店に未達である。

　　④　支店で本店受取分の利息¥24,000 を受け取ったが，この通知が本店に未達である。

a	支店勘定残高と本店勘定残高の一致額	¥
b	本 支 店 合 併 後 の 買 掛 金	¥
c	本支店合併後の売上総利益	¥

③　仙台商店(個人企業 決算年1回 12月31日)の下記の勘定と資料によって，次の金額を計算しなさい。

　　　　　　　a．仕　入　高　　　b．期首の負債総額

<table>
<tr><th colspan="4">繰　越　商　品</th></tr>
<tr><td>1/1 前期繰越</td><td>480,000</td><td>12/31 仕　入</td><td>480,000</td></tr>
<tr><td>12/31 仕　入</td><td>520,000</td><td>〃　　次期繰越</td><td>520,000</td></tr>
<tr><td></td><td>1,000,000</td><td></td><td>1,000,000</td></tr>
</table>

<table>
<tr><th colspan="4">資　本　金</th></tr>
<tr><td>12/31 引出金</td><td>80,000</td><td>1/1 前期繰越</td><td>(　　　)</td></tr>
<tr><td>〃　　次期繰越</td><td>(　　　)</td><td>7/1 現　金</td><td>130,000</td></tr>
<tr><td></td><td></td><td>12/31 損　益</td><td>(　　　)</td></tr>
<tr><td></td><td>(　　　)</td><td></td><td>(　　　)</td></tr>
</table>

資　料

i　期間中の収益および費用

売　上　高	¥5,600,000
受取手数料	43,000
売上原価	4,200,000
給　料	1,100,000
減価償却費	90,000

ii　期首の資産総額　　¥3,140,000

iii　期末の資産および負債

現　金	¥390,000
売　掛　金	1,750,000
商　　品	
備　　品	630,000
買　掛　金	940,000

a	仕　入　高　¥	b	期首の負債総額　¥

④　水戸商店(個人企業)の本店・支店の損益計算書と未達事項および資料によって，次の金額を計算しなさい。ただし，未達事項整理前の本店における支店勘定の残高は¥894,000(借方)，支店における本店勘定の残高は¥686,000(貸方)である。

　　　　a．支店勘定残高と本店勘定残高の一致額　　b．本支店合併後の仕入高　　c．本支店合併後の当期純利益

損　益　計　算　書

本店　令和○年1月1日から令和○年12月31日まで (単位：円)

費　用	金　額	収　益	金　額
売上原価	(　　　)	売　上　高	8,240,000
給　料	970,000	受取手数料	60,000
旅　費	285,000		
減価償却費	125,000		
雑　費	43,000		
当期純利益	(　　　)		
	(　　　)		(　　　)

損　益　計　算　書

支店　令和○年1月1日から令和○年12月31日まで (単位：円)

費　用	金　額	収　益	金　額
売上原価	(　　　)	売　上　高	2,860,000
給　料	530,000	当期純損失	34,000
旅　費	109,000		
減価償却費	33,000		
雑　費	12,000		
	(　　　)		(　　　)

未達事項

①　本店から支店に発送した商品¥190,000(原価)が，支店に未達である。

②　支店で本店受取分の手数料¥6,000を受け取ったが，この通知が本店に未達である。

③　支店で本店従業員の旅費¥24,000を立て替え払いしたが，この通知が本店に未達である。

資　料

i　期首商品棚卸高　本店　¥620,000　　　支店　¥260,000

ii　仕　入　高　本店　¥5,770,000　　　支店　¥2,170,000(未達処理前)

iii　期末商品棚卸高　本店　¥580,000　　　支店　¥220,000(未達処理前)

a	支店勘定残高と本店勘定残高の一致額	¥
b	本支店合併後の仕入高	¥
c	本支店合併後の当期純利益	¥

5 宇都宮商店(個人企業)の下記の資料と損益計算書によって，次の金額を計算しなさい。
　　　a．売　上　原　価　　　b．期首の資本金

資　料

ｉ　期末の資産および負債

現　　金	¥ 710,000
売 掛 金	1,280,000
商　　品	310,000
備　　品	500,000
買 掛 金	420,000

ⅱ　期間中の追加元入額　　¥ 200,000
ⅲ　期首商品棚卸高　　　¥ 260,000
ⅳ　仕　　入　　高　　¥3,420,000
ⅴ　期末商品棚卸高　　　¥ 310,000

損　益　計　算　書

宇都宮商店　令和○年1月1日から令和○年12月31日まで　（単位：円）

費　　用	金　　額	収　　益	金　　額
売上原価	（　　　　）	売 上 高	4,500,000
給　料	842,000		
減価償却費	100,000		
雑　費	8,000		
当期純利益	（　　　　）		
	4,500,000		4,500,000

a	売 上 原 価　¥	b	期首の資本金　¥

6 前橋商店(個人企業)の本店および支店の貸借対照表と未達事項によって，次の金額を計算しなさい。
　　　a．本支店合併後の商品　　　b．本支店合併後の買掛金　　　c．本支店合併後の当期純利益

貸　借　対　照　表

本店　令和○年12月31日　（単位：円）

資　　産	金　　額	負債・純資産	金　　額
現　　金	470,000	支 払 手 形	1,810,000
当 座 預 金	1,720,000	買 掛 金	1,920,000
売 掛 金	2,270,000	資 本 金	3,000,000
商　　品	950,000	当期純利益	560,000
備　　品	1,200,000		
支　　店	680,000		
	7,290,000		7,290,000

貸　借　対　照　表

支店　令和○年12月31日　（単位：円）

資　　産	金　　額	負債・純資産	金　　額
現　　金	248,000	支 払 手 形	690,000
当 座 預 金	264,000	買 掛 金	930,000
売 掛 金	560,000	本　　店	420,000
商　　品	390,000		
備　　品	450,000		
当期純損失	128,000		
	2,040,000		2,040,000

未達事項

① 本店から支店に発送した商品 ¥100,000（原価）が，支店に未達である。
② 本店で支店の買掛金 ¥ ☐ を支払ったが，この通知が支店に未達である。
③ 支店で本店従業員の旅費 ¥80,000 を立て替え払いしたが，この通知が本店に未達である。
④ 本店で支店受取分の手数料 ¥130,000 を受け取ったが，この通知が支店に未達である。

a	本 支 店 合 併 後 の 商 品	¥
b	本 支 店 合 併 後 の 買 掛 金	¥
c	本支店合併後の当期純利益	¥

7　横浜商店(個人企業)の下記の資料と繰越試算表によって，次の金額を計算しなさい。

　　　　　　a．仕　入　高　　　b．期末の借入金

資　料

ⅰ	期首の資産総額	￥2,476,000
	（うち商品　￥520,000 ）	
ⅱ	期首の負債総額	￥1,276,000
ⅲ	期間中の収益および費用	
	売　上　高	￥8,450,000
	受取手数料	160,000
	売　上　原　価	6,880,000
	給　　　料	1,075,000
	減価償却費	115,000
	支　払　利　息	30,000
ⅳ	期間中の追加元入額	￥ 150,000
ⅴ	期間中の引出金	￥ 30,000

繰　越　試　算　表

令和○年12月31日

借　方	勘定科目	貸　方
680,000	現　　　金	
1,265,000	売　掛　金	
570,000	繰　越　商　品	
690,000	備　　　品	
	買　掛　金	875,000
	借　入　金	(　　　　)
	資　本　金	(　　　　)
3,205,000		3,205,000

a	仕　入　高　￥	b	期末の借入金　￥

8　金沢商店(個人企業)の本店・支店の損益計算書と未達事項および資料によって，次の金額を計算しなさい。ただし，未達事項整理前の本店における支店勘定の残高は￥391,000 (借方)，支店における本店勘定の残高は￥266,000 (貸方)である。

　　　a．支店勘定残高と本店勘定残高の一致額　　b．本支店合併後の仕入高　　c．本支店合併後の当期純利益

損　益　計　算　書

本店　令和○年1月1日から令和○年12月31日まで（単位：円）

費　　用	金　　額	収　　益	金　　額
売　上　原　価	(　　　)	売　上　高	3,200,000
給　　　料	525,000	受取手数料	11,000
旅　　　費	100,000		
減価償却費	45,000		
雑　　　費	14,000		
当期純利益	30,200		
	(　　　)		(　　　)

損　益　計　算　書

支店　令和○年1月1日から令和○年12月31日まで（単位：円）

費　　用	金　　額	収　　益	金　　額
売　上　原　価	(　　　)	売　上　高	1,300,000
給　　　料	260,000	当期純損失	(　　　)
旅　　　費	48,000		
減価償却費	23,000		
雑　　　費	26,000		
(　　　)			

未達事項

①　本店から支店に発送した商品￥70,000 (原価)が，支店に未達である。

②　支店で本店の買掛金￥45,000 を支払ったが，この通知が本店に未達である。

③　本店で支店従業員の旅費￥20,000 を立て替え払いしたが，この通知が支店に未達である。

④　支店で本店受取分の利息￥□□□□ を受け取ったが，この通知が本店に未達である。

資　料

ⅰ	期首商品棚卸高	本店	￥ 155,000	支店	￥ 80,000
ⅱ	仕　入　高	本店	￥2,250,000	支店	￥975,000 (未達処理前)
ⅲ	期末商品棚卸高	本店	￥ 180,000	支店	￥75,000 (未達処理前)

a	支店勘定残高と本店勘定残高の一致額	￥
b	本支店合併後の仕入高	￥
c	本支店合併後の当期純利益	￥

⑨　甲府商店(個人企業)の下記の資料および損益勘定と引出金勘定によって，次の金額を計算しなさい。
　　　　　　ａ．仕　入　高　　ｂ．期　首　の　現　金

資　料

資産および負債

	（期首）	（期末）
現　　金	ｻ	ｻ　442,000
売　掛　金	816,000	1,230,000
商　　品	663,000	689,000
備　　品	600,000	540,000
買　掛　金	637,000	832,000

損　　　　　益

12/31	仕　入	5,460,000	12/31	売　上	7,280,000
〃	給　料	1,274,000			
〃	減価償却費	60,000			
〃	雑　費	31,000			
〃	資本金	455,000			
		7,280,000			7,280,000

引　　出　　金

9/7	現　金	39,000	12/31	資本金	39,000

a	仕　入　高　ｻ		b	期首の現金　ｻ	

⑩　名古屋商店(個人企業)の本店および支店の貸借対照表と未達事項によって，次の金額を計算しなさい。
　　ａ．支店貸借対照表の本店（アの金額）　　ｂ．本支店合併後の商品　　ｃ．本支店合併後の当期純利益

貸　借　対　照　表
本店　　　　令和○年12月31日　　（単位：円）

資　　産	金　額	負債・純資産	金　額
現　　金	520,000	支払手形	960,000
当座預金	2,450,000	買　掛　金	820,000
売　掛　金	1,620,000	資　本　金	5,000,000
商　　品	920,000	当期純利益	1,250,000
備　　品	1,580,000		
支　　店	940,000		
	8,030,000		8,030,000

貸　借　対　照　表
支店　　　　令和○年12月31日　　（単位：円）

資　　産	金　額	負債・純資産	金　額
現　　金	240,000	支払手形	720,000
当座預金	530,000	買　掛　金	（　　　）
売　掛　金	720,000	本　　店	（　ア　）
商　　品	440,000	当期純利益	420,000
備　　品	600,000		
	2,530,000		2,530,000

未達事項
　　①　本店から支店に発送した商品ｻ140,000（原価）が，支店に未達である。
　　②　支店で本店の買掛金ｻ80,000を支払ったが，この通知が本店に未達である。
　　③　本店で支店の広告料ｻ100,000を立て替え払いしたが，この通知が支店に未達である。
　　④　支店で本店受取分の手数料ｻ30,000を受け取ったが，この通知が本店に未達である。

a	支店貸借対照表の本店（アの金額）	ｻ
b	本　支　店　合　併　後　の　商　品	ｻ
c	本支店合併後の当期純利益	ｻ

⑪　津商店（個人企業）の下記の資料と資本金勘定によって，次の金額を計算しなさい。

　　　　　　a．売　上　原　価　　　b．期首の資本金

資　　料

　ⅰ　期間中の収益および費用

売　上　高	¥14,140,000
受取手数料	80,000
売　上　原　価	
給　　　料	2,745,000
減価償却費	120,000
雑　　　費	30,000

　ⅱ　当期純利益　　855,000

　ⅲ　期末の資産総額　5,730,000

　ⅳ　期末の負債総額　2,145,000

	資　　本　　金			
12/31 引出金	30,000	1/ 1 前期繰越	（　　　）
〃　 次期繰越	（　　　）	6/30 現　金	210,000
		12/31 損　益	（　　　）
（　　　）		（　　　）	

a	売　上　原　価	¥	b	期首の資本金	¥

⑫　大津商店（個人企業）の期末における本店および支店の下記の資料によって，次の金額を計算しなさい。

　　　　　a．支店勘定残高と本店勘定残高の一致額　　　b．本支店合併後の貸倒引当金

　　　　　c．本支店合併後の売上総利益

資　　料

　ⅰ　元帳勘定残高（一部）

	本　　店	支　　店
売　掛　金	¥1,450,000	¥ 850,000
貸 倒 引 当 金	29,000	17,000
繰 越 商 品	870,000	570,000
支　　　店	2,340,000（借方）	——
本　　　店	——	2,170,000（貸方）
売　　　上	7,610,000	6,380,000
仕　　　入	5,980,000	4,920,000

　ⅱ　決算整理事項（一部）

　　①　期末商品棚卸高　本店　¥820,000　　支店　¥360,000　（未達商品は含まれていない。）

　　②　貸 倒 見 積 高　本店，支店ともに売掛金残高に対して 2 ％と見積もり，貸倒引当金を設定する。

　ⅲ　未達事項

　　①　本店から支店に発送した商品¥250,000（原価）が，支店に未達である。

　　②　支店で本店の売掛金¥100,000 を回収したが，この通知が本店に未達である。

　　③　本店で支店の広告料¥20,000 を立て替え払いしたが，この通知が支店に未達である。

a	支店勘定残高と本店勘定残高の一致額	¥
b	本支店合併後の貸倒引当金	¥
c	本支店合併後の売上総利益	¥

13　神戸商事株式会社（決算年1回　12月31日）の下記の資料と繰越利益剰余金勘定によって，次の金額を計算しなさい。

　　　　　a．仕　入　高　　b．繰越利益剰余金勘定の次期繰越（アの金額）

資　料

i	期首商品棚卸高	¥ 620,000
ii	期末商品棚卸高	¥ 590,000
iii	期間中の収益および費用	
	売　上　高	¥7,980,000
	売上原価	5,190,000
	給　料	1,260,000
	減価償却費	350,000
iv	法人税・住民税及び事業税額	¥ 470,000

繰越利益剰余金

3/25	未払配当金	1,500,000	1/1	前期繰越	1,900,000
〃	利益準備金	150,000	12/31	損　益	（　　　）
〃	別途積立金	50,000			
12/31	次期繰越	（　ア　）			
		（　　　）			（　　　）

a	仕　入　高　¥	b	繰越利益剰余金勘定の次期繰越（アの金額）　¥

14　松江商店（個人企業）の本店・支店の貸借対照表と未達事項および本支店合併後の貸借対照表によって，次の金額を計算しなさい。

　　　　　a．支店勘定残高と本店勘定残高の一致額　　b．支店貸借対照表の買掛金（アの金額）
　　　　　c．本支店合併後の商品（イの金額）

貸　借　対　照　表
本店　　　　令和○年12月31日　　　（単位：円）

資　産	金　額	負債・純資産	金　額
現　　金	650,000	支払手形	530,000
当座預金	2,410,000	買　掛　金	960,000
売　掛　金	1,370,000	資　本　金	6,000,000
商　　品	1,500,000	当期純利益	980,000
備　　品	940,000		
支　　店	1,600,000		
	8,470,000		8,470,000

貸　借　対　照　表
支店　　　　令和○年12月31日　　　（単位：円）

資　産	金　額	負債・純資産	金　額
現　　金	268,000	支払手形	300,000
当座預金	540,000	買　掛　金	（　ア　）
売　掛　金	294,000	本　　店	1,375,000
商　　品	（　　　）	当期純利益	267,000
備　　品	260,000		
	（　　　）		（　　　）

未達事項

　①　本店から支店に発送した商品¥160,000（原価）が，支店に未達である。

　②　本店で支店の買掛金¥80,000を支払ったが，この通知が支店に未達である。

　③　支店で本店受取分の手数料¥15,000を受け取ったが，この通知が本店に未達である。

〔本支店合併後の貸借対照表〕

貸　借　対　照　表
松江商店　　　令和○年12月31日　　　（単位：円）

資　産	金　額	負債・純資産	金　額
現　　金	918,000	支払手形	830,000
当座預金	2,950,000	買　掛　金	1,290,000
売　掛　金	1,664,000	資　本　金	（　　　）
商　　品	（　イ　）	当期純利益	（　　　）
備　　品	1,200,000		
			（　　　）

a	支店勘定残高と本店勘定残高の一致額	¥
b	支店貸借対照表の買掛金（アの金額）	¥
c	本支店合併後の商品（イの金額）	¥

15　高松商店（個人企業　決算年 1 回　12月31日）は，毎年同額の家賃を，3 月末と 9 月末に経過した 6 か月分をまとめて受け取っている。よって，受取家賃勘定の（　①　）に入る勘定科目と（　②　）に入る金額を記入しなさい。

```
              受　取　家　賃
 1 / 1（ ① ）（       ）  3 /31 現　金    96,000
12/31 損　益（       ）  9 /30 現　金    96,000
                        12/31 未収家賃（ ② ）
          （       ）          （       ）
```

①		②	￥

16　松山商店（個人企業）の本店・支店の損益計算書と未達事項，本支店合併後の損益計算書および資料によって，次の金額を計算しなさい。ただし，未達事項整理前の本店における支店勘定の残高は ￥1,242,000（借方），支店における本店勘定の残高は ￥1,190,000（貸方）である。

　　　　a．支店勘定残高と本店勘定残高の一致額　　b．支店損益計算書の旅費（アの金額）
　　　　c．本支店合併後の売上高（イの金額）

損　益　計　算　書
本店　令和○年 1 月 1 日から令和○年12月31日まで（単位：円）

費　用	金　額	収　益	金　額
売 上 原 価	（　　　）	売 上 高	5,690,000
給　　料	847,000	受取手数料	40,000
旅　　費	113,000		
減価償却費	250,000		
当期純利益	490,000		
	（　　　）		（　　　）

損　益　計　算　書
支店　令和○年 1 月 1 日から令和○年12月31日まで（単位：円）

費　用	金　額	収　益	金　額
売 上 原 価	（　　　）	売 上 高	（　　　）
給　　料	315,000	受取手数料	20,000
旅　　費	（　ア　）		
減価償却費	65,000		
当期純利益	100,000		
	（　　　）		（　　　）

未達事項
　①　本店から支店に発送した商品 ￥40,000（原価）が，支店に未達である。
　②　支店で本店受取分の手数料 ￥5,000 を受け取ったが，この通知が本店に未達である。
　③　支店で本店従業員の旅費 ￥17,000 を立て替え払いしたが，この通知が本店に未達である。

〔本支店合併後の損益計算書〕

損　益　計　算　書
松山商店 令和○年 1 月 1 日から令和○年12月31日まで（単位：円）

費　用	金　額	収　益	金　額
売 上 原 価	（　　　）	売 上 高	（　イ　）
給　　料	1,162,000	受取手数料	65,000
旅　　費	170,000		
減価償却費	315,000		
当期純利益	（　　　）		
	（　　　）		（　　　）

資　料
　i　期首商品棚卸高
　　　　本店 ￥ 340,000　　支店 ￥ 150,000　　合併後 ￥ 490,000
　ii　仕　入　高　　　　　　　　　　　　　（未達処理後）
　　　　本店 ￥4,000,000　　支店 ￥□　　合併後 ￥5,690,000
　iii　期末商品棚卸高　　　　（未達処理前）
　　　　本店 ￥ 310,000　　支店 ￥ 170,000　　合併後 ￥□

a	支店勘定残高と本店勘定残高の一致額	￥
b	支店損益計算書の旅費（アの金額）	￥
c	本支店合併後の売上高（イの金額）	￥

第3章　伝票

解答p.119

1　東北商店の下記の伝票を集計し，4月1日の仕訳集計表（日計表）を作成して，総勘定元帳に転記しなさい。

　　ただし，i　次の取引について，必要な伝票に記入したうえで集計すること。

　　　　　　ii　一部振替取引については，取引を分解して起票している。

　　　　　　iii　総勘定元帳の記入は，日付と金額を示せばよい。

取　　引

　　4月1日　盛岡商店に商品 $\mathscr{Y}245,000$ を売り渡し，代金のうち $\mathscr{Y}45,000$ は現金で受け取り，残額は掛けとした。

　　　〃　　　仙台商店から商品 $\mathscr{Y}300,000$ の注文を受け，内金として $\mathscr{Y}50,000$ を同店振り出しの小切手で受け取り，ただちに当座預金口座に預け入れた。

仕　訳　集　計　表

令和○年 4 月 1 日

借　　　方	元丁	勘 定 科 目	元丁	貸　　　方
		現　　　　　金		
		当　座　預　金		
		受　取　手　形		
		売　　掛　　金		
		買　　掛　　金		
		前　　受　　金		
		売　　　　　上		
		受　取　手　数　料		
		仕　　　　　入		
		消　耗　品　費		

総　勘　定　元　帳

現　　　　　金		1
4/1 前期繰越 1,450,000		

当　座　預　金		2
4/1 前期繰越　883,000		

受　取　手　形		3
4/1 前期繰越　570,000		

売　　掛　　金		4
4/1 前期繰越 1,519,000		

買　　掛　　金		10
	4/1 前期繰越　994,000	

前　　受　　金		11

売　　　　　上		16

受　取　手　数　料		17

仕　　　　　入		20

消　耗　品　費		27

2 下記の伝票を集計し，2月1日の仕訳集計表（日計表）を作成して，総勘定元帳に転記しなさい。
ただし，ⅰ 次の取引について，必要な伝票に記入したうえで集計すること。
ⅱ 一部振替取引については，取引を分解して起票している。
ⅲ 総勘定元帳の記入は，日付と金額を示せばよい。

取 引
2月1日 京都商店から商品を *¥340,000* で売り渡し，代金のうち *¥50,000* は現金で受け取り，
残額は掛けとした。

仕　訳　集　計　表
令和○年 2 月 1 日

借　　方	元丁	勘 定 科 目	元丁	貸　　方
		現　　　金		
		当 座 預 金		
		受 取 手 形		
		売 掛 金		
		支 払 手 形		
		買 掛 金		
		売　　　上		
		受 取 手 数 料		
		仕　　　入		
		消 耗 品 費		
		雑　　　費		

総 勘 定 元 帳

現　　金　1
2/1 前期繰越　3,026,000

当 座 預 金　2
2/1 前期繰越　941,000

受 取 手 形　3
2/1 前期繰越　400,000

売 掛 金　4
2/1 前期繰越　1,280,000

支 払 手 形　10
2/1 前期繰越　360,000

買 掛 金　11
2/1 前期繰越　990,000

売 上　15

受 取 手 数 料　16

仕 入　19

消 耗 品 費　26

雑 費　30

第4章　帳簿

解答p.123

1　次の四国商店の取引を各帳簿に記入しなさい。

　　ただし，　ⅰ　総勘定元帳の記入は，日付と金額を示せばよい。

　　　　　　　ⅱ　商品有高帳は移動平均法によって記帳している。

　　　　　　　ⅲ　当座預金出納帳・売掛金元帳・買掛金元帳・商品有高帳は月末に締め切るものとする。

取　　引

1月10日　愛媛商店に対する買掛金の支払いとして，次の約束手形を振り出した。

　　　　　　金　　額　￥751,000　　手形番号　＃18　　　　振出日　1月10日

　　　　　　支払期日　3月10日　　支払場所　東法銀行

　　12日　高知商店に次の商品を販売し，代金は掛けとした。

　　　　　　A　品　　　400個　　@￥2,100

　　　　　　B　品　　　100個　　@￥3,950

　　14日　徳島商店から次の商品を仕入れ，代金は掛けとした。

　　　　　　A　品　　　600個　　@￥1,270

　　　　　　B　品　　　250個　　@￥2,850

　　16日　愛媛商店から次の商品を仕入れ，代金はさきに支払っている内金￥116,000を差し引き，残額は掛けとした。

　　　　　　C　品　　1,200個　　@￥　680

　　18日　香川商店に次の商品を販売し，代金は掛けとした。

　　　　　　A　品　　　550個　　@￥2,100

　　　　　　C　品　　1,000個　　@￥1,080

　　21日　徳島商店に対する買掛金￥672,400を小切手＃12を振り出して支払った。

　　23日　高知商店に対する売掛金￥814,300が，当店の当座預金口座に振り込まれたとの連絡を取引銀行から受けた。

　　29日　徳島商店あてに振り出していた約束手形￥469,700（＃17）が期日となり，当店の当座預金口座から支払われたとの連絡を取引銀行から受けた。

総　勘　定　元　帳

当　座　預　金　　2	売　掛　金　　4	前　払　金　　6
1/1　4,284,200	1/1　1,908,400	1/1　116,000

支　払　手　形　　13	買　掛　金　　14	売　　上　　20
1/1　469,700	1/1　1,253,800	

仕　　入　　25

当 座 預 金 出 納 帳
1

令和○年		摘　　　要	預　　入	引　　出	借または貸	残　　高
1	1	前月繰越	4,284,200		借	4,284,200

（注意）当座預金出納帳は締め切ること。

支 払 手 形 記 入 帳

令和○年		摘　要	金　　額	手形種類	手形番号	受取人	振出人	振出日		満期日		支払場所	てん末		
													月	日	摘要
11	29	仕入れ	469,700	約手	17	徳島商店	当　店	11	29	1	29	東法銀行			

売 掛 金 元 帳
高 知 商 店
2

令和○年		摘　要	借　　方	貸　　方	借または貸	残　　高
1	1	前月繰越	1,094,500		借	1,094,500

買 掛 金 元 帳
徳 島 商 店
1

令和○年		摘　要	借　　方	貸　　方	借または貸	残　　高
1	1	前月繰越		672,400	貸	672,400

（注意）売掛金元帳・買掛金元帳は締め切ること。

商 品 有 高 帳

（移動平均法）　　　　　　（品名）A 品　　　　　　（単位：個）

令和○年		摘　要	受　　入			払　　出			残　　高		
			数量	単価	金額	数量	単価	金額	数量	単価	金額
1	1	前月繰越	700	1,240	868,000				700	1,240	868,000

（注意）商品有高帳は締め切ること。

2　次の九州商店の取引を各帳簿に記入しなさい。

　　　ただし，ⅰ　総勘定元帳の記入は，日付と金額を示せばよい。

　　　　　　　ⅱ　商品有高帳は先入先出法によって記帳している。

　　　　　　　ⅲ　当座預金出納帳・売掛金元帳・商品有高帳は月末に締め切るものとする。

　　　　　　　ⅳ　取引銀行とは，限度額 ¥5,000,000 とする当座借越契約を結んでいる。

取　　　　引

　4月8日　福岡商店から次の商品を仕入れ，代金は小切手＃7を振り出して支払った。

　　　　　　　A　品　　　　600個　　　＠¥1,980

　　　　　　　B　品　　　　500個　　　＠¥1,320

　　　10日　大分商店に次の商品を販売し，代金は掛けとした。

　　　　　　　A　品　　　　360個　　　＠¥2,750

　　　　　　　B　品　　　　550個　　　＠¥2,420

　　　13日　鹿児島商店から次の商品を仕入れ，代金はさきに得意先宮崎商店から受け取っていた

　　　　　　約束手形＃12を裏書譲渡し，残額は掛けとした。

　　　　　　　C　品　　　　250個　　　＠¥3,300

　　　15日　大分商店に対する売掛金 ¥1,892,700 が，当店の当座預金口座に振り込まれたとの連

　　　　　　絡を取引銀行から受けた。

　　　22日　宮崎商店に次の商品を販売し，代金は掛けとした。

　　　　　　　A　品　　　　300個　　　＠¥2,750

　　　　　　　C　品　　　　150個　　　＠¥4,950

　　　28日　鹿児島商店に対する買掛金 ¥329,100 を小切手＃8を振り出して支払った。

　　　30日　宮崎商店から売掛金の一部について，次の同店振り出しの約束手形で受け取った。

　　　　　　　金　　額　¥577,000　　　手形番号　＃16　　　　振出日　4月30日

　　　　　　　支払期日　6月30日　　　支払場所　東法銀行

総　勘　定　元　帳

当　座　預　金　　2		受　取　手　形　　3		売　掛　金　　4	
4/1　860,000		4/1　734,500		4/1　2,666,900	

買　掛　金　　14		当　座　借　越　　18		売　　上　　20	
	4/1　1,526,400				

仕　　入　　25	

当 座 預 金 出 納 帳

1

令和〇年		摘　　要	預　入	引　出	借または貸	残　高
4	1	前月繰越	860,000		借	860,000

（注意）当座預金出納帳は締め切ること。

受 取 手 形 記 入 帳

令和〇年		摘要	金　額	手形種類	手形番号	支払人	振出人または裏書人	振出日		満期日		支払場所	てん末	
													月 日	摘要
3	26	売り上げ	734,500	約手	12	熊本商店	宮崎商店	3	9	5	9	九 州 銀 行		

売 掛 金 元 帳

大 分 商 店

1

令和〇年		摘　　要	借　方	貸　方	借または貸	残　高
4	1	前 月 繰 越	1,994,500		借	1,994,500

宮 崎 商 店

2

令和〇年		摘　　要	借　方	貸　方	借または貸	残　高
4	1	前 月 繰 越	672,400		借	672,400

（注意）売掛金元帳は締め切ること。

商 品 有 高 帳

（先入先出法）　　　　　　　（品名）A 品　　　　　　　（単位：個）

令和〇年		摘　　要	受　入			払　出			残　高		
			数量	単価	金額	数量	単価	金額	数量	単価	金額
4	1	前月繰越	300	1,870	561,000				300	1,870	561,000

（注意）商品有高帳は締め切ること。

第5章 決算

解答p.127

1 近畿商店（個人企業 決算年1回 12月31日）の総勘定元帳勘定残高と決算整理事項は，次のとおりであった。よって，精算表を完成しなさい。

元帳勘定残高

現 金	¥ 345,000	当 座 預 金 ¥ 959,000	受 取 手 形 ¥ 970,000
売 掛 金	1,030,000	貸 倒 引 当 金 6,000	有 価 証 券 900,000
繰 越 商 品	640,000	備 品 500,000	備品減価償却累計額 180,000
支 払 手 形	870,000	買 掛 金 952,000	借 入 金 400,000
所得税預り金	30,000	資 本 金 2,000,000	売 上 5,405,000
受取手数料	37,000	仕 入 3,064,000	給 料 869,000
支 払 家 賃	455,000	保 険 料 48,000	消 耗 品 費 50,000
雑 費	31,000	支 払 利 息 11,000	現 金 過 不 足 8,000
			（借方残高）

決算整理事項

a．期末商品棚卸高　　¥650,000

b．貸 倒 見 積 高　　受取手形と売掛金の期末残高に対し，それぞれ1％と見積もり，貸倒引当金を設定する。

c．備品減価償却高　　定率法による。ただし，償却率は20％とする。

d．有価証券評価高　　売買を目的として保有する次の株式について，時価によって評価する。

中国物産株式会社　300株

帳簿価額　1株　¥3,000　　時価　1株　¥2,650

e．消耗品未使用高　　¥13,000

f．家 賃 前 払 高　　家賃は1か月¥35,000で，前月末に翌月分を支払う契約のため，1月分を12月末に支払い済みであり，前払高を次期に繰り延べる。

g．利 息 未 払 高　　未払額¥4,000は当期分につき，見越し計上すること。

h．現金過不足勘定の¥8,000は雑損とする。

精　算　表

令和○年12月31日

勘定科目	残高試算表 借方	残高試算表 貸方	整理記入 借方	整理記入 貸方	損益計算書 借方	損益計算書 貸方	貸借対照表 借方	貸借対照表 貸方
現　金	345,000							
当座預金	959,000							
受取手形	970,000							
売掛金	1,030,000							
貸倒引当金		6,000						
有価証券	900,000							
繰越商品	640,000							
備品	500,000							
備品減価償却累計額		180,000						
支払手形		870,000						
買掛金		952,000						
借入金		400,000						
所得税預り金		30,000						
資本金		2,000,000						
売上		5,405,000						
受取手数料		37,000						
仕入	3,064,000							
給料	869,000							
支払家賃	455,000							
保険料	48,000							
消耗品費	50,000							
雑費	31,000							
支払利息	11,000							
現金過不足	8,000							
	9,880,000	9,880,000						
貸倒引当金繰入								
減価償却費								
有価証券評価(　)								
消耗品								
(　)家賃								
(　)利息								
雑損								
当期純(　)								

2 関東商店（個人企業　決算年1回　12月31日）の総勘定元帳勘定残高と決算整理事項は，次のとおりであった。よって，精算表を完成しなさい。

元帳勘定残高

現　　　　　金	¥ 372,000	当 座 預 金	¥ 951,000	電子記録債権	¥ 450,000
売　掛　金	750,000	貸 倒 引 当 金	9,000	有 価 証 券	525,000
繰 越 商 品	460,000	備　　　品	720,000	備品減価償却累計額	180,000
電子記録債務	320,000	買　掛　金	381,000	借　入　金	400,000
資　本　金	2,500,000	引　出　金	30,000	売　　　上	6,181,000
受 取 手 数 料	19,000	仕　　　入	4,085,000	給　　　料	1,280,000
支 払 家 賃	210,000	保　険　料	67,000	通　信　費	47,000
租 税 公 課	23,000	雑　　　費	11,000	支 払 利 息	9,000

決算整理事項

  a．期末商品棚卸高　　¥473,000

  b．貸 倒 見 積 高　　電子記録債権と売掛金の期末残高に対し，それぞれ3％と見積もり，貸倒引当金を設定する。

  c．備品減価償却高　　定額法による。ただし，残存価額は零（0）　耐用年数は8年とする。

  d．有価証券評価高　　有価証券は，売買目的で保有する次の株式であり，時価によって評価する。

　　　　　　　　　　　房総商事株式会社　500株　　時価　1株　¥1,200

  e．郵便切手未使用高　未使用分¥8,000を貯蔵品勘定により繰り延べること。

  f．保険料前払高　　保険料のうち¥36,000は，本年3月1日からの1年分を支払ったものであり，前払高を次期に繰り延べる。

  g．利 息 未 払 高　　借入金の利息¥3,000を当期の費用として見越し計上する。

  h．引出金は整理する。

精　算　表

令和○年12月31日

勘 定 科 目	残高試算表		整 理 記 入		損 益 計 算 書		貸 借 対 照 表	
	借　方	貸　方	借　方	貸　方	借　方	貸　方	借　方	貸　方
現　　　　金	372,000							
当 座 預 金	951,000							
電子記録債権	450,000							
売　掛　金	750,000							
貸倒引当金		9,000						
有 価 証 券	525,000							
繰 越 商 品	460,000							
備　　　品	720,000							
備品減価償却累計額		180,000						
電子記録債務		320,000						
買　掛　金		381,000						
借　入　金		400,000						
資　本　金		2,500,000						
引　出　金	30,000							
売　　　上		6,181,000						
受取手数料		19,000						
仕　　　入	4,085,000							
給　　　料	1,280,000							
支 払 家 賃	210,000							
保　険　料	67,000							
通　信　費	47,000							
租 税 公 課	23,000							
雑　　　費	11,000							
支 払 利 息	9,000							
	9,990,000	9,990,000						
貸倒引当金繰入								
減 価 償 却 費								
有価証券評価（　）								
貯　蔵　品								
（　　）保険料								
（　　）利　息								
当期純（　　）								

3 北陸商店（個人企業　決算年1回　12月31日）の総勘定元帳勘定残高と付記事項および決算整理事項は，次のとおりであった。よって，損益計算書と貸借対照表を完成しなさい。

元帳勘定残高

現　　　　金	¥ 1,379,000	当 座 預 金	¥ 3,211,000	受 取 手 形	¥1,900,000
売 　掛 　金	2,700,000	貸 倒 引 当 金	5,000	有 価 証 券	1,380,000
繰 越 商 品	1,800,000	備　　　品	2,400,000	備品減価償却累計額	800,000
支 払 手 形	2,000,000	買 　掛 　金	2,200,000	仮 受 　金	100,000
資 　本 　金	9,000,000	売　　　上	21,520,000	受 取 手 数 料	47,000
仕　　　入	15,350,000	給　　　料	4,458,000	支 払 家 賃	792,000
保 　険 　料	144,000	消 耗 品 費	71,000	雑　　　費	95,000
現 金 過 不 足（貸方残高）	8,000				

付 記 事 項

① 仮受金¥100,000は，能登商店に対する売掛金の回収額であることが判明した。

決算整理事項

a．期末商品棚卸高　　¥1,960,000

b．貸 倒 見 積 高　　受取手形と売掛金の期末残高に対し，それぞれ3％と見積もり，貸倒引当金を設定する。

c．備品減価償却高　　定額法による。ただし，残存価額は零（0）耐用年数は6年とする。

d．有価証券評価高　　有価証券は売買目的で保有する次の株式であり，時価によって評価する。
　　　　　　　　　　　佐渡商事株式会社　200株　時価　1株 ¥7,200

e．消耗品未使用高　　未使用分¥15,000を消耗品勘定により繰り延べること。

f．保険料前払高　　　保険料の¥144,000は，本年8月1日からの1年分を支払ったものであり，前払高を次期に繰り延べる。

g．給 料 未 払 高　　¥54,000

h．現金過不足勘定の¥8,000は雑益とする。

損 益 計 算 書

北陸商店　　　　　　令和○年1月1日から令和○年12月31日まで　　　　　（単位：円）

費　用	金　額	収　益	金　額
売 上 原 価		売 上 高	
給　料		受 取 手 数 料	
（　　　　　　）		（　　　　　　）	
（　　　　　　）		（　　　　　　）	
支 払 家 賃			
保 険 料			
消 耗 品 費			
雑　費			
（　　　　　　）			

貸 借 対 照 表

北陸商店　　　　　　　　　令和○年12月31日　　　　　　　　　（単位：円）

資　産	金　額	負債および純資産	金　額
現　金		支 払 手 形	
当 座 預 金		買 掛 金	
受 取 手 形 （　　　）		（　　　　　）	
貸 倒 引 当 金 △（　　　）		資 本 金	
売 掛 金 （　　　）		（　　　　　）	
貸 倒 引 当 金 △（　　　）			
有 価 証 券			
商　品			
（　　　　　）			
（　　　　　）			
備　品 （　　　）			
減価償却累計額 △（　　　）			

4 九州商店（個人企業　決算年1回　12月31日）の総勘定元帳勘定残高と付記事項および決算整理事項は，次のとおりであった。よって，損益計算書と貸借対照表を完成しなさい。

元帳勘定残高

現　　　　金	¥ 792,000	当 座 預 金	¥1,179,000	受 取 手 形	¥1,880,000
売 　掛 　金	2,300,000	貸 倒 引 当 金	11,000	有 価 証 券	720,000
繰 越 商 品	1,420,000	備　　　　品	1,250,000	備品減価償却累計額	450,000
支 払 手 形	1,480,000	買 　掛 　金	2,012,000	従業員預り金	135,000
資 　本 　金	5,000,000	引 　出 　金	145,000	売　　　　上	15,700,000
受 取 手 数 料	265,000	仕　　　　入	9,650,000	給　　　　料	4,100,000
支 払 家 賃	946,000	保 　険 　料	486,000	消 耗 品 費	145,000
雑 　　　費	40,000				

付 記 事 項

　① かねて商品代金として受け取っていた鳴門商店振り出しの約束手形¥280,000が，期日に当座預金に入金されていたが，記帳していなかった。

決算整理事項

　　a．期末商品棚卸高　　　¥1,570,000

　　b．貸 倒 見 積 高　　　受取手形と売掛金の期末残高に対し，それぞれ1％と見積もり，貸倒引当金を設定する。

　　c．備品減価償却高　　　定率法による。ただし，償却率は20％とする。

　　d．有価証券評価高　　　有価証券は売買目的で保有する次の株式であり，時価によって評価する。
　　　　　　　　　　　　　　関門産業商事株式会社　300株　時価　1株 ¥2,300

　　e．消耗品未使用高　　　未使用分¥23,000を消耗品勘定により繰り延べること。

　　f．保 険 料 前 払 高　　　保険料のうち¥300,000は，本年5月1日からの1年分を支払ったものであり，前払高を次期に繰り延べる。

　　g．家 賃 未 払 高　　　家賃は1か月¥86,000で，12月分は翌月5日に支払う契約のため，見越し計上する。

　　h．引出金は整理する。

損 益 計 算 書

九州商店　　　令和○年 1 月 1 日から令和○年12月31日まで　　　（単位：円）

費　　用	金　額	収　　益	金　額
売 上 原 価		売 上 高	
給 料		受 取 手 数 料	
（　　　　　）			
（　　　　　）			
支 払 家 賃			
保 険 料			
消 耗 品 費			
雑 費			
（　　　　　）			
（　　　　　）			

貸 借 対 照 表

九州商店　　　令和○年12月31日　　　（単位：円）

資　　産	金　額	負債および純資産	金　額
現 金		支 払 手 形	
当 座 預 金		買 掛 金	
受 取 手 形 （　　　）		従業員預り金	
貸倒引当金 △（　　　）		（　　　　　）	
売 掛 金 （　　　）		資 本 金	
貸倒引当金 △（　　　）		（　　　　　）	
有 価 証 券			
商 品			
（　　　）			
（　　　）			
備 品 （　　　）			
減価償却累計額 △（　　　）			

5　東北商店（個人企業　決算年1回　12月31日）の総勘定元帳勘定残高と付記事項および決算整理事項は，次のとおりであった。よって，

(1)　総勘定元帳の損益勘定に必要な記入をおこないなさい。

(2)　貸借対照表を完成しなさい。

元帳勘定残高

現　　　　金	¥ 823,000	当 座 預 金	¥ 2,960,000	電子記録債権	¥ 1,800,000
売　掛　金	2,400,000	貸 倒 引 当 金	17,000	有 価 証 券	4,000,000
繰 越 商 品	1,890,000	備　　　　品	1,600,000	備品減価償却累計額	700,000
電子記録債務	1,650,000	買　掛　金	3,028,000	借　入　金	2,000,000
従業員預り金	300,000	資　本　金	7,000,000	売　　　　上	21,830,000
受取手数料	156,000	仕　　　　入	17,326,000	給　　　　料	2,680,000
支 払 家 賃	810,000	保　険　料	182,000	消 耗 品 費	86,000
雑　　　　費	64,000	支 払 利 息	60,000		

付　記　事　項

①　岩手商店に対する買掛金 ¥260,000 を小切手を振り出して支払っていたが，記帳していなかった。

決算整理事項

a．期末商品棚卸高　　　¥1,850,000

b．貸 倒 見 積 高　　　電子記録債権と売掛金の期末残高に対し，それぞれ2％と見積もり，貸倒引当金を設定する。

c．備品減価償却高　　　定率法による。ただし，償却率は25％とする。

d．有価証券評価高　　　売買を目的として保有する次の株式について，時価によって評価する。

　　　根室商事株式会社　400株

　　　　帳簿価額　1株 ¥10,000　　　時価　1株 ¥10,500

e．消耗品未使用高　　　¥　18,000

f．保険料前払高　　　　保険料のうち¥84,000は，本年8月1日からの6か月分を支払ったものであり，前払高を次期に繰り延べる。

g．利 息 未 払 高　　　¥　12,000

(1)

総 勘 定 元 帳

損　　益　　　　　　　　　　30

12/31	仕　　　　入		12/31	売　　　　上
〃	給　　　料		〃	受 取 手 数 料
〃	（　　　　）		〃	（　　　　）
〃	（　　　　）			
〃	支 払 家 賃			
〃	保 険 料			
〃	消 耗 品 費			
〃	雑　　　費			
〃	支 払 利 息			
〃	（　　　　）			

(2)

貸 借 対 照 表

東北商店　　　　　　　令和○年12月31日　　　　　　（単位：円）

資　　　産	金　額	負債および純資産	金　額
現　　　金		電子記録債務	
当 座 預 金		買　掛　金	
電子記録債権　（　　）		借　入　金	
貸 倒 引 当 金 △（　　）		従業員預り金	
売　掛　金　（　　）		（　　　　）	
貸 倒 引 当 金 △（　　）		資　本　金	
有 価 証 券		（　　　　）	
商　　　品			
（　　　　）			
（　　　　）			
備　　　品　（　　）			
減価償却累計額 △（　　）			

●執筆　荷田　今佐夫（川越市立川越高等学校教諭）
　　　　渡邉　義之　（埼玉県立熊谷商業高等学校教諭）

全商簿記実務検定対策問題集

合格ガイド

2 級

16訂版　解答編

東京法令　とうほう

Ⅰ 各種取引の記帳（その１）

1. 現金過不足

■基本問題（p.5）

１

	借　方		貸　方	
12/19	現 金 過 不 足	8,000	現　　　金	8,000
23	通 信 費	6,000	現 金 過 不 足	6,000
31	雑　損	2,000	現 金 過 不 足	2,000

解説

12/19　帳簿残高を修正して実際有高にあわせる。

　　　　¥850,000 ────→ ¥842,000
　　　　（帳簿）　　△¥8,000　　（実際）

　23　通信費を借方に仕訳し，現金過不足勘定を判明
　　　した金額だけ貸方に仕訳して減少させる。

12/31　決算をむかえても現金の不一致原因が判明しな
　　　いときは，現金過不足勘定の残高を雑損勘定ま
　　　たは雑益勘定に振り替える。この問題は，現金
　　　過不足勘定の残高が借方であり，不足額を意味
　　　するので，雑損勘定に振り替える。

２

	借　方		貸　方	
11/14	現　　　金	24,000	現 金 過 不 足	24,000
21	現 金 過 不 足	20,000	受 取 利 息	20,000
12/31	現 金 過 不 足	4,000	雑　益	4,000

解説

11/14　帳簿残高を修正して実際有高にあわせる。

　　　　¥600,000 ────→ ¥624,000
　　　　（帳簿）　　＋¥24,000　　（実際）

　21　受取利息を貸方に仕訳し，現金過不足勘定を判
　　　明した金額だけ借方に仕訳して減少させる。

12/31　決算をむかえても現金の不一致原因が判明しな
　　　いときは，現金過不足勘定の残高を雑損勘定ま
　　　たは雑益勘定に振り替える。この問題は，現金
　　　過不足勘定の残高が貸方であり，過剰額を意味
　　　するので，雑益勘定に振り替える。

３

	借　方		貸　方	
(1)	現　　　金	7,000	現 金 過 不 足	7,000
(2)	通 信 費	3,000	現 金 過 不 足	3,000

解説

(1)　帳簿残高　＜　実際有高
　　　└─ ＋¥7,000 ─┘

(2)　「帳簿残高を修正してその原因を調査していた」と
　　　いう文章から現金過不足勘定で処理されていることが

わかる。そして¥5,000不足ということで残高は借方
となる。本日，そのうち¥3,000が郵便切手代と判明
したので，通信費を借方に仕訳し，貸方に現金過不足
勘定を仕訳して減少させる。

1

	借　　　　方		貸　　　　方	
(1)	現 金 過 不 足	1,000	現　　　　　金	1,000
(2)	現 金 過 不 足	4,000	現　　　　　金	4,000
(3)	現　　　　　金	9,000	現 金 過 不 足	9,000
(4)	現　　　　　金	3,000	現 金 過 不 足	3,000
(5)	現 金 過 不 足	2,000	現　　　　　金	2,000
(6)	現　　　　　金	4,000	現 金 過 不 足	4,000
(7)	現 金 過 不 足	4,000	受 取 利 息	4,000
(8)	交 　通 　費	4,000	現 金 過 不 足	2,000
			受 取 手 数 料	2,000

解説

(1) 帳簿残高　＞　実際有高
　　└ △¥1,000 ┘

(2) ¥129,000 ──────→ ¥125,000
　　（帳簿）　△¥4,000　（実際）

(3) 帳簿残高　＜　実際有高
　　└ ＋¥9,000 ┘

(4) 帳簿残高　＜　実際有高
　　└ ＋¥3,000 ┘

(5) 帳簿残高　＞　実際有高
　　└ △¥2,000 ┘

(6) ¥26,000 ──────→ ¥30,000
　　（帳簿）　＋¥4,000　（実際）

(7) 不一致額の原因が判明したので，受取利息は収益なので貸方に仕訳し，現金過不足勘定を借方に仕訳して減少させる。

(8) 不一致額の原因である受取手数料は収益なので貸方に，交通費は費用なので借方に仕訳する。そして，その差額¥2,000について貸方に現金過不足勘定を仕訳する。これで現金過不足勘定の残高がなくなったので，不一致の原因がすべて判明したことになる。

2. 当座借越

1

	借　　　　方		貸　　　　方	
1/14	買 　掛 　金	450,000	当 座 預 金	250,000
			当 座 借 越	200,000
16	当 座 借 越	150,000	現　　　　　金	150,000
18	当 座 借 越	50,000	売 　掛 　金	600,000
	当 座 預 金	550,000		

```
         当 座 預 金
        250,000 | 1/14 買 掛 金 250,000
1/18 売 掛 金 550,000 |
```

```
         当 座 借 越
1/16 現    金 150,000 | 1/14 買 掛 金 200,000
  18 売 掛 金 50,000 |
```

解説

1/14　当座借越契約を結んでいるので，当座預金残高を超える金額は当座借越として処理する。

16　「当座預金に預け入れた」とあるが，当座借越勘定に残高があるので，入金額は，当座借越の返済にあてられ，当座借越の残高が¥50,000となる。

1/18　当座借越の残高¥50,000を返済し，それを超える金額が当座預金となる。

2

	借　　　　方		貸　　　　方	
1/14	買　掛　金	450,000	当　座　預　金	450,000
16	当　座　預　金	150,000	現　　　　金	150,000
18	当　座　預　金	600,000	売　掛　金	600,000

当　座　預　金

	250,000	1/14 買　掛　金	450,000
1/16 現　金	150,000		
18 売　掛　金	600,000		

解説

1/14　当座預金勘定が貸方残高になるので，当座借越（負債）を意味する。

16　当座預金勘定が¥150,000増加したが，まだ貸方残高なので，当座借越の状態が続いている。

1/18　当座預金勘定が借方残高になったので，当座預金（資産）となる。

3

	借　　　　方		貸　　　　方	
(1)	買　掛　金	345,000	当　座　預　金	180,000
			当　座　借　越	165,000
(2)	当　座　借　越	210,000	売　　上	780,000
	当　座　預　金	570,000		
(3)	当　座　借　越	150,000	売　掛　金	150,000

解説

(1)　当座預金残高を超える金額は当座借越となる。

(2)　当座借越勘定の残高があるので，当座借越の返済後の金額が当座預金となる。

(3)　当座預金への入金額が当座借越勘定の残高より少ないので，全額当座借越の返済にあてられ，当座預金にはならない。

4

	借　　　　方		貸　　　　方	
1/10	仕　入	850,000	当　座　預　金	460,000
			当　座　借　越	390,000
17	当　座　借　越	200,000	売　　上	200,000
25	当　座　借　越	190,000	売　掛　金	400,000
	当　座　預　金	210,000		
31	水　道　光　熱　費	35,000	当　座　預　金	35,000

当 座 預 金		当 座 借 越	
1/1 前期繰越 460,000	1/10 仕　入 460,000	1/17 売　上 200,000	1/10 仕　入 390,000
25 売 掛 金 210,000	31 水道光熱費 35,000	25 売 掛 金 190,000	

当 座 預 金 出 納 帳

令和・○年		摘　　　要	預　入	引　出	借または貸	残　高
1	1	前月繰越	460,000		借	460,000
	10	山形商店に仕入代金支払い　小切手♯13		850,000	貸	390,000
	17	福島商店から売上代金受け取り	200,000		〃	190,000
	25	群馬商店から売掛金回収	400,000		借	210,000
	31	電気料引き落とし		35,000	〃	175,000

解説

当座預金出納帳の「借または貸」の欄が「借」の場合は当座預金を意味し，「貸」の場合は当座借越を意味する。

■検定問題（p.9）

1

	借　　　方		貸　　　方	
(1)	買　掛　金	140,000	当　座　預　金	40,000
			当　座　借　越	100,000
(2)	当　座　借　越	240,000	売　掛　金	390,000
	当　座　預　金	150,000		

第2章　手形取引の記帳

1. 手形取引の基礎

■基本問題（p.11）

1

	借　　　方		貸　　　方	
(1)	受　取　手　形	345,000	売　　　　　上	345,000
(2)	当　座　預　金	345,000	受　取　手　形	345,000
(3)	買　掛　金	185,000	支　払　手　形	185,000
(4)	支　払　手　形	185,000	当　座　預　金	185,000
(5)	仕　　　　　入	420,000	支　払　手　形	300,000
			買　掛　金	120,000

解説

(1) 約束手形を受け取ったら，受取手形（資産）の増加として処理する。

(2) 約束手形が満期となり，入金されたら受取手形（資産）の減少として処理する。

(3) 買掛金の支払いのため約束手形を振り出したら，支払手形（負債）の増加として処理する。

(4) 約束手形が満期となり，当座預金から支払われたら，支払手形（負債）の減少として処理する。

2

	借　　　　方		貸　　　　方	
(1)	仕　　　　　入	200,000	受　取　手　形	200,000
(2)	受　取　手　形	450,000	売　　　　　上	450,000
(3)	当　座　預　金	256,000	受　取　手　形	260,000
	手　形　売　却　損	4,000		

解説

(1) 受け取っていた約束手形（受取手形勘定で処理）を裏書譲渡して，手もとからなくなったので，受取手形勘定の減少（貸方）となる。

(2) 約束手形を受け取ったら，裏書きであっても手形金額を受け取る権利が発生するので，受取手形勘定（資産）の増加として処理する。

(3) 手形の割引は，簿記上，手形を銀行に売却したという考え方で処理する。したがって，受取手形を減少させ，割引料の金額は手形売却損勘定で処理する。

3

	借　　　方		貸　　　方	
5/ 8	仕　　　　　入	345,000	支　払　手　形	345,000
10	当　座　預　金	500,000	受　取　手　形	500,000
15	受　取　手　形	600,000	売　　　　　上	600,000
20	受　取　手　形	380,000	売　　掛　　金	380,000
27	当　座　預　金	377,000	受　取　手　形	380,000
	手　形　売　却　損	3,000		

受 取 手 形 記 入 帳

令和○年		摘　要	金　額	手形種類	手形番号	支払人	振出人または裏書人	振出日		満期日		支払場所	てん末		
													月	日	摘要
3	10	売り上げ	500,000	約手	6	兵庫商店	兵庫商店	3	10	5	10	東西銀行	5	10	入金
5	15	売り上げ	600,000	約手	4	大阪商店	大阪商店	5	15	8	15	南北銀行			
	20	売 掛 金	380,000	約手	10	鳥取商店	奈良商店	4	23	6	23	北東銀行	5	27	割引

支 払 手 形 記 入 帳

令和○年		摘　要	金　額	手形種類	手形番号	受取人	振出人	振出日		満期日		支払場所	てん末		
													月	日	摘要
5	8	仕 入 れ	345,000	約手	3	京都商店	当 店	5	8	8	8	南西銀行			

解説

受取手形および支払手形が増加した場合は，各手形記入帳のてん末欄の前までを記入し，受取手形および支払手形が減少した場合は，てん末欄に記入する。したがって，受取手形記入帳の2行目に記入されている ¥600,000 と支払手形記入帳に記入されている ¥345,000 は，未決済を意味し，受取手形勘定および支払手形勘定の残高と一致する。

1

	借 方		貸 方	
(1)	買 掛 金	410,000	支 払 手 形	410,000
(2)	受 取 手 形	300,000	売 上	580,000
	売 掛 金	280,000		
	発 送 費	40,000	現 金	40,000
(3)	買 掛 金	210,000	受 取 手 形	210,000
(4)	当 座 預 金	582,000	受 取 手 形	600,000
	手 形 売 却 損	18,000		
(5)	買 掛 金	410,000	受 取 手 形	410,000
(6)	当 座 預 金	124,000	受 取 手 形	125,000
	手 形 売 却 損	1,000		
(7)	当 座 預 金	297,000	受 取 手 形	300,000
	手 形 売 却 損	3,000		
(8)	仕 入	680,000	受 取 手 形	250,000
			買 掛 金	430,000
(9)	当 座 預 金	395,000	受 取 手 形	400,000
	手 形 売 却 損	5,000		

2．不渡手形

1

	借 方		貸 方	
(1)	不 渡 手 形	252,000	受 取 手 形	250,000
			現 金	2,000
(2)	現 金	253,000	不 渡 手 形	252,000
			受 取 利 息	1,000
(3)	貸 倒 引 当 金	400,000	不 渡 手 形	400,000
(4)	不 渡 手 形	610,000	当 座 預 金	610,000
(5)	貸 倒 引 当 金	500,000	不 渡 手 形	610,000
	貸 倒 損 失	110,000		

解説

(1) 手形が不渡りになったときは，手形所持人が裏書人または振出人に対して償還請求をする権利があるので，資産の勘定である不渡手形勘定の借方に記入する。償還請求の諸費用は，不渡手形勘定に含める。

(2) 請求金額を受け取ったときは，不渡手形勘定の貸方に記入する。

(3) 不渡手形として償還請求していた金額が，回収不能となったときは，貸し倒れとして処理する。貸倒引当金の残高があるときは，貸倒引当金で充当する。

(4) 裏書譲渡した手形が不渡りになったときは，請求額を，振出人に代わって支払うとともに，振出人に対して支払請求ができる。

(5) 不渡手形を貸し倒れとして処理するさい，貸倒引当金の残高を超える額は貸倒損失とする。

1

	借　　　　方		貸　　　　方	
(1)	不　渡　手　形	614,000	受　取　手　形	610,000
			現　　　　　金	4,000
(2)	貸　倒　引　当　金	254,000	不　渡　手　形	254,000
(3)	貸　倒　引　当　金	170,000	不　渡　手　形	201,000
	貸　倒　損　失	31,000		
(4)	不　渡　手　形	831,000	受　取　手　形	830,000
			現　　　　　金	1,000
(5)	現　　　　　金	733,000	不　渡　手　形	732,000
			受　取　利　息	1,000
(6)	現　　　　　金	554,000	不　渡　手　形	553,000
			受　取　利　息	1,000
(7)	現　　　　　金	200,000	不　渡　手　形	424,500
	貸　倒　引　当　金	150,000		
	貸　倒　損　失	74,500		

3. 手形の書き換え（手形の更改）

1

(1)

	借　　　　方		貸　　　　方	
和歌山商店	支　払　手　形	900,000	支　払　手　形	900,000
	支　払　利　息	18,000	現　　　　　金	18,000
滋賀商店	受　取　手　形	900,000	受　取　手　形	900,000
	現　　　　　金	18,000	受　取　利　息	18,000

(2)

	借　　　　方		貸　　　　方	
広島商店	受　取　手　形	653,000	受　取　手　形	650,000
			受　取　利　息	3,000
山口商店	支　払　手　形	650,000	支　払　手　形	653,000
	支　払　利　息	3,000		

解説

(1) 和歌山商店の仕訳の借方の支払手形は旧手形，貸方の支払手形は新手形である。また，滋賀商店の仕訳の借方の受取手形は新手形，貸方の受取手形は旧手形である。なお，利息は新手形に含めずに現金で受け払いしている。

(2) 新手形に利息を加算する問題であり，広島商店の借方の受取手形が新手形で利息が加算された金額となる。また，山口商店の貸方の支払手形が新手形で利息が加算された金額となる。

2

	借　　　　方		貸　　　　方	
(1)	支　払　手　形	300,000	支　払　手　形	300,000
	支　払　利　息	5,000	現　　　　　金	5,000
(2)	受　取　手　形	510,000	受　取　手　形	500,000
			受　取　利　息	10,000
(3)	支　払　手　形	400,000	支　払　手　形	402,000
	支　払　利　息	2,000		

解説

(1) 借方の支払手形は旧手形，貸方の支払手形は新手形　　(2) 借方の受取手形は新手形，貸方の受取手形は旧手形
　　である。　　　　　　　　　　　　　　　　　　　　　　　　であり，新手形は利息を含めた金額である。

■検定問題（p.19）

1

	借　　　　方		貸　　　　方	
(1)	受　取　手　形	400,000	受　取　手　形	400,000
	現　　　　　金	2,000	受　取　利　息	2,000
(2)	受　取　手　形	1,809,000	受　取　手　形	1,800,000
			受　取　利　息	9,000
(3)	支　払　手　形	300,000	支　払　手　形	306,000
	支　払　利　息	6,000		
(4)	支　払　手　形	500,000	支　払　手　形	500,000
	支　払　利　息	2,000	現　　　　　金	2,000
(5)	受　取　手　形	805,000	受　取　手　形	800,000
			受　取　利　息	5,000
(6)	受　取　手　形	868,000	受　取　手　形	864,000
			受　取　利　息	4,000

9

■基本問題（p.22）

1

	借 方		貸 方	
(1)	前 受 金	150,000	売 上	1,460,000
	売 掛 金	1,310,000		
(2)	電 子 記 録 債 権	1,310,000	売 掛 金	1,310,000
(3)	買 掛 金	390,000	電 子 記 録 債 権	390,000
(4)	当 座 預 金	495,000	電 子 記 録 債 権	500,000
	電子記録債権売却損	5,000		
(5)	当 座 預 金	420,000	電 子 記 録 債 権	420,000

(2)が電子記録債権の発生の仕訳，(3)および(4)が電子記録債権の譲渡の仕訳，(5)が電子記録債権の消滅の仕訳である。

2

	借 方		貸 方	
(1)	仕 入	657,000	買 掛 金	650,000
			現 金	7,000
(2)	買 掛 金	650,000	電 子 記 録 債 務	650,000
(3)	電 子 記 録 債 務	650,000	当 座 預 金	650,000

(2)が電子記録債務の発生の仕訳，(3)が電子記録債務の消滅の仕訳である。

3

	借 方		貸 方	
(1)	クレジット売掛金	223,100	売 上	230,000
	支 払 手 数 料	6,900		
(2)	当 座 預 金	223,100	クレジット売掛金	223,100

解説

(1) 売上代金￥230,000×手数料率3％＝支払手数料￥6,900

　　売上代金￥230,000－支払手数料￥6,900＝クレジット売掛金￥223,100

1

(1) 付記事項の仕訳

	借　　　　　　　方	貸　　　　　　　方
①	当 座 預 金　　　300,000	売 　掛 　金　　　300,000

(2) 決算整理仕訳

	借　　　　　　　方	貸　　　　　　　方
a	貸 倒 引 当 金 繰 入　　　30,000	貸 倒 引 当 金　　　30,000

(3) 貸借対照表に表示される，売上債権に関する金額

	債権金額	貸倒引当金の金額	貸借対照表価額
受 取 手 形	¥　*1,100,000*	¥　*11,000*	¥　*1,089,000*
電 子 記 録 債 権	¥　*2,000,000*	¥　*20,000*	¥　*1,980,000*
売 　　掛 　　金	¥　*3,800,000*	¥　*38,000*	¥　*3,762,000*

解説

(2) 受取手形¥*1,100,000*＋電子記録債権¥*2,000,000*＋売掛金（¥*3,700,000*－¥*300,000*）

＋クレジット売掛金¥*400,000*＝売上債権¥*6,900,000*

売上債権¥*6,900,000*×貸倒実績率1%＝貸倒見積高¥*69,000*

貸倒見積高¥*69,000*－貸倒引当金¥*39,000*＝貸倒引当金繰入額¥*30,000*

(3) 受取手形：債権金額¥*1,100,000*×貸倒実績率1%＝貸倒引当金¥*11,000*

債権金額¥*1,100,000*－貸倒引当金¥*11,000*＝貸借対照表価額¥*1,089,000*

電子記録債権：債権金額¥*2,000,000*×貸倒実績率1%＝貸倒引当金¥*20,000*

債権金額¥*2,000,000*－貸倒引当金¥*20,000*＝貸借対照表価額¥*1,980,000*

売掛金：売掛金（¥*3,700,000*－¥*300,000*）＋クレジット売掛金¥*400,000*＝債権金額¥*3,800,000*

債権金額¥*3,800,000*×貸倒実績率1%＝貸倒引当金¥*38,000*

債権金額¥*3,800,000*－貸倒引当金¥*38,000*＝貸借対照表価額¥*3,762,000*

■基本問題 (p.25)

1

	借　　方		貸　　方	
(1)	有　価　証　券	3,000,000	当　座　預　金	3,000,000
(2)	有　価　証　券	475,000	現　　　金	475,000
(3)	有　価　証　券	1,363,000	現　　　金	1,363,000
(4)	現　　　金	540,000	有　価　証　券	420,000
			有価証券売却益	120,000
(5)	当　座　預　金	1,740,000	有　価　証　券	2,010,000
	有価証券売却損	270,000		
(6)	現　　　金	1,920,000	有　価　証　券	1,880,000
			有価証券売却益	40,000

解説

(1) 取得価額：@¥60,000×50株

(2) 取得価額：$¥500,000 × \dfrac{¥95}{¥100}$

(3) 取得価額：@¥54,000×25株＋¥13,000

(4) 有価証券減少額⇒帳簿価額：15株×@¥28,000
現金受け取り額⇒売却価額：15株×@¥36,000
帳簿価額＜売却価額…有価証券売却益

(5) 有価証券減少額⇒帳簿価額：30株×@¥67,000
当座預金増加額⇒売却価額：30株×@¥58,000
帳簿価額＞売却価額…有価証券売却損

(6) 有価証券減少額⇒帳簿価額：¥1,880,000

現金受け取り額⇒売却価額：$¥2,000,000 × \dfrac{¥96}{¥100}$

帳簿価額＜売却価額…有価証券売却益

2

	借　　方		貸　　方	
(1)	有　価　証　券	5,000,000	当　座　預　金	5,000,000
(2)	現　　　金	2,280,000	有　価　証　券	2,000,000
			有価証券売却益	280,000
(3)	現　　　金	860,000	有　価　証　券	1,000,000
	有価証券売却損	140,000		

解説

(2)・(3)の売却時の有価証券の減少額は，(1)の購入時の単価@¥50,000で計算する。

1

	借　　　方		貸　　　方	
(1)	有 価 証 券	1,600,000	当 座 預 金	1,600,000
(2)	有 価 証 券	2,268,000	当 座 預 金	2,268,000
(3)	当 座 預 金	1,400,000	有 価 証 券	1,200,000
			有価証券売却益	200,000
(4)	現　　　　金	780,000	有 価 証 券	800,000
	有価証券売却損	20,000		
(5)	有 価 証 券	1,980,000	当 座 預 金	1,980,000
(6)	現　　　　金	980,000	有 価 証 券	970,000
			有価証券売却益	10,000
(7)	有 価 証 券	1,723,000	当 座 預 金	1,723,000
(8)	当 座 預 金	1,200,000	有 価 証 券	1,125,000
			有価証券売却益	75,000

第5章　個人企業の純資産の記帳

■基本問題（p.27）

1

	借　　　方		貸　　　方	
(1)	現　　　　金	700,000	資 本 金	700,000
(2)	資 本 金	50,000	現　　　　金	50,000
(3)	資 本 金	30,000	現　　　　金	10,000
			仕　　　　入	20,000

解説

(2)・(3)の借方は資本金勘定または引出金勘定で処理するが，本問では問題文に「引出金勘定は用いないで処理すること」と指示されているので，資本金勘定でないと誤答となる。

(3)　商品を私用に持ち出した場合，商品に関する勘定は3分法によるので，仕入勘定を用いて処理する。

2

	借　　　方		貸　　　方	
(1)	引 出 金	35,000	現　　　　金	35,000
(2)	引 出 金	15,000	仕　　　　入	15,000
(3)	資 本 金	50,000	引 出 金	50,000

解説

(3)　この問題は連続問題である。引出金勘定を用いて処理している場合，決算時に引出金の整理をおこない，資本金勘定を減少させる。

3

	期首純資産	追加元入	引出金	収益総額	費用総額	当期純利益	期末純資産
(1)	500,000	100,000	20,000	680,000	420,000	**260,000**	**840,000**
(2)	625,000	**120,000**	16,000	894,000	**696,000**	198,000	927,000
(3)	**1,330,000**	200,000	35,000	**1,055,000**	710,000	345,000	1,840,000
(4)	3,500,000	400,000	**200,000**	3,450,000	2,830,000	**620,000**	4,320,000

解説

次の関係性から，それぞれの金額を算出する。

■検定問題（p.28）

1

	借　　　方		貸　　　方	
(1)	資本金または引出金	90,000	現　　　金	90,000
(2)	資本金または引出金	6,000	仕　　　入	6,000
(3)	資本金または引出金	72,000	現　　　金	72,000
(4)	資本金または引出金	15,000	仕　　　入	15,000
(5)	現　　　金	850,000	資　本　金	850,000
(6)	現　　　金	800,000	資　本　金	800,000

解説

(1)〜(4)の借方の勘定科目は，検定では勘定科目指定になっているので，勘定科目一覧にどちらがあるか確認して解答すること。

第6章　個人企業の税金の記帳

■基本問題（p.30）

1

固定資産税	所　得　税	印　紙　税	住　民　税	事　業　税
○	×	○	×	○

2

	借　　　方		貸　　　方	
7/26	資本金または引出金	130,000	現　　　金	130,000
11/22	資本金または引出金	130,000	現　　　金	130,000
3/15	資本金または引出金	140,000	現　　　金	140,000

所得税は税法上，費用として認められないので，資本金の減少または引出金勘定で処理する。

予定納税制度とは，前年度の税額が15万円以上の場合，その年の所得税の一部をあらかじめ納付する制度である。

1年分の税額を第1期・第2期・確定申告時の3回に分けて支払うもので，第1期・第2期は「予定納税」といわれる。

3

	借　　　方		貸　　　方	
(1)	資本金または引出金	*50,000*	現　　　金	*50,000*
(2)	資本金または引出金	*50,000*	現　　　金	*50,000*

解説

住民税は税法上，費用として認められないので，資本金の減少または引出金勘定で処理する。

住民税の納税は6月・8月・10月・1月の4回分割と6月の一括が選択できる。

4

	借　　　方		貸　　　方	
(1)	租税公課または事業税	*100,000*	現　　　金	*100,000*
(2)	租税公課または固定資産税	*80,000*	現　　　金	*80,000*
(3)	租税公課または印紙税	*7,000*	現　　　金	*7,000*

解説

(1) 事業税の納税は8月・11月の2回に分けておこなう（税額が1万円以下の場合は8月に一括納付する）。

(2) 固定資産税は4月・7月・12月・2月など，4回に分けて納税する。

(3) 印紙税は収入印紙を購入することで税金の納付となる。収入印紙購入時に通信費としないよう注意する。

5

	借　　　方		貸　　　方	
(1)	仕　　　　　入	*250,000*	現　　　金	*275,000*
	仮 払 消 費 税	*25,000*		
(2)	現　　　　　金	*440,000*	売　　　上	*400,000*
			仮 受 消 費 税	*40,000*
(3)	仮 受 消 費 税	*40,000*	仮 払 消 費 税	*25,000*
			未 払 消 費 税	*15,000*
(4)	未 払 消 費 税	*15,000*	現　　　金	*15,000*

解説

(1) 支払額¥275,000には消費税¥25,000が含まれているので，商品の仕入原価は¥250,000となる。

(2) 受取額¥440,000には消費税¥40,000が含まれているので，商品の販売価格は¥400,000となる。

(3) 決算時に仮受消費税と仮払消費税を相殺し，差額を未払消費税とし，後日，確定申告をして納税する。

(4) 確定申告（3月末まで）をして(3)の決算時に計上した未払消費税を納税する。

1

	借　　　　方		貸　　　　方	
(1)	租税公課または固定資産税	120,000	現　　　　金	120,000
(2)	資本金または引出金	34,000	現　　　　金	34,000
(3)	仕　　　　　入	300,000	買　掛　金	330,000
	仮　払　消　費　税	30,000		
(4)	売　　掛　　金	264,000	売　　　　上	240,000
			仮　受　消　費　税	24,000
(5)	租税公課または固定資産税	180,000	現　　　　金	180,000
(6)	租税公課または印紙税	6,000	現　　　　金	6,000

解説

検定では勘定科目指定になっているので，勘定科目一覧にどちらがあるか確認して解答すること。

第7章　訂正仕訳

1

	借　　　　方		貸　　　　方	
(1)	買　掛　金	150,000	仕　　　　入	150,000
	備　　　品	150,000	未　払　金	150,000
(2)	売　　　　上	170,000	売　掛　金	170,000
	買　掛　金	170,000	仕　　　　入	170,000
(3)	売　　　　上	100,000	売　掛　金	100,000
(4)	現　金　過　不　足	6,000	現　　　　金	6,000

解説

(1)(2) 誤った仕訳の反対仕訳と正しい仕訳が解答となる。

(3)
①誤った仕訳の反対仕訳
(借)売　　上　100,000　(貸)現　　金　100,000
②正しい仕訳
(借)現　　金　100,000　(貸)売 掛 金　100,000
①，②の仕訳をあわせ，現金を相殺すると解答となる。
【別解】
(借)売　　上 100,000　(貸)現　　金 100,000
　　現　　金 100,000　　　売 掛 金 100,000

(4)
①誤った仕訳の反対仕訳
(借)現金過不足　3,000　(貸)現　　金 3,000
②正しい仕訳
(借)現金過不足　3,000　(貸)現　　金 3,000
①，②の仕訳をあわせ，現金過不足と現金を合算すると解答となる。

1

	借　　　方		貸　　　方	
(1)	発　送　費	16,000	雑　　　費	16,000
(2)	売　掛　金	200,000	前　受　金	200,000
(3)	備　　　品	300,000	消　耗　品　費	300,000
(4)	前　払　金	200,000	買　掛　金	200,000
(5)	売　　　上	50,000	売　掛　金	50,000
	買　掛　金	50,000	仕　　　入	50,000
(6)	前　受　金	100,000	売　掛　金	100,000
(7)	買　掛　金	270,000	仕　　　入	270,000
(8)	現　　　金	8,000	現　金　過　不　足	8,000
(9)	現　金　過　不　足	2,700	売　　　上	2,700

(1)
① 誤った仕訳の反対仕訳
(借)現　　　金　16,000　(貸)雑　　　費　16,000
② 正しい仕訳
(借)発　送　費　16,000　(貸)現　　　金　16,000
①，②の仕訳をあわせ，現金を相殺すると解答となる。
【別解】
(借)現　　　金　16,000　(貸)雑　　　費　16,000
　　発　送　費　16,000　　　現　　　金　16,000

(2) 誤って仕訳した売掛金の回収の処理を反対側（借方）に仕訳して消滅させ，正しい処理である内金（前受金）を貸方に仕訳する。

(3) 誤って仕訳した消耗品購入の処理を反対側（貸方）に仕訳して消滅させ，正しい処理である備品を借方に仕訳する。

(4)
① 誤った仕訳
(借)買　掛　金　200,000　(貸)当 座 預 金　200,000
② 誤った仕訳の反対仕訳
(借)当 座 預 金　200,000　(貸)買　掛　金　200,000
③ 正しい仕訳
(借)前　払　金　200,000　(貸)当 座 預 金　200,000
②，③の仕訳をあわせ，当座預金を相殺すると解答となる。
【別解】
(借)当 座 預 金　200,000　(貸)買　掛　金　200,000
　　前　払　金　200,000　　　当 座 預 金　200,000

(5)
① 誤った仕訳
(借)売　掛　金　50,000　(貸)売　　　上　50,000
② 誤った仕訳の反対仕訳
(借)売　　　上　50,000　(貸)売　掛　金　50,000
③ 正しい仕訳
(借)買　掛　金　50,000　(貸)仕　　　入　50,000
②，③の仕訳が解答となる。

(6)
① 誤った仕訳
(借)現　　　金　160,000　(貸)前 受 金　160,000
② 誤った仕訳の反対仕訳
(借)前 受 金　160,000　(貸)現　　　金　160,000
③ 正しい仕訳
(借)現　　　金　160,000　(貸)前 受 金　60,000
　　　　　　　　　　　　　　　売　掛　金　100,000
②，③の仕訳をあわせ，現金を相殺し，前受金を差引額にすると解答となる。
【別解】−1
(借)前 受 金　100,000　(貸)現　　　金　100,000
　　現　　　金　100,000　　　売　掛　金　100,000
【別解】−2
(借)前 受 金　160,000　(貸)現　　　金　160,000
　　現　　　金　160,000　　　前 受 金　60,000
　　　　　　　　　　　　　　　売　掛　金　100,000

(7)
① 誤った仕訳
(借)仕　　　入　630,000　(貸)買　掛　金　630,000
② 誤った仕訳の反対仕訳
(借)買　掛　金　630,000　(貸)仕　　　入　630,000
③ 正しい仕訳
(借)仕　　　入　360,000　(貸)買　掛　金　360,000
②，③の仕訳をあわせ，買掛金と仕入を差引額にすると解答となる。
【別解】
(借)買　掛　金　630,000　(貸)仕　　　入　630,000
　　仕　　　入　360,000　　　買　掛　金　360,000

(8)
① 誤った仕訳の反対仕訳
(借)現　　　金　4,000　(貸)現金過不足　4,000
② 正しい仕訳
(借)現　　　金　4,000　(貸)現金過不足　4,000
①，②の仕訳をあわせ，現金と現金過不足を合算すると解答となる。

(9) 現金過剰時の仕訳
(借)現　　　金　2,700　(貸)現金過不足　2,700
現金過不足の原因は売上の仕訳の金額間違い
→売上を¥76,900から¥79,600に訂正
→売上を¥2,700増やす
(借)現金過不足　2,700　(貸)売　　　上　2,700

■基本問題（p.36）

1

	借　　　　方	貸　　　　方
(1)	減 価 償 却 費　　180,000	備　　　　品　　180,000
(2)	減 価 償 却 費　　180,000	備品減価償却累計額　180,000

2

	借　　　　方	貸　　　　方
(1)	減 価 償 却 費　　300,000	備品減価償却累計額　300,000
(2)	損　　　　　益　　300,000	減 価 償 却 費　　300,000

備　　　品

1/ 1 前 期 繰 越	3,000,000	12/31 次 期 繰 越	3,000,000
1/ 1 前 期 繰 越	3,000,000		

備品減価償却累計額

12/31 次 期 繰 越	1,500,000	1/ 1 前 期 繰 越	1,200,000
		12/31 減 価 償 却 費	300,000
	1,500,000		1,500,000
		1/ 1 前 期 繰 越	1,500,000

減 価 償 却 費

12/31 備品減価償却累計額	300,000	12/31 損　　　　益	300,000

損　　　　益

12/31 減 価 償 却 費	300,000		

3

	第 1 期	第 2 期	第 3 期
減 価 償 却 費	¥　250,000	¥　250,000	¥　250,000
備品減価償却累計額	¥　250,000	¥　500,000	¥　750,000

解説

毎期の減価償却費（定額法）

$$\frac{¥2,500,000 - ¥0}{10年} = ¥250,000$$

備品減価償却累計額

第 1 期…¥250,000

第 2 期…¥250,000 + ¥250,000 = ¥500,000

第 3 期…¥500,000 + ¥250,000 = ¥750,000

4

	借　　　　方		貸　　　　方	
(1)	減価償却費	375,000	備品減価償却累計額	375,000
(2)	損　　　益	375,000	減価償却費	375,000

（¥2,000,000 － ¥500,000）×25% ＝ ¥375,000

5

	第1期	第2期	第3期
減　価　償　却　費	¥　500,000	¥　400,000	¥　320,000
備品減価償却累計額	¥　500,000	¥　900,000	¥　1,220,000

第1期　減価償却費　¥2,500,000×20% ＝ ¥500,000

　　　　備品減価償却累計額　¥500,000

第2期　減価償却費（¥2,500,000 － ¥500,000）×20% ＝ ¥400,000

　　　　備品減価償却累計額　¥500,000 ＋ ¥400,000 ＝ ¥900,000

第3期　減価償却費（¥2,500,000 － ¥900,000）×20% ＝ ¥320,000

　　　　備品減価償却累計額　¥900,000 ＋ ¥320,000 ＝ ¥1,220,000

6

(1)	¥ 450,000	(2)	¥ 350,000	(3)	¥ 225,000

解説

(1)　$\dfrac{¥15,000,000 － ¥1,500,000}{30年} ＝ ¥450,000$

(2)　$\dfrac{¥2,800,000 － ¥0}{8年} ＝ ¥350,000$

(3)　（¥1,200,000 － ¥300,000）×25% ＝ ¥225,000

1

借　　　　方		貸　　　　方	
減 価 償 却 費	*1 460,000	備品減価償却累計額	460,000

損　益　計　算　書

沖縄商店　　　　　　令和○年1月1日から令和○年12月31日まで　　　　　　（単位：円）

費　　　　用	金　　額	収　　　　益	金　　額
（減 価 償 却 費）	460,000		

貸　借　対　照　表

沖縄商店　　　　　　　　　令和○年12月31日　　　　　　　　　（単位：円）

資　　　　産	金　　額	負債および純資産	金　　額
備　　　品　（　2,300,000）			
減価償却累計額△（ *2 1,380,000）	920,000		

解説

*1　減価償却費
$$\frac{¥2,300,000 - ¥0}{5\,年} = ¥460,000$$

*2　減価償却累計額
$$¥920,000 + ¥460,000 = ¥1,380,000$$

貸借対照表の備品の減価償却累計額に460,000と記入しないように注意する。

2

借　　　　方		貸　　　　方	
減 価 償 却 費	*1 180,000	備品減価償却累計額	180,000

損　益　計　算　書

九州商店　　　　　　令和○年1月1日から令和○年12月31日まで　　　　　　（単位：円）

費　　　　用	金　　額	収　　　　益	金　　額
（減 価 償 却 費）	180,000		

貸　借　対　照　表

九州商店　　　　　　　　　令和○年12月31日　　　　　　　　　（単位：円）

資　　　　産	金　　額	負債および純資産	金　　額
備　　　品　（　1,280,000）			
減価償却累計額△（ *2 740,000）	540,000		

解説

*1　減価償却費
（¥1,280,000 − ¥560,000）×25% = ¥180,000

*2　減価償却累計額
¥560,000 + ¥180,000 = ¥740,000

■基本問題（p.40）

1

	借　　　方		貸　　　方	
10/19	有 価 証 券	1,440,000	当 座 預 金	1,440,000
12/31	有価証券評価損	80,000*1	有 価 証 券	80,000
〃	損　　　　　益	80,000	有価証券評価損	80,000

有 価 証 券

10/19 当 座 預 金 **1,440,000**		12/31 有価証券評価損　**80,000**	
		〃　　次 期 繰 越　**1,360,000***1	
1,440,000		**1,440,000**	
1/1 前 期 繰 越 **1,360,000**			

有価証券評価損

12/31 有 価 証 券　**80,000**		12/31 損　　　　　益　**80,000**	

損　　　　　益

12/31 有価証券評価損　**80,000**	

解説

＊1　時価による評価額

$$@¥6,800 × 200株 = ¥1,360,000$$

評価替え ¥1,440,000 ⟶ ¥1,360,000
（帳簿）　　評価損　（時価）
△¥80,000

2

	借　　　方		貸　　　方	
12/31	有 価 証 券	70,000	有価証券評価益	70,000*1
〃	有価証券評価益	70,000	損　　　　　益	70,000

有 価 証 券

	650,000	12/31 次 期 繰 越　**720,000**	
12/31 有価証券評価益 **70,000**			
720,000		**720,000**	
1/1 前 期 繰 越 **720,000**			

有価証券評価益

12/31 損　　　　　益　**70,000**		12/31 有 価 証 券　**70,000**	

損　　　　　益

	12/31 有価証券評価益　**70,000**

解説

＊1　$(@¥7,200 - @¥6,500) × 100株 = ¥70,000$……有価証券評価益

3

	借　　　方		貸　　　方	
(1)	有 価 証 券	150,000	有価証券評価益	150,000
(2)	有価証券評価損	105,000	有 価 証 券	105,000
(3)	有価証券評価損	90,000	有 価 証 券	90,000
(4)	有 価 証 券	40,000	有価証券評価益	40,000

解説

(4)　$¥4,000,000 × \dfrac{¥97 - ¥96}{¥100} = ¥40,000$……評価益

時価が帳簿価額より低ければ有価証券評価損となり，高ければ有価証券評価益となる。

株式と公社債とで計算方法の違いに注意すること。

4

	借 方		貸 方	
4/ 1	有 価 証 券	3,870,000 *1	当 座 預 金	3,870,000
9/30	現 金	1,400,000 *2	有 価 証 券	1,290,000 *3
			有価証券売却益	110,000 *4
12/31	有 価 証 券	100,000	有価証券評価益	100,000 *5
〃	有価証券売却益	110,000	損 益	210,000
	有価証券評価益	100,000		

有 価 証 券

4/ 1 当 座 預 金	3,870,000	9/30 現 金	1,290,000
12/31 有価証券評価益	100,000	12/31 次 期 繰 越	2,680,000
	3,970,000		3,970,000

有価証券売却益

12/31 損 益	110,000	9/30 現 金	110,000

有価証券評価益

12/31 損 益	100,000	12/31 有 価 証 券	100,000

解説

* 1　@¥6,400×600株＋¥30,000＝¥3,870,000
　　¥3,870,000÷600株＝@¥6,450（帳簿価額）
* 2　現金受取額
　　@¥7,000×200株＝¥1,400,000

* 3　売却した株式の帳簿価額
　　@¥6,450×200株＝¥1,290,000
* 4　有価証券売却益
　　¥1,400,000－¥1,290,000＝¥110,000
* 5　(@¥6,700－@¥6,450)×400株＝¥100,000

■検定問題 (p.42)

1

借 方		貸 方	
有 価 証 券	120,000	有価証券評価益	120,000

損 益 計 算 書

沖縄商店　　　　　令和○年1月1日から令和○年12月31日まで　　　　（単位：円）

費 用	金 額	収 益	金 額
		（有価証券評価益）	120,000

貸 借 対 照 表

沖縄商店　　　　　　　　令和○年12月31日　　　　　　　　（単位：円）

資 産	金 額	負債および純資産	金 額
（有 価 証 券）	1,710,000		

解説

帳簿価額　¥1,590,000（@¥5,300×300株）
時　　価　¥1,710,000（@¥5,700×300株）　評価益¥120,000

2

借 方		貸 方	
有価証券評価損	40,000	有 価 証 券	40,000

解説

帳簿価額　¥1,440,000 ────────┐
時　　価　@¥70,000×20株＝¥1,400,000 ◄─── └─ 評価損△¥40,000

第3章　費用・収益の繰り延べ

■基本問題（p.45）

1

	借　　　方		貸　　　方	
5/1	保　険　料	60,000	現　　　金	60,000
12/31	前 払 保 険 料	20,000	保　険　料	20,000
〃	損　　　益	40,000	保　険　料	40,000
1/1	保　険　料	20,000	前 払 保 険 料	20,000

保　険　料

5/1 現　　金	60,000	12/31 前払保険料	20,000*1
		〃 損　　益	40,000*2
	60,000		60,000
1/1 前払保険料	20,000		

前 払 保 険 料

12/31 保 険 料	20,000	12/31 次 期 繰 越	20,000
1/1 前 期 繰 越	20,000	1/1 保 険 料	20,000

損　　　益

12/31 保 険 料	40,000	

解説

・前払保険料

　　　　5/1　支払高　¥60,000

当期分　¥40,000　　　次期分　¥20,000
　　↓　　　　　　決算　　　↓
損益勘定に振替　　　前払保険料勘定に振替

前払高　¥60,000×\dfrac{4か月}{12か月}＝¥20,000

次期分は，前払保険料勘定（資産の勘定）で次期に繰り越し，期首に保険料勘定に振り戻す。

保険料勘定 ─► 次期分　前払保険料勘定 ¥20,000*1
　¥60,000　└─► 当期分　損益勘定　　　　¥40,000*2

2

	借 方		貸 方	
8/ 5	消 耗 品 費	70,000	現　　　　金	70,000
12/31	消　耗　品	15,000	消 耗 品 費	15,000
〃	損　　　　益	55,000	消 耗 品 費	55,000
1/ 1	消 耗 品 費	15,000	消　耗　品	15,000

消　耗　品　費

8/ 5 現　　金 70,000		12/31 消 耗 品	15,000*1
		〃 損　　益	55,000*2
70,000		70,000	
1/ 1 消 耗 品 15,000			

消　耗　品

12/31 消耗品費 15,000	12/31 次期繰越	15,000
1/ 1 前期繰越 15,000	1/ 1 消耗品費	15,000

損　　　益

12/31 消耗品費 55,000	

解説

　消耗品を買い入れた時は，1年以内（当期中）に使用してしまうことを前提に費用として処理をする。しかし，決算時に未使用分があった場合は，消耗品費勘定から消耗品勘定（資産の勘定）に振り替える。

消耗品費勘定　　未使用分　消耗品勘定 ¥15,000*1
　¥70,000　　　　使用分　　損益勘定　 ¥55,000*2

3

	借 方		貸 方	
9/ 1	現　　　　金	480,000	受 取 家 賃	480,000
12/31	受 取 家 賃	160,000	前 受 家 賃	160,000
〃	受 取 家 賃	320,000	損　　　　益	320,000
1/ 1	前 受 家 賃	160,000	受 取 家 賃	160,000

受　取　家　賃

12/31 前受家賃 160,000		9/ 1 現　　金 480,000
〃 損　　益 320,000		
480,000		480,000
		1/ 1 前受家賃 160,000

前　受　家　賃

12/31 次期繰越 160,000	12/31 受取家賃	160,000
1/ 1 受取家賃 160,000	1/ 1 前期繰越	160,000

損　　　益

	12/31 受取家賃 320,000

解説

・前受家賃

9/1　受取高　¥480,000

9	10	11	12	1	2

当期分　決算　次期分(2か月)　　¥480,000 × $\frac{2か月}{6か月}$ = ¥160,000

　↓　　　　　　↓
損益勘定に振替　前受家賃勘定に振替
¥320,000　　　¥160,000

9月1日からの6か月分とは，翌期の2月末までであるため，2か月分が前受家賃となる。

受取家賃　　次期分　前受家賃勘定　¥160,000
¥480,000　　当期分　損益勘定　　　¥320,000

4

	借　　　　　方		貸　　　　　方	
9/ 3	消 耗 品 費	120,000	現　　　　　金	120,000
12/31	消 耗 品	38,000	消 耗 品 費	38,000
〃	損　　　　　益	82,000	消 耗 品 費	82,000
1/ 1	消 耗 品 費	38,000	消 耗 品	38,000

消 耗 品 費

9/ 3 現　　金	120,000	12/31 消 耗 品	38,000
		〃 損　　益	82,000
	120,000		120,000
1/ 1 消 耗 品	38,000		

消 耗 品

12/31 消耗品費	38,000	12/31 次 期 繰 越	38,000
1/ 1 前 期 繰 越	38,000	1/ 1 消耗品費	38,000

損　　益

		12/31 消 耗 品 費	82,000

5

	借　　　　　方		貸　　　　　方	
7/ 1	現　　　　　金	360,000	受 取 地 代	360,000
12/31	受 取 地 代	180,000	前 受 地 代	180,000
〃	受 取 地 代	180,000	損　　　　　益	180,000
1/ 1	前 受 地 代	180,000	受 取 地 代	180,000

受 取 地 代

12/31 前 受 地 代	180,000	7/ 1 現　　金	360,000
〃 損　　益	180,000		
	360,000		360,000
		1/ 1 前 受 地 代	180,000

前 受 地 代

12/31 次 期 繰 越	180,000	12/31 受 取 地 代	180,000
1/ 1 受 取 地 代	180,000	1/ 1 前 期 繰 越	180,000

損　　益

		12/31 受 取 地 代	180,000

• 前受地代

7/1 受取高　¥360,000（1年分）

| 7 | 8 | 9 | 10 | 11 | 12 | 1 | 2 | 3 | 4 | 5 | 6 |

当期分　　　　決算　　次期分(6か月)　　$¥360,000 × \dfrac{6か月}{12か月} = ¥180,000$

↓　　　　　　　　　↓

損益勘定に振替　　　前受地代勘定に振替

¥180,000　　　　　¥180,000

7月1日からの1年分とは翌期の6月末までであるため，6か月分が前受地代となる。

受取地代　　次期分　前受地代勘定　¥180,000
¥360,000　　当期分　損益勘定　　　¥180,000

26

6

	借　　方		貸　　方	
a	受 取 手 数 料	50,000	前 受 手 数 料	50,000
b	受 取 家 賃	200,000	前 受 家 賃	200,000
c	前 払 保 険 料	6,000	保 険 料	6,000
d	消 耗 品	30,000	消 耗 品 費	30,000
e	前 払 利 息	20,000	支 払 利 息	20,000

解説

- 図を書いて, 前受高や前払高の月数を確実に理解しよう。

b. 前受家賃

¥600,000（1年分）

| 5 | 6 | 7 | 8 | 9 | 10 | 11 | 12 | 1 | 2 | 3 | 4 |

決算　前受高　$¥600,000 \times \dfrac{4か月}{12か月} = ¥200,000$

c. 前払保険料

¥36,000（1年分）

| 3 | 4 | 5 | 6 | 7 | 8 | 9 | 10 | 11 | 12 | 1 | 2 |

決算　前払高　$¥36,000 \times \dfrac{2か月}{12か月} = ¥6,000$

7

損 益 計 算 書

○○商店　　　　令和○年1月1日から令和○年12月31日まで　　　　　（単位：円）

費　　用	金　　額	収　　益	金　　額
保 険 料	36,000	受 取 手 数 料	150,000
消 耗 品 費	110,000	（受 取 家 賃）	600,000
支 払 利 息	40,000		

貸 借 対 照 表

○○商店　　　　令和○年12月31日　　　　（単位：円）

資　　産	金　　額	負債および純資産	金　　額
消 耗 品	30,000	（前 受 手 数 料）	50,000
（前 払 保 険 料）	6,000	（前 受 家 賃）	200,000
（前 払 利 息）	20,000		

解説

繰り延べの勘定は, 資産または負債になるので貸借対照表に記載する。

❶

	借　　　　方		貸　　　　方	
a	消　耗　品	*29,000*	消　耗　品　費	*29,000*
b	受　取　手　数　料	*32,000*	前　受　手　数　料	*32,000*
c	受　取　地　代	*20,000*	前　受　地　代	*20,000*
d	前　払　家　賃	*180,000*	支　払　家　賃	*180,000*
e	前　払　保　険　料	*65,000*	保　　険　　料	*65,000*

解説

c. 前受地代

$$¥60,000 × \frac{4か月}{12か月} = ¥20,000$$

e. 前払保険料

$$¥195,000 × \frac{4か月}{12か月} = ¥65,000$$

d. 前払家賃

$$¥360,000 × \frac{3か月}{6か月} = ¥180,000$$

　cとeは1年分であるのに対し，dは6か月分であること
に注意する。

❷

損　益　計　算　書

○○商店	令和○年1月1日から令和○年12月31日まで		（単位：円）	
費　　　　　用		金　　　額	収　　　　　益	金　　　額
支　払　家　賃		*720,000*	受　取　手　数　料	*64,000*
保　　険　　料		*194,000*	（受　取　地　代）	*40,000*
消　耗　品　費		*139,000*		

貸　借　対　照　表

○○商店	令和○年12月31日		（単位：円）	
資　　　　　産		金　　　額	負債および純資産	金　　　額
消　耗　品		*29,000*	（前　受　手　数　料）	*32,000*
（前　払　家　賃）		*180,000*	（前　受　地　代）	*20,000*
（前　払　保　険　料）		*65,000*		

■基本問題（p.52）

1

	借　　　方		貸　　　方	
10/31	広　告　料	180,000	現　　　金	180,000
12/31	広　告　料	60,000	未 払 広 告 料	60,000
〃	損　　　益	240,000	広　告　料	240,000
1/1	未 払 広 告 料	60,000	広　告　料	60,000
4/30	広　告　料	180,000	現　　　金	180,000

	広　　告　　料		
10/31 現　　金	180,000	12/31 損　　益	240,000
12/31 未払広告料	60,000		
	240,000		240,000
4/30 現　　金	180,000	1/1 未払広告料	60,000

	未 払 広 告 料		
12/31 次 期 繰 越	60,000	12/31 広 告 料	60,000
1/1 広 告 料	60,000	1/1 前 期 繰 越	60,000

	損　　　　益	
12/31 広　告　料 240,000		

• 未払広告料

損益勘定に振替(当期の費用)

10/31　支払高
¥180,000

未払高　決算
¥60,000

4/30　支払高
¥180,000

解説

見越し計上は，費用・収益に加算することになる。

1月1日時点の広告料はマイナスからのスタート(貸方残高)となっており，4月30日に支払った額との差額が当期の費用である。（4月30日時点での費用発生額は¥180,000 − ¥60,000 = ¥120,000である。）

○　10/31　支払分（5月〜10月分）

•　4/30　支払分（11月〜4月分）

2

	借　　　方		貸　　　方	
12/31	未 収 家 賃	100,000	受 取 家 賃	100,000
〃	受 取 家 賃	500,000	損　　　益	500,000
1/1	受 取 家 賃	100,000	未 収 家 賃	100,000
3/31	現　　　金	400,000	受 取 家 賃	400,000

	受　取　家　賃		
12/31 損　　益	500,000	（既収分）	400,000
		12/31 未収家賃	100,000
	500,000		500,000
1/1 未収家賃	100,000	3/31 現　　金	400,000

	未 収 家 賃		
12/31 受取家賃	100,000	12/31 次 期 繰 越	100,000
1/1 前 期 繰 越	100,000	1/1 受取家賃	100,000

	損　　　　益	
		12/31 受取家賃 500,000

3

	借　　　　方		貸　　　　方	
11/30	現　　　　　　金	240,000	受　取　家　賃	240,000
12/31	未　収　家　賃	80,000*¹	受　取　家　賃	80,000
〃	受　取　家　賃	320,000	損　　　　　　益	320,000
1/ 1	受　取　家　賃	80,000	未　収　家　賃	80,000
2/28	現　　　　　　金	240,000	受　取　家　賃	240,000

受　取　家　賃			
12/31 損　　益 320,000	11/30 現　　　金 240,000		
	12/31 未 収 家 賃 80,000		
320,000	320,000		
1/ 1 未 収 家 賃 80,000	2/28 現　　　金 240,000		

未　収　家　賃	
12/31 受取家賃 80,000	12/31 次 期 繰 越 80,000
1/ 1 前 期 繰 越 80,000	1/ 1 受取家賃 80,000

損　益
	12/31 受取家賃 320,000

解説

　当期分の受取家賃として損益勘定に振り替えるのは，11月30日に受け取った3か月分（9月・10月・11月分）¥240,000と，未収分である1か月分(12月分)¥80,000をあわせた¥320,000である。

*1　未収高(12月分)
$$¥240,000 \times \frac{1か月}{3か月} = ¥80,000$$

・未収家賃
損益勘定に振替

○　11/30　受取分（9月・10月・11月分）
・　2 /28　受取分(12月・1月・2月分)

4

	借　　　　方		貸　　　　方	
a	未 収 手 数 料	50,000	受 取 手 数 料	50,000
b	未　収　家　賃	200,000	受　取　家　賃	200,000
c	広　　告　　料	170,000	未 払 広 告 料	170,000
d	支　払　利　息	64,000	未　払　利　息	64,000

解説

b. 未収家賃

d. 未払利息

5

損 益 計 算 書

○○商店　　令和○年1月1日から令和○年12月31日まで　　（単位：円）

費　　用	金　　額	収　　益	金　　額
広　告　料	*1,020,000*	受　取　手　数　料	*250,000*
支　払　利　息	*192,000*	受　取　家　賃	*800,000*

貸 借 対 照 表

○○商店　　令和○年12月31日　　（単位：円）

資　　産	金　　額	負債および純資産	金　　額
（未　収　手　数　料）	*50,000*	（未　払　広　告　料）	*170,000*
（未　収　家　賃）	*200,000*	（未　払　利　息）	*64,000*

 解説

見越しの勘定は，資産または負債であり，貸借対照表に記載する。

継続的な契約が前提だから，これから財やサービスの提供が受けられる場合が資産で，その逆が負債ということになるね。

■検定問題　（p.55）

1

	借　　　　　方		貸　　　　　方	
a	未　収　手　数　料	*14,000*	受　取　手　数　料	*14,000*
b	未　収　利　息	*27,000*	受　取　利　息	*27,000*
c	支　払　家　賃	*76,000*	未　払　家　賃	*76,000*
d	支　払　利　息	*5,000*	未　払　利　息	*5,000*

解説

b. 未収利息

$$¥36,000 × \frac{9か月}{12か月} = ¥27,000$$

c. 当期の費用・収益が発生しているが，まだ支払いや受け取りをしていない分を，当期の費用・収益に加えることを見越し計上という。

2

損　益　計　算　書

○○商店　　　令和○年1月1日から令和○年12月31日まで　　　（単位：円）

費　　　用	金　　額	収　　　益	金　　額
支 払 家 賃	912,000	受 取 手 数 料	76,000
支 払 利 息	15,000	（受 取 利 息）	27,000

貸　借　対　照　表

○○商店　　　令和○年12月31日　　　（単位：円）

資　　　産	金　　額	負債および純資産	金　　額
貸 付 金	1,200,000	借 入 金	250,000
（未 収 手 数 料）	14,000	（未 払 家 賃）	76,000
（未 収 利 息）	27,000	（未 払 利 息）	5,000

第5章　精算表の作成

■基本問題（p.57）

1

(1)

精　算　表

令和○年12月31日

勘 定 科 目	残高試算表 借 方	残高試算表 貸 方	整 理 記 入 借 方	整 理 記 入 貸 方	損益計算書 借 方	損益計算書 貸 方	貸借対照表 借 方	貸借対照表 貸 方
⋮								
備　　　品	500,000						500,000	
備品減価償却累計額		180,000		64,000				244,000
⋮								
（減 価 償 却 費）			64,000		64,000			

(2)

勘 定 科 目	残高試算表 借 方	残高試算表 貸 方	整 理 記 入 借 方	整 理 記 入 貸 方	損益計算書 借 方	損益計算書 貸 方	貸借対照表 借 方	貸借対照表 貸 方
⋮								
有 価 証 券	2,000,000			150,000			1,850,000	
⋮								
（有価証券評価損）			150,000		150,000			

32

(3)

勘定科目	残高試算表 借方	残高試算表 貸方	整理記入 借方	整理記入 貸方	損益計算書 借方	損益計算書 貸方	貸借対照表 借方	貸借対照表 貸方
⋮								
保　険　料	240,000			80,000	160,000			
⋮								
（前払保険料）			80,000				80,000	

(4)

勘定科目	残高試算表 借方	残高試算表 貸方	整理記入 借方	整理記入 貸方	損益計算書 借方	損益計算書 貸方	貸借対照表 借方	貸借対照表 貸方
⋮								
資　本　金		500,000	10,000					490,000
引　出　金	10,000			10,000				

解説

(1) (借)減価償却費 64,000　(貸)備品減価償却累計額 64,000

（￥500,000 − ￥180,000）× 20% = ￥64,000

(2) (借)有価証券評価損 150,000　(貸)有価証券 150,000

￥2,000,000 ⟶ ￥1,850,000

評価損△￥150,000

(3) (借)前払保険料 80,000　(貸)保　険　料 80,000

(4) (借)資　本　金 10,000　(貸)引　出　金 10,000

2

(1)

	借　　方		貸　　方	
a	仕　　　　　入	646,000	繰　越　商　品	646,000
	繰　越　商　品	650,000	仕　　　　　入	650,000
b	貸倒引当金繰入	17,000	貸　倒　引　当　金	17,000
c	減　価　償　却　費	150,000	備品減価償却累計額	150,000
d	有　価　証　券	60,000	有価証券評価益	60,000
e	前　払　保　険　料	40,000	保　　険　　料	40,000
f	受　取　利　息	5,000	前　受　利　息	5,000
g	広　　告　　料	30,000	未　払　広　告　料	30,000
h	資　　本　　金	100,000	引　　出　　金	100,000
i	雑　　　　　損	6,000	現　金　過　不　足	6,000

解説

b. 貸倒引当金繰入

￥2,500,000 × 1% = ￥25,000

￥25,000 − ￥8,000 = ￥17,000

c. 減価償却費 $\dfrac{￥1,500,000 − ￥0}{10年}$ = ￥150,000

d. 有価証券評価益

時価 @￥5,500 × 300株 = ￥1,650,000

評価替え ￥1,590,000 ⟶ ￥1,650,000

（帳簿）　評価益　（時価）

￥60,000

e. 前払保険料

￥60,000（1年分）

| 9 | 10 | 11 | 12 | 1 | 2 | 3 | 4 | 5 | 6 | 7 | 8 |

決算　前払高（8か月分）

￥60,000 × $\dfrac{8か月}{12か月}$ = ￥40,000

h. 引出金は資本金の評価勘定なので，引出金の整理とは，引出金の金額だけ資本金を減少させる処理をすることである。

(2)

精　算　表

令和○年12月31日

勘 定 科 目	残高試算表		整 理 記 入		損 益 計 算 書		貸 借 対 照 表	
	借 方	貸 方	借 方	貸 方	借 方	貸 方	借 方	貸 方
現　　　　　金	695,000						695,000	
当 座 預 金	1,654,000						1,654,000	
売 掛 金	2,500,000						2,500,000	
貸 倒 引 当 金		8,000		17,000				25,000
有 価 証 券	1,590,000		60,000				1,650,000	
繰 越 商 品	646,000		650,000	646,000			650,000	
貸 付 金	500,000						500,000	
備　　　　　品	1,500,000						1,500,000	
備品減価償却累計額		750,000		150,000				900,000
買 掛 金		1,150,000						1,150,000
従業員預り金		36,000						36,000
資 本 金		6,600,000	100,000					6,500,000
引 出 金	100,000			100,000				
売　　　　　上		9,190,000				9,190,000		
受 取 利 息		30,000	5,000			25,000		
仕　　　　　入	6,080,000		646,000	650,000	6,076,000			
給　　　　　料	1,630,000				1,630,000			
広 告 料	162,000		30,000		192,000			
支 払 家 賃	480,000				480,000			
保 険 料	100,000			40,000	60,000			
消 耗 品 費	46,000				46,000			
雑　　　　　費	75,000				75,000			
現 金 過 不 足	6,000			6,000				
	17,764,000	17,764,000						
（貸倒引当金繰入）			17,000		17,000			
（減 価 償 却 費）			150,000		150,000			
（有価証券評価益）				60,000		60,000		
（前 払 保 険 料）			40,000				40,000	
（前 受 利 息）				5,000				5,000
（未 払 広 告 料）				30,000				30,000
（雑　　　　　損）			6,000		6,000			
（当 期 純 利 益）					543,000			543,000
			1,704,000	1,704,000	9,275,000	9,275,000	9,189,000	9,189,000

解説

前払保険料・前受利息・未払広告料の金額を損益計算書に移記しないように注意する。

■3

(1)

	借 方		貸 方	
a	仕　　　　入	234,000	繰 越 商 品	234,000
	繰 越 商 品	250,000	仕　　　　入	250,000
b	貸倒引当金繰入	13,000	貸 倒 引 当 金	13,000
c	減 価 償 却 費	144,000	備品減価償却累計額	144,000
d	有価証券評価損	40,000	有 価 証 券	40,000
e	消 耗 品	7,000	消 耗 品 費	7,000
f	前 払 保 険 料	12,000	保 険 料	12,000
g	支 払 家 賃	20,000	未 払 家 賃	20,000
h	未 収 利 息	1,000	受 取 利 息	1,000
i	現 金 過 不 足	3,000	雑 益	3,000

解説

b. 貸倒引当金繰入

　¥850,000×2% = ¥17,000

　¥17,000 − ¥4,000 = ¥13,000

c. 減価償却費

　（¥900,000 − ¥180,000）×20% = ¥144,000

d. 有価証券評価損

　時価　@¥2,400×200株 = ¥480,000

　評価替え　¥520,000　　　　 ¥480,000
　　　　　　（帳簿）　評価損　（時価）
　　　　　　　　　　△¥40,000

f. 前払保険料

　　　　　　　　　　　　　　決前払高(3か月分)
　　　　　　　　　　　　　　算

　　¥48,000× $\dfrac{3か月}{12か月}$ = ¥12,000

精　算　表

令和○年12月31日

勘定科目	残高試算表 借方	残高試算表 貸方	整理記入 借方	整理記入 貸方	損益計算書 借方	損益計算書 貸方	貸借対照表 借方	貸借対照表 貸方
現　　　　金	386,000						386,000	
当 座 預 金	1,158,000						1,158,000	
売　掛　金	850,000						850,000	
貸 倒 引 当 金		4,000		13,000				17,000
有 価 証 券	520,000			40,000			480,000	
繰 越 商 品	234,000		250,000	234,000			250,000	
貸　付　金	200,000						200,000	
備　　　　品	900,000						900,000	
備品減価償却累計額		180,000		144,000				324,000
買　掛　金		530,000						530,000
資　本　金		3,200,000						3,200,000
売　　　　上		4,600,000				4,600,000		
受 取 手 数 料		35,000				35,000		
受 取 利 息		5,000		1,000		6,000		
仕　　　　入	3,040,000		234,000	250,000	3,024,000			
給　　　　料	965,000				965,000			
支 払 家 賃	220,000		20,000		240,000			
保　険　料	48,000			12,000	36,000			
消 耗 品 費	36,000			7,000	29,000			
現 金 過 不 足		3,000	3,000					
	8,557,000	8,557,000						
（貸倒引当金繰入）			13,000		13,000			
（減 価 償 却 費）			144,000		144,000			
（有価証券評価損）			40,000		40,000			
（消　耗　品）			7,000				7,000	
（前 払 保 険 料）			12,000				12,000	
（未 払 家 賃）				20,000				20,000
（未 収 利 息）			1,000				1,000	
（雑　　益）				3,000		3,000		
（当 期 純 利 益）					153,000			153,000
			724,000	724,000	4,644,000	4,644,000	4,244,000	4,244,000

解説

消耗品・前払保険料・未払家賃・未収利息の金額を損益計算書に移記しないように注意する。

4

(1)

	借　　　　方		貸　　　　方	
①	支　払　手　形	80,000	当　座　預　金	80,000

(2)

	借　　　　方		貸　　　　方	
a	仕　　　　入	390,000	繰　越　商　品	390,000
	繰　越　商　品	375,000	仕　　　　入	375,000
b	貸倒引当金繰入	11,000	貸　倒　引　当　金	11,000
c	減　価　償　却　費	120,000	備品減価償却累計額	120,000
d	有　価　証　券	30,000	有価証券評価益	30,000
e	消　　耗　　品	13,000	消　耗　品　費	13,000
f	前　払　保　険　料	14,000	保　　険　　料	14,000
g	支　払　家　賃	40,000	未　払　家　賃	40,000
h	資　　本　　金	90,000	引　　出　　金	90,000

b. 貸倒引当金繰入

$(￥300,000 + ￥450,000) × 2\% = ￥15,000$

$￥15,000 - ￥4,000 = ￥11,000$

c. 減価償却費

$(￥640,000 - ￥160,000) × 25\% = ￥120,000$

d. 有価証券評価益

$￥870,000$ ⟶ $￥900,000$　（@$￥9,000 × 100$株）
（帳簿）　　評価益$￥30,000$　　（時価）

f. 前払保険料

　　　　　$￥42,000$（1年分）

| 5 | 6 | 7 | 8 | 9 | 10 | 11 | 12 | 1 | 2 | 3 | 4 |

決算　前払高（4か月分）

$￥42,000 × \dfrac{4か月}{12か月} = ￥14,000$

精 算 表
令和○年12月31日

勘 定 科 目	残高試算表 借 方	残高試算表 貸 方	整 理 記 入 借 方	整 理 記 入 貸 方	損益計算書 借 方	損益計算書 貸 方	貸借対照表 借 方	貸借対照表 貸 方
現　　　　金	593,000						593,000	
当 座 預 金	1,406,000			80,000			1,326,000	
受 取 手 形	300,000						300,000	
売 　 掛 　 金	450,000						450,000	
貸 倒 引 当 金		4,000		11,000				15,000
有 価 証 券	870,000		30,000				900,000	
繰 越 商 品	390,000		375,000	390,000			375,000	
備 　 　 品	640,000						640,000	
備品減価償却累計額		160,000		120,000				280,000
支 払 手 形		280,000	80,000					200,000
買 　 掛 　 金		345,000						345,000
借 　 入 　 金		500,000						500,000
資 　 本 　 金		3,000,000	90,000					2,910,000
引 　 出 　 金	90,000			90,000				
売 　 　 　 上		5,250,000				5,250,000		
受 取 手 数 料		45,000				45,000		
仕 　 　 　 入	3,361,000		390,000	375,000	3,376,000			
給 　 　 　 料	850,000				850,000			
支 払 家 賃	440,000		40,000		480,000			
保 　 険 　 料	56,000			14,000	42,000			
消 耗 品 費	63,000			13,000	50,000			
租 税 公 課	37,000				37,000			
雑 　 　 　 費	23,000				23,000			
支 払 利 息	15,000				15,000			
	9,584,000	9,584,000						
（貸倒引当金繰入）			11,000		11,000			
（減 価 償 却 費）			120,000		120,000			
（有価証券評価益）				30,000		30,000		
（消 　 耗 　 品）			13,000				13,000	
（前 払 保 険 料）			14,000				14,000	
（未 払 家 賃）				40,000				40,000
（当 期 純 利 益）					321,000			321,000
			1,163,000	1,163,000	5,325,000	5,325,000	4,611,000	4,611,000

精　算　表

令和○年12月31日

勘定科目	残高試算表 借方	残高試算表 貸方	整理記入 借方	整理記入 貸方	損益計算書 借方	損益計算書 貸方	貸借対照表 借方	貸借対照表 貸方
現　　　　　金	1,205,000						1,205,000	
当 座 預 金	2,406,000						2,406,000	
受 取 手 形	600,000						600,000	
売 　掛 　金	800,000						800,000	
貸 倒 引 当 金		8,000		6,000				14,000
有 価 証 券	1,300,000			100,000			1,200,000	
繰 越 商 品	520,000		650,000	520,000			650,000	
貸 　付 　金	1,000,000						1,000,000	
備 　　　品	1,600,000						1,600,000	
備品減価償却累計額		700,000		225,000				925,000
土 　　　　地	2,000,000						2,000,000	
支 払 手 形		659,000						659,000
買 　掛 　金		1,690,000						1,690,000
資 　本 　金		8,000,000						8,000,000
売 　　　　上		7,411,000				7,411,000		
受 取 地 代		156,000	12,000			144,000		
受 取 利 息		25,000		5,000		30,000		
仕 　　　　入	5,560,000		520,000	650,000	5,430,000			
給 　　　料	539,000		49,000		588,000			
広 　告 　料	349,000				349,000			
支 払 家 賃	540,000				540,000			
保 　険 　料	166,000			80,000	86,000			
消 耗 品 費	28,000			3,000	25,000			
雑 　　　　費	36,000				36,000			
	18,649,000	18,649,000						
貸倒引当金繰入			6,000		6,000			
減 価 償 却 費			225,000		225,000			
有価証券評価(損)			100,000		100,000			
消 　耗 　品			3,000				3,000	
前 払 保 険 料			80,000				80,000	
前 受 地 代				12,000				12,000
(未 収) 利 息			5,000				5,000	
未 払 給 料				49,000				49,000
当 期 純 (利 益)					200,000			200,000
			1,650,000	1,650,000	7,585,000	7,585,000	11,549,000	11,549,000

a. (借)仕　　　　入　*520,000*　　　（貸)繰　越　商　品　*520,000*

　　　繰　越　商　品　*650,000*　　　　仕　　　　入　*650,000*

b. (借)貸倒引当金繰入　*6,000*　　　（貸)貸　倒　引　当　金　*6,000*

　　　（￥*600,000* ＋￥*800,000*）×1％＝￥*14,000*

　　　￥*14,000* －￥*8,000* ＝￥*6,000*

c. (借)減　価　償　却　費　*225,000*　　　（貸)備品減価償却累計額　*225,000*

d. (借)有価証券評価損　*100,000*　　　（貸)有　価　証　券　*100,000*

　　　時価　＠￥*4,800* ×250株＝￥*1,200,000*

　　　￥*1,300,000* ───────→￥*1,200,000*
　　　（帳簿）　　評価損　　（時価）
　　　　　　　△￥*100,000*

e. (借)消　　耗　　品　*3,000*　　　（貸)消　耗　品　費　*3,000*

f. (借)前　払　保　険　料　*80,000*　　　（貸)保　　　険　　　料　*80,000*

　　　　　　　　　　￥*96,000*（1年分）

| 11 | 12 | 1 | 2 | 3 | 4 | 5 | 6 | 7 | 8 | 9 | 10 |

　　　決　　　　　　前払高（10か月分）
　　　算

　　　￥*96,000* × $\dfrac{10か月}{12か月}$ ＝￥*80,000*

g. (借)受　取　地　代　*12,000*　　　（貸)前　受　地　代　*12,000*

h. (借)未　収　利　息　*5,000*　　　（貸)受　取　利　息　*5,000*

i. (借)給　　　　料　*49,000*　　　（貸)未　払　給　料　*49,000*

精 算 表
令和○年12月31日

勘 定 科 目	残高試算表 借 方	残高試算表 貸 方	整 理 記 入 借 方	整 理 記 入 貸 方	損益計算書 借 方	損益計算書 貸 方	貸借対照表 借 方	貸借対照表 貸 方
現　　　　金	930,000						930,000	
当 座 預 金	1,150,000						1,150,000	
受 取 手 形	770,000						770,000	
売 掛 金	1,630,000						1,630,000	
貸 倒 引 当 金		9,000		15,000				24,000
有 価 証 券	1,450,000		100,000				1,550,000	
繰 越 商 品	960,000		840,000	960,000			840,000	
貸 付 金	800,000						800,000	
建　　　　物	4,000,000						4,000,000	
建物減価償却累計額		1,800,000		200,000				2,000,000
備　　　　品	1,200,000						1,200,000	
備品減価償却累計額		240,000		192,000				432,000
土　　　　地	1,600,000						1,600,000	
支 払 手 形		1,570,000						1,570,000
買 掛 金		2,200,000						2,200,000
資 本 金		8,000,000						8,000,000
売　　　　上		19,063,000				19,063,000		
受 取 地 代		42,000	14,000			28,000		
受 取 利 息		24,000		8,000		32,000		
仕　　　　入	12,910,000		960,000	840,000	13,030,000			
給　　　　料	4,620,000				4,620,000			
保 険 料	824,000			336,000	488,000			
消 耗 品 費	87,000			43,000	44,000			
雑　　　　費	17,000				17,000			
	32,948,000	32,948,000						
貸倒引当金繰入			15,000		15,000			
減 価 償 却 費			392,000		392,000			
有価証券評価(益)				100,000		100,000		
消 耗 品			43,000				43,000	
前 払 保 険 料			336,000				336,000	
(前 受) 地 代				14,000				14,000
(未 収) 利 息			8,000				8,000	
当期純(利益)					617,000			617,000
			2,708,000	2,708,000	19,223,000	19,223,000	14,857,000	14,857,000

a. （借）仕　　　　入　960,000　　　（貸）繰 越 商 品　960,000

　　　　繰 越 商 品　840,000　　　　　　仕　　　　入　840,000

b. （借）貸倒引当金繰入　15,000　　　（貸）貸 倒 引 当 金　15,000

　　　（¥770,000 + ¥1,630,000）× 1% = ¥24,000

　　　¥24,000 − ¥9,000 = ¥15,000

c. （借）減 価 償 却 費　392,000　　（貸）建物減価償却累計額　200,000

　　　　　　　　　　　　　　　　　　　　備品減価償却累計額　192,000

　　　建物：$\dfrac{¥4,000,000 − ¥0}{20年} = ¥200,000$

　　　備品：（¥1,200,000 − ¥240,000）× 20% = ¥192,000

d. （借）有 価 証 券　100,000　　　（貸）有価証券評価益　100,000

　　　時価　@¥3,100 × 500株 = ¥1,550,000

　　　¥1,450,000 ⟶ ¥1,550,000
　　　（帳簿）　　評価益　（時価）
　　　　　　¥100,000

e. （借）消　耗　品　43,000　　　（貸）消 耗 品 費　43,000

f. （借）前 払 保 険 料　336,000　　（貸）保　　険　　料　336,000

　　　　　　　¥504,000（1年分）

```
 9  10  11  12 | 1   2   3   4   5   6   7   8
├──┼──┼──┼──┼──┼──┼──┼──┼──┼──┼──┼──┤
            決      前払高（8か月分）
            算
```

　　　$¥504,000 × \dfrac{8か月}{12か月} = ¥336,000$

g. （借）受 取 地 代　14,000　　　（貸）前 受 地 代　14,000

h. （借）未 収 利 息　8,000　　　（貸）受 取 利 息　8,000

■基本問題（p.69）

1

(1) 《決算整理仕訳》

	借　　　方		貸　　　方	
a	仕　　　　　入	480,000	繰　越　商　品	480,000
	繰　越　商　品	520,000	仕　　　　　入	520,000
b	貸倒引当金繰入	14,000	貸　倒　引　当　金	14,000
c	減　価　償　却　費	90,000	備品減価償却累計額	90,000
d	有価証券評価損	30,000	有　価　証　券	30,000
e	前　払　保　険　料	28,000	保　　険　　料	28,000
f	支　払　家　賃	25,000	未　払　家　賃	25,000
g	資　　本　　金	150,000	引　　出　　金	150,000
h	雑　　　　　損	2,000	現　金　過　不　足	2,000

《決算振替仕訳》

	借　　　方		貸　　　方	
売	上	5,400,000	損　　　　益	5,400,000
損	益	4,450,000	仕　　　　入	3,080,000
			給　　　　料	1,000,000
			貸倒引当金繰入	14,000
			減　価　償　却　費	90,000
			保　　険　　料	84,000
			支　払　家　賃	150,000
			有価証券評価損	30,000
			雑　　　　損	2,000
損	益	950,000	資　　本　　金	950,000

総　勘　定　元　帳

現　　金　　1

	323,000	12/31 次 期 繰 越	323,000
1/1 前 期 繰 越	323,000		

当　座　預　金　　2

	950,000	12/31 次 期 繰 越	950,000
1/1 前 期 繰 越	950,000		

売　掛　金　　3

	800,000	12/31 次 期 繰 越	800,000
1/1 前 期 繰 越	800,000		

貸　倒　引　当　金　　4

12/31 次 期 繰 越	16,000		2,000
		12/31 貸倒引当金繰入	14,000
	16,000		16,000
		1/1 前 期 繰 越	16,000

有　価　証　券　　5

	650,000	12/31 有価証券評価損	30,000
		〃　 次 期 繰 越	620,000
	650,000		650,000
1/1 前 期 繰 越	620,000		

繰　越　商　品　　6

	480,000	12/31 仕　　入	480,000
12/31 仕　　入	520,000	〃　 次 期 繰 越	520,000
	1,000,000		1,000,000
1/1 前 期 繰 越	520,000		

前 払 保 険 料　　7

12/31 保　険　料	28,000	12/31 次 期 繰 越	28,000
1/1 前 期 繰 越	28,000		

備　　品　　8

	500,000	12/31 次 期 繰 越	500,000
1/1 前 期 繰 越	500,000		

買　掛　金　　10

12/31 次 期 繰 越	630,000		630,000
		1/1 前 期 繰 越	630,000

資　本　金　　12

12/31 引　出　金	150,000		2,000,000
〃 次 期 繰 越	2,800,000	12/31 損　　益	950,000
	2,950,000		2,950,000
		1/1 前 期 繰 越	2,800,000

仕　　入　　15

	3,120,000	12/31 繰 越 商 品	520,000
12/31 繰 越 商 品	480,000	〃 損　　益	3,080,000
	3,600,000		3,600,000

減 価 償 却 費　　18

12/31 備品減価償却累計額	90,000	12/31 損　　益	90,000

支　払　家　賃　　20

	125,000	12/31 損　　益	150,000
12/31 未 払 家 賃	25,000		
	150,000		150,000

雑　　損　　22

12/31 現 金 過 不 足	2,000	12/31 損　　益	2,000

損　　益　　24

12/31 仕　　入	3,080,000	12/31 売　　上	5,400,000
〃 給　　料	1,000,000		
〃 貸倒引当金繰入	14,000		
〃 減 価 償 却 費	90,000		
〃 保　険　料	84,000		
〃 支 払 家 賃	150,000		
〃 有価証券評価損	30,000		
〃 雑　　損	2,000		
〃 資　本　金	950,000		
	5,400,000		5,400,000

備品減価償却累計額　　9

12/31 次 期 繰 越	270,000		180,000
		12/31 減 価 償 却 費	90,000
	270,000		270,000
		1/1 前 期 繰 越	270,000

未　払　家　賃　　11

12/31 次 期 繰 越	25,000	12/31 支 払 家 賃	25,000
		1/1 前 期 繰 越	25,000

引　出　金　　13

	150,000	12/31 資　本　金	150,000

売　　上　　14

12/31 損　　益	5,400,000		5,400,000

給　　料　　16

	1,000,000	12/31 損　　益	1,000,000

貸倒引当金繰入　　17

12/31 貸倒引当金	14,000	12/31 損　　益	14,000

保　　険　　料　　19

	112,000	12/31 前 払 保 険 料	28,000
		〃 損　　益	84,000
	112,000		112,000

有価証券評価損　　21

12/31 有 価 証 券	30,000	12/31 損　　益	30,000

現　金　過　不　足　　23

	2,000	12/31 雑　　損	2,000

(2)　　　　**繰 越 試 算 表**
令和○年12月31日

借　　方	元丁	勘 定 科 目	貸　　方
323,000	1	現　　　　　金	
950,000	2	当 座 預 金	
800,000	3	売　掛　金	
	4	貸 倒 引 当 金	16,000
620,000	5	有 価 証 券	
520,000	6	繰 越 商 品	
28,000	7	前 払 保 険 料	
500,000	8	備　　　品	
	9	備品減価償却累計額	270,000
	10	買　掛　金	630,000
	11	未 払 家 賃	25,000
	12	資　本　金	2,800,000
3,741,000			3,741,000

解説

b.　¥800,000×2%＝¥16,000（貸倒引当金）

　¥16,000－¥2,000＝¥14,000（貸倒引当金繰入）

d.　¥650,000 ──→ ¥620,000
　（帳簿）　評価損　（評価高）
　　　　△¥30,000

44

2

		借　　　方		貸　　　方	
決算整理仕訳	a	仕　　　　入	380,000	繰　越　商　品	380,000
		繰　越　商　品	460,000	仕　　　　入	460,000
	b	貸倒引当金繰入	54,000	貸　倒　引　当　金	54,000
	c	減　価　償　却　費	70,000	備品減価償却累計額	70,000
	d	有価証券評価損	20,000	有　価　証　券	20,000
	e	消　　耗　　品	6,000	消　耗　品　費	6,000
	f	支　払　利　息	5,000	未　払　利　息	5,000

	借　　　方		貸　　　方	
決算振替仕訳	売　　　　上	5,986,000	損　　　　益	6,016,000
	受　取　手　数　料	30,000		
	損　　　　益	5,356,000	仕　　　　入	4,067,000
			給　　　　料	830,000
			貸倒引当金繰入	54,000
			減　価　償　却　費	70,000
			支　払　家　賃	240,000
			消　耗　品　費	56,000
			支　払　利　息	19,000
			有価証券評価損	20,000
	損　　　　益	660,000	資　　本　　金	660,000

総　勘　定　元　帳

現　　金　　1

	2,560,000		1,824,000
		12/31 次期繰越	736,000
	2,560,000		2,560,000

当　座　預　金　2

	4,310,000		2,774,000
		12/31 次期繰越	1,536,000
	4,310,000		4,310,000

売　掛　金　3

	3,310,000		1,210,000
		12/31 次期繰越	2,100,000
	3,310,000		3,310,000

貸　倒　引　当　金　4

	66,000		75,000
12/31 次期繰越	63,000	12/31 貸倒引当金繰入	54,000
	129,000		129,000

有　価　証　券　5

	800,000	12/31 有価証券評価損	20,000
		〃　次期繰越	780,000
	800,000		800,000

繰　越　商　品　6

	380,000	12/31 仕　入	380,000
12/31 仕　入	460,000	〃　次期繰越	460,000
	840,000		840,000

消　耗　品　7

12/31 消耗品費	6,000	12/31 次期繰越	6,000

備　品　8

	700,000	12/31 次期繰越	700,000

備品減価償却累計額　9

12/31 次期繰越	210,000		140,000
		12/31 減価償却費	70,000
	210,000		210,000

買　掛　金　10

	400,000		2,000,000
12/31 次期繰越	1,600,000		
	2,000,000		2,000,000

	借　　入　　金			11
		700,000		1,200,000
12/31 次 期 繰 越	500,000			
		1,200,000		1,200,000

	資　　本　　金			14
12/31 次 期 繰 越	3,660,000			3,000,000
			12/31 損　　益	660,000
		3,660,000		3,660,000

	受 取 手 数 料		16
12/31 損　　益	30,000		30,000

	給　　料		18
	830,000	12/31 損　　益	830,000

	貸倒引当金繰入		19
12/31 貸倒引当金	54,000	12/31 損　　益	54,000

	減 価 償 却 費		20
12/31 備品減価償却累計額	70,000	12/31 損　　益	70,000

	消 耗 品 費		22
	62,000	12/31 消 耗 品	6,000
		〃 損　　益	56,000
	62,000		62,000

	支 払 利 息		23
	14,000	12/31 損　　益	19,000
12/31 未 払 利 息	5,000		
	19,000		19,000

	有価証券評価損		24
12/31 有価証券	20,000	12/31 損　　益	20,000

	損　　益		25
12/31 仕　　入	4,067,000	12/31 売　　上	5,986,000
〃 給　　料	830,000	〃 受取手数料	30,000
〃 貸倒引当金繰入	54,000		
〃 減価償却費	70,000		
〃 支 払 家 賃	240,000		
〃 消 耗 品 費	56,000		
〃 支 払 利 息	19,000		
〃 有価証券評価損	20,000		
〃 資 本 金	660,000		
	6,016,000		6,016,000

	従 業 員 預 り 金			12
12/31 次 期 繰 越	280,000			280,000

	未 払 利 息			13
12/31 次 期 繰 越	5,000	12/31 支 払 利 息	5,000

	売　　上			15
		250,000		6,236,000
12/31 損　　益	5,986,000			
		6,236,000		6,236,000

	仕　　入			17
		4,367,000		220,000
12/31 繰 越 商 品	380,000	12/31 繰 越 商 品	460,000
			〃 損　　益	4,067,000
		4,747,000		4,747,000

	支 払 家 賃			21
		240,000	12/31 損　　益	240,000

繰 越 試 算 表
令和○年12月31日

借　　方	元丁	勘 定 科 目	貸　　方
736,000	1	現　　　　金	
1,536,000	2	当 座 預 金	
2,100,000	3	売 掛 金	
	4	貸 倒 引 当 金	63,000
780,000	5	有 価 証 券	
460,000	6	繰 越 商 品	
6,000	7	消 耗 品	
700,000	8	備　　　品	
	9	備品減価償却累計額	210,000
	10	買 掛 金	1,600,000
	11	借 入 金	500,000
	12	従 業 員 預 り 金	280,000
	13	未 払 利 息	5,000
	14	資 本 金	3,660,000
6,318,000			6,318,000

■基本問題　(p.75)

❶

損 益 計 算 書

東海商店　　　令和○年1月1日から令和○年12月31日まで　　　（単位：円）

費　　用	金　　額	収　　益	金　　額
売 上 原 価	4,450,000	売 上 高	7,000,000

解説

決算整理仕訳は次のとおりである。

（借)仕　　　　入　200,000　　　（貸)繰 越 商 品　200,000

　　繰 越 商 品　250,000　　　仕　　　　入　250,000

上記の仕訳の金額を加減した後の仕入勘定の残高が売上原価の金額となる。

❷

貸 借 対 照 表

中部商店　　　　　　令和○年12月31日　　　　　　（単位：円）

資　　　　産	金　　額	負債および純資産	金　　額
売 掛 金　（　400,000）			
貸 倒 引 当 金 △（　8,000）	392,000		
備　　　品　（　250,000）			
（減価償却累計額）△（　90,000）	160,000		

解説

決算整理仕訳は次のとおりである。

a.　（借)貸倒引当金繰入　6,000　　　（貸)貸 倒 引 当 金　6,000

b.　（借)減 価 償 却 費　40,000　　　（貸)備品減価償却累計額　40,000

貸倒引当金は売掛金の2％の金額となる。貸倒引当金繰入の金額を記入しないように注意する。

備品減価償却累計額は，総勘定元帳勘定残高に決算で計上した減価償却の金額を加算（累計）した金額となる。減価償却費の金額を記入しないように注意する。また，貸借対照表には備品の下に控除形式で表示するため，備品減価償却累計額ではなく，減価償却累計額と表示する。

3

(1)

	借　　　　方		貸　　　　方	
a	仕　　　　　　入	280,000	繰　越　商　品	280,000
	繰　越　商　品	345,000	仕　　　　　　入	345,000
b	貸倒引当金繰入	25,000	貸　倒　引　当　金	25,000
c	減　価　償　却　費	180,000	備品減価償却累計額	180,000
d	有価証券評価損	20,000	有　価　証　券	20,000
e	消　　耗　　品	7,000	消　耗　品　費	7,000
f	前　払　広　告　料	17,000	広　　告　　料	17,000
g	受　取　利　息	1,000	前　受　利　息	1,000
h	支　払　家　賃	45,000	未　払　家　賃	45,000
i	資　　本　　金	100,000	引　　出　　金	100,000
j	雑　　　　　損	3,000	現　金　過　不　足	3,000

解説

b. 貸倒引当金繰入

$¥1,350,000 × 2\% = ¥27,000$

$¥27,000 - ¥2,000 = ¥25,000$

d. 有価証券評価損

¥620,000 ⟶ ¥600,000
（帳簿）　評価損　（評価高）
　　　　△¥20,000

(2)

損　益　計　算　書

松江商店　　　　　令和○年1月1日から令和○年12月31日まで　　　　　（単位：円）

費　　　　用	金　　額	収　　　益	金　　額
売　上　原　価	6,105,000	売　　上　　高	9,500,000
給　　　　料	1,662,000	受　取　利　息	5,000 [*1]
[*2] 広　　告　　料	148,000		
（貸倒引当金繰入）	25,000		
（減　価　償　却　費）	180,000		
[*3] 支　払　家　賃	540,000		
[*4] 消　耗　品　費	28,000		
租　税　公　課	44,000		
雑　　　　費	15,000		
（有　価　証　券　評　価　損）	20,000		
雑　　　　損	3,000		
（当　期　純　利　益）	735,000		
	9,505,000		9,505,000

48

貸 借 対 照 表

松江商店 　　　　　　　　　令和○年12月31日 　　　　　　　　　（単位：円）

資　　産	金　　額	負債および純資産	金　　額
現　　　　　　金	319,000	買　掛　金	1,100,000
当 座 預 金	1,490,000	従業員預り金	230,000
売　掛　金　（1,350,000)		（前 受 利 息）	1,000
貸倒引当金△（ 27,000）	1,323,000	（未 払 家 賃）	45,000
有 価 証 券	600,000	資　本　金	2,500,000 *6
商　　　　　品	345,000	（当 期 純 利 益）	735,000
（消　耗　品）	7,000		
貸　付　金	150,000		
（前 払 広 告 料）	17,000		
備　　品　（ 900,000）			
*5減価償却累計額△（ 540,000）	360,000		
	4,611,000		4,611,000

＊1　受取利息　¥6,000 − ¥1,000 = ¥5,000

＊2　広 告 料　¥165,000 − ¥17,000 = ¥148,000

＊3　支払家賃　¥495,000 + ¥45,000 = ¥540,000

＊4　消耗品費　¥35,000 − ¥7,000 = ¥28,000

＊5　備品減価償却累計額

　　　¥360,000 + ¥180,000 = ¥540,000

＊6　資 本 金

　　　¥2,600,000 − ¥100,000 = ¥2,500,000

費用・収益は加算・減算を間違えないこと。

繰り延べ・見越しの勘定は貸借対照表に記載すること。

4

(1)

	借　　方		貸　　方	
①	当 座 預 金	200,000	売　掛　金	200,000

(2)

	借　　方		貸　　方	
a	仕　　　入	1,080,000	繰 越 商 品	1,080,000
	繰 越 商 品	1,250,000	仕　　　入	1,250,000
b	貸倒引当金繰入	51,000	貸 倒 引 当 金	51,000
c	減 価 償 却 費	225,000	備品減価償却累計額	225,000
d	有 価 証 券	120,000	有価証券評価益	120,000
e	消　耗　品	31,000	消　耗　品　費	31,000
f	前 払 家 賃	180,000	支　払　家　賃	180,000
g	支 払 利 息	5,000	未　払　利　息	5,000

b. 貸倒引当金繰入

　（¥1,400,000 + ¥1,500,000 − ¥200,000）× 3%

　　= ¥81,000

　¥81,000 − ¥30,000 = ¥51,000

c. 減価償却費

　（¥1,600,000 − ¥700,000）× 25% = ¥225,000

d. 有価証券評価益

　帳簿¥1,590,000 　　　　　→ 　時価¥1,710,000

　（@¥5,300 × 300株）　　評価益 　（@¥5,700 × 300株）

　　　　　　　　　　　　¥120,000

f. 前払家賃　¥360,000 × $\dfrac{3か月}{6か月}$ = ¥180,000

(3)

損 益 計 算 書

北海道商店　　　　令和○年１月１日から令和○年12月31日まで　　　　（単位：円）

費 用	金 額	収 益	金 額
売 上 原 価	11,790,000	売 上 高	15,850,000
給 料	2,550,000	受 取 手 数 料	170,000
（貸 倒 引 当 金 繰 入）	51,000	（有 価 証 券 評 価 益）	120,000
（減 価 償 却 費）	225,000		
*1 支 払 家 賃	720,000		
保 険 料	69,000		
*2 消 耗 品 費	92,000		
租 税 公 課	58,000		
雑 費	44,000		
（支 払 利 息）	5,000		
（当 期 純 利 益）	536,000		
	16,140,000		16,140,000

解説

＊１　支払家賃　￥900,000 − ￥180,000 = ￥720,000　　　　＊２　消耗品費　￥123,000 − ￥31,000 = ￥92,000

貸 借 対 照 表

北海道商店　　　　令和○年12月31日　　　　（単位：円）

資 産	金 額	負債および純資産	金 額
現 金	680,000	支 払 手 形	900,000
当 座 預 金	2,100,000	買 掛 金	1,070,000
受 取 手 形 （1,400,000）		借 入 金	500,000
貸 倒 引 当 金△（ 42,000）	1,358,000	従 業 員 預 り 金	234,000
売 掛 金 （1,300,000）		（未 払 利 息）	5,000
貸 倒 引 当 金△（ 39,000）	1,261,000	資 本 金	6,000,000
有 価 証 券	1,710,000	（当 期 純 利 益）	536,000
商 品	1,250,000		
（消 耗 品）	31,000		
（前 払 家 賃）	180,000		
備 品 （1,600,000）			
*3 減価償却累計額△（ 925,000）	675,000		
	9,245,000		9,245,000

解説

＊３　減価償却累計額

　　　￥700,000 + ￥225,000 = ￥925,000

5

(1)

	借 方	貸 方
①	仮 受 金　200,000	前 受 金　200,000

(2)

	借 方	貸 方
a	仕　　入　1,550,000	繰 越 商 品　1,550,000
	繰 越 商 品　1,800,000	仕　　入　1,800,000
b	貸倒引当金繰入　71,000	貸 倒 引 当 金　71,000
c	減 価 償 却 費　300,000	備品減価償却累計額　300,000
d	有 価 証 券　100,000	有価証券評価益　100,000
e	消 耗 品　16,000	消 耗 品 費　16,000
f	前 払 保 険 料　90,000	保 険 料　90,000
g	支 払 利 息　4,000	未 払 利 息　4,000
h	資 本 金　50,000	引 出 金　50,000

【解説】

b. 貸倒引当金繰入

$(¥1,400,000 + ¥2,450,000) × 2\% = ¥77,000$

$¥77,000 - ¥6,000 = ¥71,000$

c. 減価償却費

$\dfrac{¥1,800,000 - ¥0}{6年} = ¥300,000$

d. 有価証券評価益

¥3,000,000 ⟶ ¥3,100,000（@¥6,200×500株）
（帳簿）　評価益　（時価）
¥100,000

f. 前払保険料

¥180,000（1年分）

7 8 9 10 11 12 | 1 2 3 4 5 6

決算　前払高（6か月分）

$¥180,000 × \dfrac{6か月}{12か月} = ¥90,000$

(3)

損 益 計 算 書

沖縄商店　令和○年1月1日から令和○年12月31日まで　（単位：円）

費　用	金　額	収　益	金　額
*1 売 上 原 価	14,026,000	売 上 高	20,597,000
給　料	4,390,000	受 取 手 数 料	147,000
（貸 倒 引 当 金 繰 入）	71,000	（有 価 証 券 評 価 益）	100,000
（減 価 償 却 費）	300,000		
支 払 家 賃	756,000		
保 険 料	180,000		
消 耗 品 費	86,000		
雑 費	15,000		
支 払 利 息	24,000		
（当 期 純 利 益）	996,000		
	20,844,000		20,844,000

貸 借 対 照 表

沖縄商店　　　　　　　　　　　　　　　令和○年12月31日　　　　　　　　　　　　　　（単位：円）

資　　産	金　　額	負債および純資産	金　　額
現　　　　　金	876,000	電 子 記 録 債 務	1,310,000
当 座 預 金	1,662,000	買　　掛　　金	1,857,000
電 子 記 録 債 権　（1,400,000）		（前　　受　　金）	200,000
*²貸 倒 引 当 金△（　28,000）	1,372,000	借　　入　　金	1,600,000
売　　掛　　金　（2,450,000）		（未　払　利　息）	4,000
*²貸 倒 引 当 金△（　49,000）	2,401,000	資　　本　　金	6,550,000 *⁴
有 価 証 券	3,100,000	（当 期 純 利 益）	996,000
商　　　　　品	1,800,000		
（消　　耗　　品）	16,000		
（前 払 保 険 料）	90,000		
備　　　　　品　（1,800,000）			
*³減価償却累計額△（　600,000）	1,200,000		
	12,517,000		12,517,000

損益計算書

　＊１　決算整理仕訳の金額を加減した後の仕入勘定の金額が売上原価となる。

　　　　¥14,276,000 + ¥1,550,000 − ¥1,800,000 = ¥14,026,000

繰り延べ・見越しの金額を費用・収益に加算するか減算するかを間違えないこと。

貸借対照表

　＊２　電子記録債権，売掛金のそれぞれの期末残高の２％が貸倒引当金として計上される。

　＊３　備品減価償却累計額　¥300,000 + ¥300,000 = ¥600,000

　＊４　資本金　¥6,600,000 − ¥50,000 = ¥6,550,000

繰り延べ・見越しの勘定は貸借対照表に記載すること。

1

損 益 計 算 書

四国商店　　　　　　令和○年 1 月 1 日から令和○年12月31日まで　　　　　　（単位：円）

費　　用	金　　額	収　　益	金　　額
売 上 原 価	13,204,000	売 上 高	21,362,000
給　　料	5,910,000	受 取 手 数 料	35,000
（貸 倒 引 当 金 繰 入）	38,000	（有 価 証 券 評 価 益）	105,000
（減 価 償 却 費）	225,000		
支 払 家 賃	930,000		
保 険 料	262,000		
消 耗 品 費	47,000		
雑　　費	61,000		
（支 払 利 息）	45,000		
（当 期 純 利 益）	780,000		
	21,502,000		21,502,000

貸 借 対 照 表

四国商店　　　　　　　　　令和○年12月31日　　　　　　　　　（単位：円）

資　　産	金　　額	負債および純資産	金　　額
現　　金	972,000	支 払 手 形	1,254,000
当 座 預 金	3,400,000	（買 掛 金）	1,423,000
受 取 手 形 （2,100,000）		借 入 金	1,800,000
貸倒引当金△(21,000)	2,079,000	（未 払 利 息）	15,000
売 掛 金 （2,400,000）		資 本 金	8,200,000
貸倒引当金△(24,000)	2,376,000	（当 期 純 利 益）	780,000
（有 価 証 券）	1,950,000		
（商　　品）	1,830,000		
消 耗 品	29,000		
（前 払 保 険 料）	161,000		
備 品 （1,200,000）			
減価償却累計額△(525,000)	675,000		
	13,472,000		13,472,000

付 記 事 項

① （借）当 座 預 金　450,000　　　　（貸）売　掛　金　450,000

　　　　⇒当座預金残高　¥3,400,000

　　　　⇒売掛金残高　¥2,400,000

決算整理事項

a．（借）仕　　　　　入　2,160,000　　　（貸）繰 越 商 品　2,160,000

　　　　繰 越 商 品　1,830,000　　　　　仕　　　　入　1,830,000

b．（借）貸倒引当金繰入　38,000　　　　（貸）貸倒引当金　38,000

　　　　（¥2,100,000 ＋ ¥2,850,000 － ¥450,000）× 1％ ＝ ¥45,000

　　　　¥45,000 － ¥7,000 ＝ ¥38,000

c．（借）減 価 償 却 費　225,000　　　（貸）備品減価償却累計額　225,000

　　　　（¥1,200,000 － ¥300,000）× 25％ ＝ ¥225,000

d．（借）有 価 証 券　105,000　　　　（貸）有価証券評価益　105,000

　　　　¥1,845,000 ─────────→ ¥1,950,000（＠¥6,500×300株）

　　　　（帳簿）　　評価益¥105,000　　　（時価）

e．（借）消　耗　品　29,000　　　　　（貸）消 耗 品 費　29,000

f．（借）前 払 保 険 料　161,000　　　（貸）保　険　料　161,000

　　　　　　　　　¥276,000（1年分）

| 8 | 9 | 10 | 11 | 12 | 1 | 2 | 3 | 4 | 5 | 6 | 7 |

　　　　　　　　決　　前払高（7か月分）
　　　　　　　　算

　　　　¥276,000 × $\dfrac{7か月}{12か月}$ ＝ ¥161,000

g．（借）支 払 利 息　15,000　　　　（貸）未 払 利 息　15,000

2

損 益 計 算 書

九州商店　　　令和○年1月1日から令和○年12月31日まで　　　（単位：円）

費　用	金　額	収　益	金　額
売 上 原 価	13,288,000	売 上 高	18,370,000
給　料	3,192,000	受 取 手 数 料	189,000
（貸倒引当金繰入）	52,000	（有価証券評価益）	60,000
（減 価 償 却 費）	180,000		
支 払 家 賃	912,000		
保 険 料	296,000		
消 耗 品 費	139,000		
租 税 公 課	64,000		
雑 費	55,000		
支 払 利 息	36,000		
（雑 損）	2,000		
（当 期 純 利 益）	403,000		
	18,619,000		18,619,000

九州商店　　　　　　　　　　令和○年12月31日　　　　　　　　　（単位：円）

資　　産	金　額	負債および純資産	金　額
現　　　　金	593,000	支 払 手 形	1,210,000
当 座 預 金	2,156,000	買 掛 金	1,300,000
受 取 手 形 （1,200,000）		借 入 金	900,000
貸倒引当金△（ 24,000）	1,176,000	（従 業 員 預 り 金）	230,000
売 掛 金 （1,650,000）		（未 払 家 賃）	76,000
貸倒引当金△（ 33,000）	1,617,000	資 本 金	5,500,000
有 価 証 券	1,980,000	（当 期 純 利 益）	403,000
商　　　　品	1,320,000		
（消 耗 品）	29,000		
（前 払 保 険 料）	208,000		
備　　　品 （1,280,000）			
減価償却累計額△（ 740,000）	540,000		
	9,619,000		9,619,000

解説

付 記 事 項

① （借）売　　　上　　30,000　　（貸）売　掛　金　　30,000

　　⇒売掛金残高　¥ 1,650,000

　　⇒売 上 残 高　¥18,370,000

決算整理事項

a．（借）仕　　　入　1,040,000　　（貸）繰 越 商 品　1,040,000

　　　　繰 越 商 品　1,320,000　　　　仕　　　入　1,320,000

b．（借）貸倒引当金繰入　52,000　　（貸）貸倒引当金　52,000

　　（¥1,200,000 ＋ ¥1,680,000 － ¥30,000）×2％ ＝ ¥57,000

　　¥57,000 － ¥5,000 ＝ ¥52,000

c．（借）減 価 償 却 費　180,000　　（貸）備品減価償却累計額　180,000

　　（¥1,280,000 － ¥560,000）×25％ ＝ ¥180,000

d．（借）有 価 証 券　60,000　　（貸）有価証券評価益　60,000

　　¥1,920,000 ――――――→ ¥1,980,000（＠¥66,000×30株）

　　（帳簿）　　評価益¥60,000　　（時価）

e．（借）消　耗　品　29,000　　（貸）消 耗 品 費　29,000

f．（借）前 払 保 険 料　208,000　　（貸）保　険　料　208,000

　　　　　　　　¥312,000（1年分）

　　　　　　　　決算　　前払高（8か月分）

　　¥312,000 × $\dfrac{8か月}{12か月}$ ＝ ¥208,000

g．（借）支 払 家 賃　76,000　　（貸）未 払 家 賃　76,000

h．（借）雑　　　損　2,000　　（貸）現 金 過 不 足　2,000

3

損　益　計　算　書

関東商店　　令和○年1月1日から令和○年12月31日まで　　（単位：円）

費　　用	金　　額	収　　益	金　　額
売　上　原　価	13,860,000	売　　上　　高	19,970,000
給　　　　料	3,300,000	受　取　手　数　料	49,000
（貸倒引当金繰入）	74,000	受　取　利　息	34,000
（減価償却費）	210,000	（有価証券評価益）	80,000
支　払　家　賃	1,440,000		
保　　険　　料	331,000		
消　耗　品　費	72,000		
租　税　公　課	40,000		
雑　　　　費	8,000		
（当　期　純　利　益）	798,000		
	20,133,000		20,133,000

貸　借　対　照　表

関東商店　　令和○年12月31日　　（単位：円）

資　　産	金　　額	負債および純資産	金　　額
現　　　　金	463,000	支　払　手　形	1,680,000
当　座　預　金	2,182,000	買　　掛　　金	2,650,000
受　取　手　形　（1,250,000）		従業員預り金	300,000
貸倒引当金△（　25,000）	1,225,000	（未　払　家　賃）	120,000
売　　掛　　金　（2,750,000）		資　　本　　金	7,000,000
貸倒引当金△（　55,000）	2,695,000	（当　期　純　利　益）	798,000
有　価　証　券	1,880,000		
商　　　　品	1,560,000		
（消　耗　品）	13,000		
貸　　付　　金	1,700,000		
（前　払　保　険　料）	140,000		
備　　　　品　　1,800,000			
減価償却累計額△（1,110,000）	690,000		
	12,548,000		12,548,000

付 記 事 項

① （借）備　　　　　品　　300,000　　　（貸）消 耗 品 費　　300,000

　　　⇒備 品 残 高　¥1,800,000

　　　　消耗品費残高　¥　85,000

決算整理事項

a.　（借）仕　　　　　入　1,400,000　　　（貸）繰 越 商 品　1,400,000

　　　　繰 越 商 品　1,560,000　　　　　仕　　　　　入　1,560,000

b.　（借）貸倒引当金繰入　　74,000　　　（貸）貸 倒 引 当 金　　74,000

　　　　（¥1,250,000 ＋ ¥2,750,000）× 2％ ＝ ¥80,000

　　　　¥80,000 － ¥6,000 ＝ ¥74,000

c.　（借）減 価 償 却 費　　210,000　　　（貸）備品減価償却累計額　210,000

　　　　備品A　$\dfrac{¥1,500,000 － ¥0}{10年} ＝ ¥150,000$

　　　　備品B　$\dfrac{¥300,000 － ¥0}{5年} ＝ ¥60,000$

　　　　¥150,000 ＋ ¥60,000 ＝ ¥210,000

d.　（借）有 価 証 券　　80,000　　　（貸）有価証券評価益　　80,000

　　　　¥1,800,000 ⟶ ¥1,880,000（@¥47,000 × 40株）

　　　　（帳簿）　　評価益¥80,000　　（時価）

e.　（借）消　耗　品　　　13,000　　　（貸）消 耗 品 費　　13,000

f.　（借）前 払 保 険 料　　140,000　　　（貸）保　　険　　料　　140,000

　　　　　　　　　¥336,000（1年分）

　　　6　7　8　9　10　11　12｜1　2　3　4　5

　　　　　　　　　　　　決算　前払高（5か月分）

　　　　$¥336,000 × \dfrac{5か月}{12か月} ＝ ¥140,000$

g.　（借）支 払 家 賃　　120,000　　　（貸）未 払 家 賃　　120,000

4

(1)

総 勘 定 元 帳
損 益   31

12/31	仕 入	12,200,000	12/31	売 上	16,905,000
〃	給 料	2,142,000	〃	受 取 手 数 料	123,000
〃	発 送 費	361,000	〃	(有価証券評価益)	105,000
〃	(貸倒引当金繰入)	26,000	〃	固 定 資 産 売 却 益	67,000
〃	(減 価 償 却 費)	625,000			
〃	支 払 家 賃	756,000			
〃	保 険 料	183,000			
〃	消 耗 品 費	85,000			
〃	雑 費	29,000			
〃	支 払 利 息	30,000			
〃	(資 本 金)	763,000			
		17,200,000			17,200,000

(2)

栃木商店

貸 借 対 照 表
令和○年12月31日   (単位：円)

資 産	金 額	負債および純資産	金 額
現 金	829,000	支 払 手 形	971,000
当 座 預 金	2,357,000	買 掛 金	1,156,000
受 取 手 形 (1,600,000)		借 入 金	1,500,000
貸倒引当金△(16,000)	1,584,000	(未 払 利 息)	10,000
売 掛 金 (1,900,000)		資 本 金	7,000,000
貸倒引当金△(19,000)	1,881,000	(当 期 純 利 益)	763,000
有 価 証 券	1,925,000		
商 品	1,520,000		
(消 耗 品)	9,000		
(前 払 保 険 料)	45,000		
備 品 (3,750,000)			
減価償却累計額△(2,500,000)	1,250,000		
	11,400,000		11,400,000

付 記 事 項

① （借）発 送 費　　16,000　　（貸）雑　　　　費　　16,000

　　⇒発送費残高　¥361,000

　　⇒雑 費 残 高　¥ 29,000

決算整理事項

a.　（借）仕　　　　入　1,240,000　　（貸）繰 越 商 品　1,240,000

　　　　繰 越 商 品　1,520,000　　　　仕　　　　入　1,520,000

b.　（借）貸倒引当金繰入　26,000　　（貸）貸 倒 引 当 金　26,000

　　　（¥1,600,000 + ¥1,900,000）× 1% = ¥35,000

　　　¥35,000 − ¥9,000 = ¥26,000

c.　（借）減 価 償 却 費　625,000　　（貸）備品減価償却累計額　625,000

$$\frac{¥3,750,000 − ¥0}{6年} = ¥625,000$$

d.　（借）有 価 証 券　105,000　　（貸）有価証券評価益　105,000

　　　¥1,820,000　———————→　¥1,925,000（@¥55,000×35株）
　　　（帳簿）　　評価益 ¥105,000　　（時価）

e.　（借）消　耗　品　　9,000　　（貸）消 耗 品 費　　9,000

f.　（借）前 払 保 険 料　45,000　　（貸）保　険　料　　45,000

　　　　　　　　　　　　¥180,000（1 年分）

4	5	6	7	8	9	10	11	12	1	2	3

　　　　　　　　　　　　　　　　　　決　前払高（3か月分）
　　　　　　　　　　　　　　　　　　算

$$¥180,000 × \frac{3か月}{12か月} = ¥45,000$$

g.　（借）支 払 利 息　10,000　　（貸）未 払 利 息　10,000

Ⅲ 各種取引の記帳（その２）

第1章　固定資産の売却

■基本問題（p.90）

1

	借　　　方		貸　　　方	
(1)	備品減価償却累計額	350,000	備　　　　品	450,000
	現　　　　金	85,000		
	固定資産売却損	15,000		
(2)	備品減価償却累計額	120,000	備　　　　品	150,000
	未収金または未収入金	40,000	固定資産売却益	10,000
(3)	車両運搬具減価償却累計額	960,000	車　両　運　搬　具	1,600,000
	当　座　預　金	500,000		
	固定資産売却損	140,000		

解説

　減価償却高を間接法で記帳している場合の固定資産の売却の仕訳は，固定資産の勘定を貸方に仕訳して減少させるとともに，減価償却累計額を借方に仕訳して消滅させる必要がある。そして，その差額が売却時の固定資産の帳簿価額となる。この帳簿価額と売却価額との差額が固定資産売却損益となる。

(1)　取得原価－備品減価償却累計額＝売却時の帳簿価額

　　　¥450,000 － ¥350,000 ＝ ¥100,000

　　　売却価額　　＜　　帳簿価額　⇒　固定資産売却損

　　　¥85,000　　　　　¥100,000　　　　¥15,000

(2)　取得原価－備品減価償却累計額＝売却時の帳簿価額

　　　¥150,000 － ¥120,000 ＝ ¥30,000

　　　売却価額　　＞　　帳簿価額　⇒　固定資産売却益

　　　¥40,000　　　　　¥30,000　　　　¥10,000

　　　代金は月末受け取りなので，未収金となる。

(3)　取得原価－車両運搬具減価償却累計額＝売却時の帳簿価額

　　　¥1,600,000 － ¥960,000 ＝ ¥640,000

　　　売却価額　　＜　　帳簿価額　⇒　固定資産売却損

　　　¥500,000　　　　　¥640,000　　　　¥140,000

1

	借　　　　方		貸　　　　方	
(1)	備品減価償却累計額	600,000	備　　　　品	900,000
	未収金または未収入金	230,000		
	固定資産売却損	70,000		
(2)	備品減価償却累計額	465,000	備　　　　品	620,000
	当 座 預 金	205,000	固定資産売却益	50,000
(3)	備品減価償却累計額	400,000	備　　　　品	500,000
	未収金または未収入金	80,000		
	固定資産売却損	20,000		
(4)	備品減価償却累計額	312,000	備　　　　品	520,000
	未収金または未収入金	180,000		
	固定資産売却損	28,000		
(5)	備品減価償却累計額	791,000	備　　　　品	1,130,000
	未収金または未収入金	300,000		
	固定資産売却損	39,000		
(6)	建物減価償却累計額	12,000,000	建　　　　物	20,000,000
	現　　　　金	6,000,000		
	固定資産売却損	2,000,000		

解説

(1) ￥900,000 － ￥600,000 ＝ ￥300,000（帳簿価額）
　　売却価額 ＜ 帳簿価額 ⇒ 固定資産売却損
　　￥230,000　　￥300,000　　￥70,000
　　代金は月末受け取りなので，未収金となる。

(2) 取得原価 － 備品減価償却累計額 ＝ 売却時の帳簿価額
　　￥620,000 － ￥□ ＝ ￥155,000
　　したがって，備品減価償却累計額は￥465,000となる。
　　売却価額 ＞ 帳簿価額 ⇒ 固定資産売却益
　　￥205,000　　￥155,000　　￥50,000

(3) ￥500,000 － ￥400,000 ＝ ￥100,000（帳簿価額）
　　売却価額 ＜ 帳簿価額 ⇒ 固定資産売却損
　　￥80,000　　￥100,000　　￥20,000

(4) 取得原価 － 備品減価償却累計額 ＝ 売却時の帳簿価額
　　￥520,000 － ￥□ ＝ ￥208,000
　　したがって，備品減価償却累計額は￥312,000となる。
　　売却価額 ＜ 帳簿価額 ⇒ 固定資産売却損
　　￥180,000　　￥208,000　　￥28,000

(5) 取得原価 － 備品減価償却累計額 ＝ 売却時の帳簿価額
　　￥1,130,000 － ￥□ ＝ ￥339,000
　　したがって，備品減価償却累計額は￥791,000となる。
　　売却価額 ＜ 帳簿価額 ⇒ 固定資産売却損
　　￥300,000　　￥339,000　　￥39,000

(6) ￥20,000,000 － ￥12,000,000 ＝ ￥8,000,000（帳簿価額）
　　売却価額 ＜ 帳簿価額 ⇒ 固定資産売却損
　　￥6,000,000　　￥8,000,000　　￥2,000,000

■基本問題 (p.92)

1

	借 方		貸 方	
(1)	現　　　　金	1,000,000	手 形 借 入 金	1,000,000
(2)	手 形 貸 付 金	800,000	現　　　　金	800,000
(3)	手 形 借 入 金	500,000	当 座 預 金	500,000

　約束手形を商品代金ではなく金銭の貸借のため（借用証書の代わり）に受け払いした場合は，受取手形勘定や支払手形勘定ではなく，手形貸付金勘定・手形借入金勘定を使用する。

2

	借 方		貸 方	
(1)	備　　　　品	260,000	営 業 外 支 払 手 形	260,000
(2)	有 価 証 券	300,000	営 業 外 支 払 手 形	300,000
(3)	備品減価償却累計額	200,000	備　　　　品	250,000
	営 業 外 受 取 手 形	70,000	固 定 資 産 売 却 益	20,000

　商品代金以外の代金決済で約束手形を受け払いした場合は，受取手形勘定や支払手形勘定ではなく，営業外受取手形勘定・営業外支払手形勘定を使用する。

(3)　¥250,000 − ¥200,000 = ¥50,000（帳簿価額）

　　売却価額　＞　帳簿価額　⇒　固定資産売却益

　　¥70,000　　¥50,000　　¥20,000

■検定問題 (p.93)

1

	借 方		貸 方	
(1)	手 形 借 入 金	3,000,000	手 形 借 入 金	3,000,000
	支 払 利 息	15,000	現　　　　金	15,000

(1)　手形借入金の手形の書き換え（手形の更改）の問題である。借方が旧手形，貸方が新手形である。

■基本問題（p.95）

1

	借　　　　方		貸　　　　方	
(1)	社会保険料預り金	44,000	現　　　　金	88,000
	法 定 福 利 費	44,000		
(2)	租税公課または印紙税	2,900	貯 　蔵 　品	3,500
	通 　信 　費	600		
(3)	受 取 商 品 券	35,000	売　　　　上	35,000
(4)	給　　　　料	400,000	所 得 税 預 り 金	30,000
			社会保険料預り金	50,000
			当 　座 　預 　金	320,000
(5)	貯 　蔵 　品	1,100	租税公課または印紙税	1,100
(6)	当 　座 　預 　金	25,000	受 取 商 品 券	25,000
(7)	修 　繕 　費	160,000	当 　座 　預 　金	160,000
(8)	貯 　蔵 　品	900	通 　信 　費	900

解説

　この章で学習する取引は，全商簿記能力検定の第95回検定以降，新しく追加された論点である。出題されても対処できるように，しっかりと学習をしておこう。

第1章 支店会計の独立

■基本問題 （p.97）

1

		借	方	貸	方
(1)	本店	支　店	100,000	現　金	100,000
	支店	現　金	100,000	本　店	100,000
(2)	本店	現　金	40,000	支　店	40,000
	支店	本　店	40,000	現　金	40,000
(3)	本店	支　店	70,000	仕　入	70,000
	支店	仕　入	70,000	本　店	70,000
(4)	本店	支　店	85,000	現　金	85,000
	支店	買　掛　金	85,000	本　店	85,000
(5)	本店	支　店	250,000	損　益	250,000
	支店	損　益	250,000	本　店	250,000
(6)	本店	損　益	95,000	支　店	95,000
	支店	本　店	95,000	損　益	95,000

解説

(1)(2)　現金の増減から仕訳をし，その増減の理由としての相手勘定を本店は支店勘定，支店は本店勘定とする。

(3)　商品の増減から仕訳をする。本店は支店に商品を原価で送っているので，売上勘定ではなく仕入勘定を使用する。

(4)　買掛金は本支店どちらのものか，現金で支払ったのは本支店どちらかを読み取って仕訳する。

(5)　右のような支店の損益勘定を想定し，当期純利益は貸方残高を意味することを確認する。支店はこの残高

〈支店〉損　益

費　用	収　益
¥250,000	

を本店に報告した（振り替えた）ので，解答のような支店の仕訳となる。本店は支店の仕訳を逆に考えるとよい。

(6)　当期純損失は，(5)とは逆に損益勘定の借方残高になることから解答する。

2

		借	方	貸	方
(1)	本店	支　店	250,000	現　金	250,000
	支店	現　金	250,000	本　店	250,000
(2)	本店	支　店	120,000	仕　入	120,000
	支店	仕　入	120,000	本　店	120,000
(3)	本店	支　店	240,000	売　掛　金	240,000
	支店	現　金	240,000	本　店	240,000
(4)	本店	現　金	50,000	支　店	50,000
	支店	本　店	50,000	現　金	50,000
(5)	本店	支　店	80,000	当座預金	80,000
	支店	買　掛　金	80,000	本　店	80,000
(6)	本店	借　入　金	100,000	支　店	100,000
	支店	本　店	100,000	現　金	100,000
(7)	本店	広　告　料	150,000	支　店	150,000
	支店	本　店	150,000	現　金	150,000

3

支	店		本	店	
(1)	*250,000*	(4)	*50,000*	(4)	*50,000*	(1)	*250,000*
(2)	*120,000*	(6)	*100,000*	(6)	*100,000*	(2)	*120,000*
(3)	*240,000*	(7)	*150,000*	(7)	*150,000*	(3)	*240,000*
(5)	*80,000*					(5)	*80,000*

支店勘定残高と本店勘定残高の一致額	￥	*390,000*

 解説 残高が一致するのは，1つ1つの取引が貸借反対に転記されているからであることを確認する。

4

		借	方		貸	方	
(1)	本店	支　　店	*450,000*	現　　金	*150,000*		
				仕　　入	*300,000*		
	支店	現　　金	*150,000*	本　　店	*450,000*		
		仕　　入	*300,000*				
(2)	本店	当座預金	*230,000*	支　　店	*230,000*		
	支店	本　　店	*230,000*	現　　金	*230,000*		
(3)	本店	買　掛　金	*360,000*	支　　店	*360,000*		
	支店	本　　店	*360,000*	支払手形	*360,000*		
(4)	本店	現　　金	*60,000*	支　　店	*60,000*		
	支店	本　　店	*60,000*	受取手数料	*60,000*		
(5)	本店	支　　店	*8,000*	受取利息	*8,000*		
	支店	現　　金	*8,000*	本　　店	*8,000*		
(6)	本店	旅　　費	*15,000*	支　　店	*15,000*		
	支店	本　　店	*15,000*	現　　金	*15,000*		
(7)	本店	支　　店	*570,000*	損　　益	*570,000*		
	支店	損　　益	*570,000*	本　　店	*570,000*		
(8)	本店	損　　益	*120,000*	支　　店	*120,000*		
	支店	本　　店	*120,000*	損　　益	*120,000*		

 解説
(2) 本店の当座預金口座に振り込まれたので当座預金の増加となる。
(3) 約束手形は支店振り出しなので，支店の支払手形が増加することになる。
(4) 手数料を受け取ったのは本店だが，支店受取分の手数料なので，受取手数料は支店に発生する。
(5) 利息を受け取ったのは支店だが，本店受取分の利息なので，受取利息は本店に発生する。
(6) 本店の従業員の旅費なので，旅費は本店に発生する。

(1)で仕入勘定を用いるのは，決算をしていない以上，商品に関することは，仕入勘定で処理しているからだね。気をつけておこう。

1

	借　　　　　方	貸　　　　　方
(1)	現　　　　　金　　600,000 備　　　　　品　1,000,000	本　　　　　店　1,600,000
(2)	支　　　　　店　　700,000	現　　　　　金　　200,000 備　　　　　品　　500,000
(3)	現　　　　　金　　280,000	支　　　　　店　　280,000
(4)	仕　　　　　入　　 49,000	支　　　　　店　　 49,000
(5)	本　　　　　店　　 37,000	仕　　　　　入　　 37,000
(6)	通　信　費　　 12,000 支　　　　　店　　　6,000	現　　　　　金　　 18,000
(7)	広　告　料　　 80,000 支　　　　　店　　 40,000	当　座　預　金　　120,000
(8)	支　　　　　店　　850,000	損　　　　　益　　850,000
(9)	損　　　　　益　　320,000	支　　　　　店　　320,000
(10)	支　　　　　店　　 80,000	広　告　料　　 80,000

第2章　支店相互間の取引（本店集中計算制度）

1

		借　　　　　方	貸　　　　　方
(1)	香川支店	本　　　　　店　　200,000	現　　　　　金　　200,000
	高知支店	現　　　　　金　　200,000	本　　　　　店　　200,000
	本　　店	高　知　支　店　　200,000	香　川　支　店　　200,000
(2)	愛媛支店	本　　　　　店　　100,000	現　　　　　金　　100,000
	徳島支店	買　掛　金　　100,000	本　　　　　店　　100,000
	本　　店	徳　島　支　店　　100,000	愛　媛　支　店　　100,000
(3)	岡山支店	本　　　　　店　　150,000	仕　　　　　入　　150,000
	兵庫支店	仕　　　　　入　　150,000	本　　　　　店　　150,000
	本　　店	兵　庫　支　店　　150,000	岡　山　支　店　　150,000
(4)	東京支店	現　　　　　金　　360,000	本　　　　　店　　360,000
	神奈川支店	本　　　　　店　　360,000	売　掛　金　　360,000
	本　　店	東　京　支　店　　360,000	神　奈　川　支　店　　360,000
(5)	沖縄支店	本　　　　　店　　240,000	現　　　　　金　　240,000
	大阪支店	旅　　　　　費　　240,000	本　　　　　店　　240,000
	本　　店	大　阪　支　店　　240,000	沖　縄　支　店　　240,000

(1) 香川支店　現金が減少し，相手勘定は本店。
　　高知支店　現金が増加し，相手勘定は本店。
　　本　　店　香川支店の仕訳の借方「本店」勘定に対
　　　　　　　応して，貸方に「香川支店」勘定。
　　　　　　　高知支店の仕訳の貸方「本店」勘定に対
　　　　　　　応して，借方に「高知支店」勘定。

(2) 愛媛支店　現金が減少し，相手勘定は本店。
　　徳島支店　買掛金が減少し，相手勘定は本店。
　　本　　店　各支店の「本店」勘定に対応して，借方
　　　　　　　「徳島支店」勘定，貸方「愛媛支店」勘定。

(3) 岡山支店　貸方「仕入」勘定，相手勘定は本店。
　　兵庫支店　借方「仕入」勘定，相手勘定は本店。
　　本　　店　各支店の「本店」勘定に対応して，借方
　　　　　　　「兵庫支店」勘定，貸方「岡山支店」勘定。

(4) 東京支店　現金が増加し，相手勘定は本店。
　　神奈川支店　売掛金が減少し，相手勘定は本店。
　　本　　店　各支店の「本店」勘定に対応して，借方
　　　　　　　「東京支店」勘定，貸方「神奈川支店」勘
　　　　　　　定。

(5) 沖縄支店　現金が減少し，相手勘定は本店。
　　大阪支店　旅費が発生し，相手勘定は本店。
　　本　　店　各支店の「本店」勘定に対応して，借方
　　　　　　　「大阪支店」勘定，貸方「沖縄支店」勘定。

2

		借　　方		貸　　方	
(1)	青森支店	本　　店	500,000	仕　　入	500,000
	岩手支店	仕　　入	500,000	本　　店	500,000
	本　店	岩　手　支　店	500,000	青　森　支　店	500,000
(2)	宮城支店	現　　金	400,000	本　　店	400,000
	秋田支店	本　　店	400,000	売　掛　金	400,000
	本　店	宮　城　支　店	400,000	秋　田　支　店	400,000
(3)	山形支店	本　　店	300,000	当　座　預　金	300,000
	福島支店	買　掛　金	300,000	本　　店	300,000
	本　店	福　島　支　店	300,000	山　形　支　店	300,000
(4)	千葉支店	本　　店	190,000	現　　金	190,000
	茨城支店	当　座　預　金	190,000	本　　店	190,000
	本　店	茨　城　支　店	190,000	千　葉　支　店	190,000
(5)	山梨支店	本　　店 広　告　料	250,000 100,000	当　座　預　金	350,000
	静岡支店	広　告　料	100,000	本　　店	100,000
	本　店	広　告　料 静　岡　支　店	150,000 100,000	山　梨　支　店	250,000

(5) 山梨支店が支払った広告料¥350,000の負担内訳は次のとおり。

　本　　店　¥150,000 ｝山梨支店は本店勘定で処理
　静岡支店　¥100,000

　山梨支店　¥100,000…山梨支店は広告料勘定で処理

1

	借　　　方		貸　　　方	
(1)	本　　　　店	500,000	現　　　　金	500,000
(2)	当　座　預　金	500,000	本　　　　店	500,000
(3)	仙　台　支　店	180,000	白　石　支　店	180,000
(4)	神　戸　支　店	170,000	明　石　支　店	170,000
(5)	西　宮　支　店	90,000	神　戸　支　店	90,000
(6)	高　岡　支　店	760,000	黒　部　支　店	760,000
(7)	広　　告　　料	80,000	川　口　支　店	150,000
	所　沢　支　店	70,000		
(8)	広　　告　　料	100,000	現　　　　金	180,000
	本　　　　店	80,000		
(9)	売　　掛　　金	410,000	白　浜　支　店	260,000
			勝　浦　支　店	150,000

解説

(1) 本店集中計算制度では，支店相互間の取引をすべて本店相手の取引として記帳する。本店はあたかも松山支店から現金を受け取り，宇和島支店の当座預金に現金を振り込んだかのように仕訳する。

〈本店の仕訳〉

(借)現　　金 500,000 （貸)松山支店 500,000

(借)宇和島支店 500,000 （貸)現　　金 500,000

〈松山支店の仕訳〉

松山支店は本店に現金を振り込んだかのように仕訳をおこなう。

(借)本　　店 500,000 （貸)現　　金 500,000

〈宇和島支店の仕訳〉

宇和島支店は本店から当座預金に振り込まれたかのように仕訳をおこなう。

(借)当座預金 500,000 （貸)本　　店 500,000

(2) 仙台支店から当座預金に入金があったが，本店集中計算制度を採用しているので貸方は本店勘定となる。

(3) 各支店の仕訳を示すと次のようになる。

白石支店 (借)本　　店 180,000 （貸)現　　金 180,000

仙台支店 (借)現　　金 180,000 （貸)本　　店 180,000

(4) 各支店の仕訳を示すと次のようになる。

明石支店 (借)本　　店 170,000 （貸)仕　　入 170,000

神戸支店 (借)仕　　入 170,000 （貸)本　　店 170,000

(5) 各支店の仕訳を示すと次のようになる。

神戸支店 (借)本　　店 90,000 （貸)現　　金 90,000

西宮支店 (借)旅　　費 90,000 （貸)本　　店 90,000

(6) 各支店の仕訳を示すと次のようになる。

高岡支店 (借)現　　金 760,000 （貸)本　　店 760,000

黒部支店 (借)本　　店 760,000 （貸)売掛金 760,000

(7) 各支店の仕訳を示すと次のようになる。

川口支店 (借)本　　店 150,000 （貸)(現金預金) 150,000

所沢支店負担分も本店勘定で処理する。

所沢支店 (借)広告料 70,000 （貸)本　　店 70,000

(8) 大月支店負担分も本店勘定で処理する。

大月支店と本店の仕訳を示すと次のようになる。

大月支店 (借)広告料 30,000 （貸)本　　店 30,000

本　店 (借)広告料 50,000 （貸)甲府支店 80,000

大月支店 30,000

(9) 訂正仕訳は，誤った仕訳の反対仕訳と正しい仕訳を合算する。

反対仕訳 (借)売掛金 410,000 （貸)当座預金 410,000

正しい仕訳 (借)当座預金 410,000 （貸)白浜支店 260,000

勝浦支店 150,000

※当座預金を相殺しない仕訳も正解である。

なお，各支店の仕訳を示すと次のようになる。

白浜支店 (借)本　　店 260,000 （貸)売掛金 260,000

勝浦支店 (借)本　　店 150,000 （貸)売掛金 150,000

■基本問題（p.106）

1

		借　　　方		貸　　　方	
①	（支）店	現　　　金	200,000	本　　　店	200,000
②	（支）店	仕　　　入	250,000	本　　　店	250,000
③	（本）店	支　　　店	300,000	売　掛　金	300,000

支　　　店			本　　　店		
	1,700,000				1,550,000
③	300,000		①		200,000
			②		250,000

支店勘定残高と本店勘定残高の一致額	￥	2,000,000

解説

　仕訳をしていない未達の側で整理の仕訳が必要となる。
　未達事項の整理をし，支店勘定残高と本店勘定残高が一致すれば，未達事項の仕訳が正しいことになる。

①　支店に未達なので，支店が仕訳をする。
②　支店に未達なので，支店が仕訳をする。
③　本店に未達なので，本店が仕訳をする。

2

(1)

		借　　　方		貸　　　方	
①	（本）店	現　　　金	20,000	支　　　店	20,000
②	（支）店	仕　　　入	45,000	本　　　店	45,000
③	（本）店	買　掛　金	80,000	支　　　店	80,000
④	（支）店	広　告　料	25,000	本　　　店	25,000

(2)

支店勘定残高と本店勘定残高の一致額	￥	450,000

(3)

貸　借　対　照　表

沖縄商店　　　　　　　　　　　令和〇年12月31日　　　　　　　　　　（単位：円）

資　　　産	金　　　額	負債および純資産	金　　　額
現　　　金	520,000	買　掛　金	920,000
売　掛　金	1,180,000	借　入　金	300,000
商　　　品	745,000	資　本　金	1,500,000
備　　　品	820,000	当期純利益	545,000
	3,265,000		3,265,000

(2) 支店勘定残高と本店勘定残高の一致額の計算

支　店			本　店		
	① 20,000				380,000
	③ 80,000				
550,000	450,000	←一致→	450,000	② 45,000	
				④ 25,000	

(3) 貸借対照表の金額計算

現　　金

$¥400,000$（本店）＋$¥100,000$（支店）＋$¥20,000$（未達現金）＝$¥520,000$

商　　品

$¥530,000$（本店）＋$¥170,000$（支店）＋$¥45,000$（未達商品）＝$¥745,000$

買　掛　金

$¥600,000$（本店）＋$¥400,000$（支店）－$¥80,000$（未達③）＝$¥920,000$

当期純利益は，貸借の差額か次の計算式で求める。

本店の当期純利益＋支店の当期純利益

＋未達事項の収益－未達事項の費用

$¥450,000$（本店）＋$¥120,000$（支店）－$¥25,000$（未達④）＝$¥545,000$

3

(1)

		借　　　方		貸　　　方	
①	（支）店	現　　　金	42,000	本　　店	42,000
②	（支）店	仕　　　入	50,000	本　　店	50,000
③	（本）店	旅　　　費	25,000	支　　店	25,000

(2)

支店勘定残高と本店勘定残高の一致額	¥	452,000

(3)

貸　借　対　照　表

山口商店　　　　令和○年12月31日　　　　（単位：円）

資　　　産	金　　　額	負債および純資産	金　　　額
現　　　　　金	282,000	支　払　手　形	780,000
当　座　預　金	728,000	買　　掛　　金	816,000
受　取　手　形	500,000	貸　倒　引　当　金	74,000
売　　掛　　金	980,000	資　　本　　金	2,500,000
商　　　　　品	640,000	（当 期 純 利 益）	900,000
建　　　　　物	1,320,000		
（備　　　　品）	620,000		
	5,070,000		5,070,000

(2) 支店勘定残高と本店勘定残高の一致額の計算

	支　　　店				本　　　店	
		③ 25,000				360,000
477,000	452,000	←一致→	452,000		①	42,000
					②	50,000

(3) 貸借対照表の金額計算

現　　金
¥170,000（本店）＋¥70,000（支店）＋¥42,000（未達現金）＝¥282,000

商　　品
¥400,000（本店）＋¥190,000（支店）＋¥50,000（未達商品）＝¥640,000

当期純利益
¥970,000（本店）－¥45,000（支店）－¥25,000（未達③）＝¥900,000

4

(1)

		借　　　　　　方		貸　　　　　　方	
①	（支）店	仕　　　入	46,000	本　　　店	46,000
②	（本）店	現　　　金	30,000	支　　　店	30,000
③	（本）店	借　入　金	50,000	支　　　店	50,000
④	（本）店	支　　　店	6,000	受取手数料	6,000
⑤	（支）店	旅　　　費	24,000	本　　　店	24,000

(2)

支店勘定残高と本店勘定残高の一致額	¥	646,000

(3)

貸　借　対　照　表

広島商店　　　　　　　　　令和○年12月31日　　　　　　　　　（単位：円）

資　　　産	金　　額	負債および純資産	金　　額
現　　　金	613,000	支　払　手　形	890,000
当　座　預　金	1,142,000	買　　掛　　金	546,000
受　取　手　形	610,000	借　　入　　金	100,000
売　　掛　　金	730,000	資　　本　　金	2,400,000
商　　　品	856,000	当　期　純　利　益	450,000
備　　　品	435,000		
	4,386,000		4,386,000

解説

(2) 支店勘定残高と本店勘定残高が一致することから，④の金額を逆算する。

支 店

	②	30,000
	③	50,000
720,000		
	646,000 ←一致→	
④ (6,000)		

本 店

	576,000
646,000	① 46,000
	⑤ 24,000

(3) 貸借対照表の金額計算

現 金
　¥400,000（本店）＋¥183,000（支店）＋¥30,000（未達現金）＝¥613,000

商 品
　¥550,000（本店）＋¥260,000（支店）＋¥46,000（未達商品）＝¥856,000

借 入 金
　¥150,000（本店）－¥50,000（未達③）＝¥100,000

当期純利益
　¥345,000（本店）＋¥123,000（支店）＋¥6,000（未達④）－¥24,000（未達⑤）＝¥450,000

5

(1)

本店貸借対照表の支店（アの金額）	¥	1,470,000

(2)

貸 借 対 照 表

島根商店　　令和○年12月31日　　（単位：円）

資　産	金　額	負債および純資産	金　額
現　　　　金	880,000	支 払 手 形	1,100,000
当 座 預 金	1,940,000	買 掛 金	498,000
受 取 手 形	1,260,000	資 本 金	4,000,000
売 掛 金	760,000	当 期 純 利 益	872,000
商　　　　品	930,000		
備　　　　品	700,000		
	6,470,000		6,470,000

解説

・未達事項の仕訳
① (支店)（借)仕　入　20,000　(貸)本　店　20,000
② (本店)（借)当座預金　70,000　(貸)支　店　70,000
③ (支店)（借)買 掛 金　82,000　(貸)本　店　82,000
④ (本店)（借)支　店　22,000　(貸)受取手数料　22,000

(1) 支店勘定残高と本店勘定残高が一致することから，（ア）の金額を逆算する。

支 店

	②	70,000
(1,470,000)		
アの金額	1,422,000 ←一致→	
④ 22,000		

本 店

	1,320,000
1,422,000	① 20,000
	③ 82,000

（ア）に¥1,470,000を入れ，売掛金の（　　）の金額¥460,000を算出する。

(2) 貸借対照表の金額計算

当 座 預 金
　¥1,360,000（本店）＋¥510,000（支店）＋¥70,000（未達②）＝¥1,940,000

商 品
　¥680,000（本店）＋¥230,000（支店）＋¥20,000（未達商品）＝¥930,000

買 掛 金
　¥300,000（本店）＋¥280,000（支店）－¥82,000（未達③）＝¥498,000

当期純利益
　¥920,000（本店）－¥70,000（支店）＋¥22,000（未達④）＝¥872,000

72

6

本支店合併後の当期純（**利益**）	¥	**545,000**

解説

・未達事項の仕訳

①（本店）（借）現　　金　40,000　（貸）支　　店　40,000

②（本店）（借）支　　店　25,000　（貸）受取手数料　25,000

③（支店）（借）旅　　費　30,000　（貸）本　　店　30,000

当期純損益

¥730,000（本店）－¥180,000（支店）＋¥25,000（未達②）－¥30,000（未達③）＝¥545,000

■検定問題（p.111）

1

(1)

支店勘定残高と本店勘定残高の一致額	¥	**770,000**

(2)

貸 借 対 照 表

関西商店　　　　　　　　令和○年12月31日　　　　　　　　（単位：円）

資　　産	金　　額	負債および純資産	金　　額
現　　　　金	**880,000**	支　払　手　形	**1,050,000**
当 座 預 金	**3,220,000**	買　　掛　　金	**1,250,000**
売　掛　金	**2,450,000**	資　　本　　金	**5,200,000**
商　　　品	**1,180,000**	（当 期 純 利 益）	**2,110,000**
（備　　　品）	**1,880,000**		
	9,610,000		**9,610,000**

解説

・未達事項の仕訳

①（支店）（借）仕　　入　□□□　（貸）本　　店　□□□

②（本店）（借）買掛金　60,000　（貸）支　　店　60,000

③（支店）（借）旅　　費　20,000　（貸）本　　店　20,000

④（本店）（借）支　　店　70,000　（貸）受取手数料　70,000

(1) 支店勘定残高と本店勘定残高の一致額の計算

```
      支        店              本        店
         ② 60,000
                                      670,000
760,000 770,000  ←一致→ 770,000
                                ① (80,000)
                                ③ 20,000
④ 70,000
```

支店勘定残高と本店勘定残高が一致することから未達事項①の金額¥80,000を逆算し，本支店合併後の商品の金額を計算する。

¥790,000（本店）＋¥310,000（支店）＋¥80,000（未達商品）＝¥1,180,000

本支店合併後の買掛金

¥780,000（本店）＋¥530,000（支店）－¥60,000（未達②）＝¥1,250,000

本支店合併後の当期純利益

¥1,500,000（本店）＋¥560,000（支店）－¥20,000（未達③）＋¥70,000（未達④）＝¥2,110,000

2

a	支店勘定残高と本店勘定残高の一致額	¥	**516,000**
b	本支店合併後の当期純利益（アの金額）	¥	**830,000**

・12月31日の本支店の仕訳
①(本店)(借)支　店 62,000 (貸)現　金 62,000
　(支店)(借)買掛金 62,000 (貸)本　店 62,000
②(本店)(借)支　店 120,000 (貸)当座預金 120,000
　(支店)(借)広告料 120,000 (貸)本　店 120,000
③(本店)(借)仕　入 85,000 (貸)支　店 85,000
　12月30日における元帳勘定残高に12月31日における本支店の取引を転記して，支店勘定残高と本店勘定残高の一致額を算出すると以下のようになる。

```
        支        店                    本        店
                │③  85,000│      │                      │ 334,000
  419,000       │         │      │                      │
                │516,000 ←一致→ 516,000│①  62,000
  ①  62,000     │         │      │                      │
  ②  120,000    │         │      │                      │②  120,000
```

本支店合併後の現金
　¥380,000＋¥274,000－¥62,000＝¥592,000
本支店合併後の当座預金
　¥1,468,000＋¥1,087,000－¥120,000＝¥2,435,000
本支店合併後の買掛金
　¥820,000＋¥465,000－¥62,000＝¥1,223,000
　本支店合併後の当期純利益は以下の貸借対照表の空欄に，上記で算出した金額を入れ，貸借の差額で求める。

〔本支店合併後の貸借対照表〕

貸　借　対　照　表

北海道商店		令和○年12月31日		（単位：円）
資　産	金　額	負債・純資産	金　額	
現　　金	(592,000)	支払手形	1,620,000	
当座預金	(2,435,000)	買　掛　金	(1,223,000)	
売　掛　金	2,260,000	資　本　金	5,000,000	
商　　品	1,466,000	当期純利益	(830,000)	
備　　品	1,920,000			
	(8,673,000)		(8,673,000)	

3

a	支店勘定残高と本店勘定残高の一致額	¥	**535,000**
b	本支店合併後の商品（アの金額）	¥	**1,381,000**
c	本支店合併後の当期純利益（イの金額）	¥	**630,000**

・未達事項の仕訳
①(支店)(借)仕　入 92,000 (貸)本　店 92,000
②(本店)(借)買掛金 165,000 (貸)支　店 165,000
③(支店)(借)本　店 42,000 (貸)受取手数料 42,000
④(本店)(借)広告料 36,000 (貸)支　店 36,000

a. 支店勘定残高と本店勘定残高の一致額の計算

```
        支        店                    本        店
                │②  165,000│     │③  42,000│
                │④  36,000 │     │          │ 485,000
  736,000       │          │     │          │
                │535,000 ←一致→ 535,000│①  92,000
```

b. 本支店合併後の商品（アの金額）
　本支店会計では資本金は本店にしか存在しない。よって，本支店合併後の資本金の金額が本店貸借対照表の資本金の金額となる。本店の貸借対照表の資本金の金額に¥4,560,000を入れ，貸借の差額で本店の商品¥920,000を計算し，次の計算で本支店合併後の商品を算出する。
　¥920,000(本店)＋¥369,000(支店)＋¥92,000
　（未達商品）＝¥1,381,000

c. 本支店合併後の当期純利益（イの金額）
　解答方法①
　本支店合併後の貸借対照表を完成する方法
　本支店合併後の現金の算出
　　¥330,000(本店)＋¥254,000(支店)＝¥584,000
　本支店合併後の支払手形の算出
　　¥960,000(本店)＋¥940,000(支店)＝¥1,900,000
　上記の金額とbで算出した本支店合併後の商品の金額を本支店合併後の貸借対照表に入れ，本支店合併後の当期純利益を算出する。
　解答方法②
　支店の貸借対照表を完成し，本支店の当期純損益に未達事項の収益・費用を加減する方法
　支店の当座預金
　　¥2,020,000(本店)＋¥660,000(支店)
　　＝¥2,680,000
　支店の買掛金
　　¥734,000(本店)＋¥713,000(支店)－¥165,000
　　（未達②）＝¥1,282,000
　上記の金額を支店の貸借対照表に入れ，支店の当期純損失¥188,000を算出し，次の計算で本支店合併後の当期純利益を算出する。
　　¥812,000(本店)－¥188,000(支店)＋¥42,000
　　（未達③）－¥36,000（未達④）＝¥630,000

■基本問題 (p.114)

1

(1)

		借　　　方		貸　　　方	
①	（支）店	仕　　　入	160,000	本　　　店	160,000
②	（本）店	支　　　店	30,000	受 取 手 数 料	30,000
③	（本）店	広 　告 　料	90,000	支　　　店	90,000

(2)

支店勘定残高と本店勘定残高の一致額	￥	610,000

(3)

損 益 計 算 書

新潟商店　　　　　　　令和○年1月1日から令和○年12月31日まで　　　　　　　（単位：円）

費　　　　用	金　　　額	収　　　　益	金　　　額
売 上 原 価	5,450,000	売 上 高	7,600,000
給　　　　料	1,260,000	受 取 手 数 料	70,000
広 　告 　料	165,000		
貸 倒 引 当 金 繰 入	20,000		
減 価 償 却 費	60,000		
当 期 純 利 益	715,000		
	7,670,000		7,670,000

(2) 支店勘定残高と本店勘定残高の一致額の計算

支　　店		本　　店	
	③ 90,000		450,000
670,000	610,000 ←一致→ 610,000		
			① 160,000
② 30,000			

(3) 損益計算書の金額計算

受 取 手 数 料

￥40,000（本店）＋￥30,000（未達②）＝￥70,000

広 告 料

￥75,000（本店）＋￥90,000（未達③）＝￥165,000

当 期 純 利 益

￥540,000（本店）＋￥235,000（支店）＋￥30,000（未達②）－￥90,000（未達③）＝￥715,000

2

(1)

		借　　　方		貸　　　方	
①	（本）店	現　　　金	130,000	支　　　店	130,000
②	（支）店	仕　　　入	200,000	本　　　店	200,000
③	（本）店	支　　　店	15,000	受 取 手 数 料	15,000
④	（本）店	旅　　　費	35,000	支　　　店	35,000

(2)

支店勘定残高と本店勘定残高の一致額	￥ 470,000

(3)

損 益 計 算 書

栃木商店　　　　　令和○年1月1日から令和○年12月31日まで　　　　　（単位：円）

費　　用	金　　額	収　　益	金　　額
売 上 原 価	8,730,000	売 上 高	11,592,000
給 料	1,340,000	（受 取 手 数 料）	15,000
旅 費	280,000		
貸倒引当金繰入	40,000		
減 価 償 却 費	105,000		
支 払 家 賃	180,000		
雑 費	12,000		
（当 期 純 利 益）	920,000		
	11,607,000		11,607,000

(3) 損益計算書の金額計算

期首商品棚卸高

¥470,000（本店）＋¥230,000（支店）＝¥700,000

仕　入　高

¥5,260,000（本店）＋¥3,400,000（支店）＋¥200,000（未達商品）＝¥8,860,000

期末商品棚卸高

¥530,000（本店）＋¥100,000（支店）＋¥200,000（未達商品）＝¥830,000

売　上　原　価

¥700,000（期首商品棚卸高）＋¥8,860,000（仕入高）－¥830,000（期末商品棚卸高）＝¥8,730,000

受　取　手　数　料

¥15,000（未達③）

旅　　　　費

¥245,000（本店）＋¥35,000（未達④）＝¥280,000

当　期　純　利　益

¥650,000（本店）＋¥290,000（支店）＋¥15,000（未達③）－¥35,000（未達④）＝¥920,000

未達商品は仕入高と期末商品棚卸高の両方に加えられるため，売上原価は変わらない。よって，未達商品は当期純利益に影響しない。また，未達事項の未達現金のデータは，損益計算書作成にはまったく使用しない。

3

a	本支店合併後の期末商品棚卸高	¥	**790,000**
b	本支店合併後の当期純（**利益**）	¥	**540,000**

• 未達事項の仕訳

①（支店）（借）仕　入 100,000 （貸）本　店 100,000

②（本店）（借）支　店 30,000 （貸）受取手数料 30,000

③（本店）（借）広告料 50,000 （貸）支　店 50,000

a. 本支店合併後の期末商品棚卸高

¥520,000（本店）＋¥170,000（支店）＋¥100,000（未達商品）＝¥790,000

b. 本支店合併後の当期純利益

支店の損益計算書を完成させると当期純損失が¥60,000となる。よって，本支店合併後の当期純利益は次の式で求められる。

¥620,000（本店）－¥60,000（支店）＋¥30,000（未達②）－¥50,000（未達③）＝¥540,000

問題文の支店の損益計算書の空欄を示すと次のとおりである。

損　益　計　算　書

支店　　　令和○年1月1日から令和○年12月31日まで（単位：円）

費　用	金　額	収　益	金　額
売 上 原 価	（1,730,000）	売 上 高	2,180,000
給　　料	480,000	**当期純損失**	（**60,000**）
減価償却費	30,000		
	（2,240,000）		（2,240,000）

期首商品棚卸高

¥490,000（本店）＋¥210,000（支店）＝¥700,000

仕　入　高

¥5,630,000（本店）＋¥1,690,000（支店）＋¥100,000（未達商品）＝¥7,420,000

売　上　原　価

¥700,000（期首商品棚卸高）＋¥7,420,000（仕入高）－¥790,000（期末商品棚卸高）＝¥7,330,000

4

(1)

		借 方		貸 方	
①	(支)店	仕　　　　入	45,000	本　　　店	45,000
②	(本)店	現　　　　金	12,000	支　　　店	12,000
③	(支)店	買　掛　金	54,000	本　　　店	54,000
④	(本)店	支　　　店	22,000	受 取 手 数 料	22,000
⑤	(支)店	借　入　金	100,000	本　　　店	103,000
		支　払　利　息	3,000		

(2)

支店勘定残高と本店勘定残高の一致額	￥	926,000

(3)

貸 借 対 照 表

富山商店　　　　　　　　　　　令和○年12月31日　　　　　　　　　　　（単位：円）

資　　産	金　　額	負債および純資産	金　　額
現　　　　金	393,000	支　払　手　形	700,000
当　座　預　金	1,048,000	買　　掛　　金	624,000
受　取　手　形	948,000	貸　倒　引　当　金	83,000
売　　掛　　金	712,000	（借　入　金）	100,000
商　　　　品	640,000	（資　本　金）	3,000,000
建　　　　物	930,000	（当 期 純 利 益）	484,000
（備　　　品）	320,000		
	4,991,000		4,991,000

損 益 計 算 書

富山商店　　　　　　令和○年1月1日から令和○年12月31日まで　　　　　　（単位：円）

費　　用	金　　額	収　　益	金　　額
売　上　原　価	2,830,000	売　　上　　高	4,700,000
給　　　　料	1,190,000	（受 取 手 数 料）	45,000
貸 倒 引 当 金 繰 入	64,000		
減　価　償　却　費	174,000		
（支　払　利　息）	3,000		
（当 期 純 利 益）	484,000		
	4,745,000		4,745,000

(2) 支店勘定残高と本店勘定残高の一致額の計算

支 店				本 店	
	② 12,000				724,000
916,000	926,000 ←一致→ 926,000			① 45,000	
				③ 54,000	
				⑤ 103,000	
④ 22,000					

(3)

貸借対照表の金額計算

現　　金
　¥256,000（本店）＋¥125,000（支店）＋¥12,000（未達現金）＝¥393,000

商　　品
　¥410,000（本店）＋¥185,000（支店）＋¥45,000（未達商品）＝¥640,000

買　掛　金
　¥400,000（本店）＋¥278,000（支店）－¥54,000（未達③）＝¥624,000

借　入　金
　¥200,000（支店）－¥100,000（未達⑤）＝¥100,000

当期純利益
　¥520,000（本店）－¥55,000（支店）＋¥22,000（未達④）－¥3,000（未達⑤）＝¥484,000

損益計算書の金額計算

期首商品棚卸高
　¥380,000（本店）＋¥220,000（支店）＝¥600,000

仕　入　高
　¥2,320,000（本店）＋¥505,000（支店）＋¥45,000（未達商品）＝¥2,870,000

期末商品棚卸高
　¥410,000（本店）＋¥185,000（支店）＋¥45,000（未達商品）＝¥640,000

売　上　原　価
　¥600,000（期首商品棚卸高）＋¥2,870,000（仕入高）－¥640,000（期末商品棚卸高）＝¥2,830,000

受　取　手　数　料
　¥23,000（本店）＋¥22,000（未達④）＝¥45,000

支　払　利　息
　¥3,000（未達⑤）

1

a	本店損益計算書の広告料（アの金額）	￥	**231,000**
b	本支店合併後の売上原価（イの金額）	￥	**5,648,000**
c	資本金勘定の次期繰越高	￥	**8,605,000**

解説

資料iの仕訳は下記のようになる。
〔支店〕（借）仕　入　70,000（貸）本　　店　70,000

a. 本店損益計算書の広告料（アの金額）
　　本店損益計算書の売上原価
　　　￥328,000（期首商品）＋￥3,632,000（仕入高）
　　　－￥345,000（期末商品）＝￥3,615,000
　　本店損益計算書の給料
　　　￥1,296,000（本店）＋￥624,000（支店）
　　　＝￥1,920,000（合併後）
　　本店損益計算書に売上原価￥3,615,000と給料
　￥1,296,000を記入し，貸借の差額で広告料（アの金
　額）￥231,000を求める。

b. 本支店合併後の売上原価（イの金額）
　　売上原価は仕入勘定で算出できる。
　　　売上原価＝期首商品棚卸高＋仕入高－期末商品棚卸高

〔本店〕仕　入

期首商品棚卸高 328,000	売上原価
	3,615,000 → 5,648,000（合併後）
仕入高 3,632,000	期末商品棚卸高 345,000

〔支店〕仕　入

期首商品棚卸高 307,000	売上原価
	← 2,033,000
仕入高 2,050,000 70,000（資料i）	期末商品棚卸高 324,000 70,000（資料i）

c. 資本金勘定の次期繰越高
　　資料に未処理の費用および収益の取引がないので，
　合併前の本店の当期純利益￥760,000と支店の当期純
　利益￥346,000を合計することによって，合併後の当
　期純利益￥1,106,000が求められる。
　　合併後の当期純利益と資料iiの引出金の決算整理仕
　訳をすると次のようになる。
　　①（借）資　本　金　281,000（貸）引　出　金　281,000
　　②（借）損　　益　1,106,000（貸）資　本　金　1,106,000

　　資料iiの決算整理前の資本金の金額および上記仕訳
　を資本金勘定（略式）に転記すると次のようになる。

資　本　金

① 12/31 引 出 金 281,000		7,780,000 資料i
〃 次期繰越 **8,605,000**	12/31 損　益 1,106,000 ②	
8,886,000	8,886,000	

　　本店・支店の損益計算書および本支店合併後の損益計
　算書の空欄を示すと次のとおりである。

損　益　計　算　書

本店　　　　　令和○年1月1日から令和○年12月31日まで　　　　　（単位：円）

費　　　用	金　　　額	収　　　益	金　　　額
売　上　原　価	（　3,615,000）	売　　上　　高	6,025,000
給　　　　　料	（　1,296,000）	受　取　手　数　料	150,000
広　　告　　料	（　231,000）		
減　価　償　却　費	220,000		
雑　　　　　費	53,000		
当　期　純　利　益	**760,000**		
	（　6,175,000）		（　6,175,000）

80

損　益　計　算　書

支店　　　　　　　　　令和○年１月１日から令和○年12月31日まで　　　　　（単位：円）

費　　　　　用	金　　　額	収　　　益	金　　　額
売 上 原 価	（　2,033,000）	売　　上　　高	（　3,200,000）
給　　　　　料	624,000	受 取 手 数 料	（　106,000）
広　告　料	120,000		
減 価 償 却 費	160,000		
雑　　　　　費	（　23,000）		
当 期 純 利 益	**346,000**		
	（　3,306,000）		（　3,306,000）

〔本支店合併後の損益計算書〕

損　益　計　算　書

徳島商店　　　　　　　令和○年１月１日から令和○年12月31日まで　　　　　（単位：円）

費　　　　　用	金　　　額	収　　　益	金　　　額
売 上 原 価	（　5,648,000）	売　　上　　高	（　9,225,000）
給　　　　　料	1,920,000	受 取 手 数 料	256,000
広　告　料	（　351,000）		
減 価 償 却 費	（　380,000）		
雑　　　　　費	76,000		
当 期 純 利 益	（　**1,106,000**）		
	（　9,481,000）		（　9,481,000）

2

a	支店勘定残高と本店勘定残高の一致額	¥	**867,000**
b	本 支 店 合 併 後 の 買 掛 金	¥	**1,106,000**
c	本 支 店 合 併 後 の 売 上 総 利 益	¥	**2,480,000**

解説

付記事項の仕訳は下記のようになる。
　①（本店）（借）支　　店 214,000 （貸）現　金 214,000
　　（支店）（借）買 掛 金 214,000 （貸）本　店 214,000
　②（本店）（借）仕　　入 110,000 （貸）支　店 110,000

a. 支店勘定残高と本店勘定残高の一致額の計算

```
        支        店                    本        店
            ②   110,000  │                         653,000
    763,000            │
            867,000  ←─ 一致 ─→  867,000  │①   214,000
    ①   214,000        │
```

b. 本支店合併後の買掛金
　¥890,000（本店）＋¥430,000（支店）
　　　　－¥214,000（付記①）＝¥1,106,000

c. 本支店合併後の売上総利益（売上総利益は売上高から売上原価を差し引いて求める。）

売上原価は仕入勘定で算出できる。
　売上原価＝期首商品棚卸高＋仕入高
　　　　　　　　　－期末商品棚卸高

```
〔本店〕仕　入              〔支店〕仕　入
期首商品棚卸高 売上原価      期首商品棚卸高 売上原価
740,000                    125,000
        7,345,000→9,870,000（合併後）←2,525,000
仕入高         期末商品棚卸高  仕入高         期末商品棚卸高
7,280,000      675,000      2,540,000      140,000
110,000（付記②） 110,000（付記②）
```

売上高　　　　　　　売上原価
〔本店〕　¥9,250,000　〔本店〕　¥7,345,000
＋〔支店〕　¥3,100,000　＋〔支店〕　¥2,525,000
合併後　¥12,350,000　合併後　¥9,870,000

売上高¥12,350,000－売上原価¥9,870,000
　　　　　　　　　　　＝¥2,480,000

3

a	支店勘定残高と本店勘定残高の一致額	¥	**841,000**
b	本店損益計算書の受取手数料(アの金額)	¥	**30,000**
c	本支店合併後の当期純利益(イの金額)	¥	**780,000**

解説

•未達事項の仕訳

①(支店)(借)仕　入 217,000 (貸)本　　店 217,000

②(本店)(借)買掛金 95,000 (貸)支　　店 95,000

③(本店)(借)旅　費 35,000 (貸)支　　店 35,000

④(支店)(借)本　店 51,000 (貸)受取手数料 51,000

a. 支店勘定残高と本店勘定残高の一致額

b. 本店損益計算書の受取手数料（アの金額）

¥（　ア　）(本店) + ¥18,000(支店)

　　+ ¥51,000(未達④) = ¥99,000(合併後)

アの金額…30,000

c. 本支店合併後の当期純利益（イの金額）

本支店合併後の損益計算書を完成させると当期純利益が¥780,000となる。(下記参照)

または，本支店合併後の当期純利益は次のように計算することもできる。

本店の当期純損益 + 支店の当期純損益

　　− 未達事項の費用 + 未達事項の収益

　　= 本支店合併後の当期純利益

¥490,000(本店) + ¥274,000(支店)

　　− ¥35,000(未達③) + ¥51,000(未達④)

　　= ¥780,000

〔本支店合併後の損益計算書〕

損　益　計　算　書

山形商店　　　　　令和○年1月1日から令和○年12月31日まで　　　　　(単位：円)

費　　用	金　　額	収　　益	金　　額
売　上　原　価	(4,726,000)	売　上　高	(6,950,000)
給　　　料	1,026,000	受　取　手　数　料	99,000
旅　　　費	(297,000)		
減　価　償　却　費	200,000		
雑　　　費	20,000		
当　期　純　利　益	(**780,000**)		
	(7,049,000)		(7,049,000)

第1章　株式会社の純資産

1．株式会社の資本金・資本準備金

■基本問題 (p.124)

1

	借　　　方		貸　　　方	
(1)	当 座 預 金	*150,000,000*	資　本　金	*150,000,000*
(2)	当 座 預 金	*240,000,000*	資　本　金	*120,000,000*
			資 本 準 備 金	*120,000,000*
(3)	当 座 預 金	*16,000,000*	資　本　金	*8,000,000*
			資 本 準 備 金	*8,000,000*
(4)	当 座 預 金	*420,000,000*	資　本　金	*300,000,000*
			資 本 準 備 金	*120,000,000*

解説

(1) 特に資本金に計上しない額の指示がないので原則的な処理として払込金額を全額資本金とする。

資　本　金……1株の払込金額×発行済株式数
$$¥150,000×1,000株=¥150,000,000$$

(2) 資　本　金……$(¥120,000-¥60,000)×2,000株$
$$=¥120,000,000$$

資本準備金……$¥60,000×2,000株=¥120,000,000$

(3) 資　本　金……$(¥160,000-¥80,000)×100株$
$$=¥8,000,000 \qquad ……①$$

資本準備金……$¥80,000×100株=¥8,000,000$
$$……②$$

※　資本準備金について

(2)，(3)の問題は同じ論点の出題である。(2)は設立時，(3)は企業規模拡大時の株式発行であるが，いずれの場合においても，払込金額の2分の1を

超えない額を資本金に計上しないことができる。この計上しない部分を株式払込剰余金といい，資本準備金勘定の貸方に記入する。いずれの問題も最高限度の設定である。

(3)について説明すると，

¥160,000（1株の払込金額）×100株（発行済株式数）
$$=¥16,000,000（払込総額）$$

$¥160,000×\dfrac{1}{2}×100株=¥8,000,000$
$$（資本金に計上しない額）……②$$

¥16,000,000（払込総額）−¥8,000,000（資本金に計上しない額）$=¥8,000,000$
$$（資本金に計上する額）……①$$

(4) 資　本　金……$(¥140,000-¥40,000)×3,000株$
$$=¥300,000,000$$

資本準備金……$¥40,000×3,000株=¥120,000,000$

1

	借 方		貸 方	
(1)	当 座 預 金	16,000,000	資 本 金	16,000,000
(2)	当 座 預 金	21,000,000	資 本 金	12,000,000
			資 本 準 備 金	9,000,000
(3)	当 座 預 金	9,000,000	資 本 金	5,000,000
			資 本 準 備 金	4,000,000
(4)	当 座 預 金	24,000,000	資 本 金	20,000,000
			資 本 準 備 金	4,000,000
(5)	当 座 預 金	13,000,000	資 本 金	10,000,000
			資 本 準 備 金	3,000,000
(6)	当 座 預 金	42,000,000	資 本 金	21,000,000
			資 本 準 備 金	21,000,000
(7)	当 座 預 金	24,000,000	資 本 金	12,000,000
			資 本 準 備 金	12,000,000

解説

(1) 資 本 金……¥80,000×200株＝¥16,000,000

(2) 資 本 金……（¥70,000－¥30,000）×300株
  ＝¥12,000,000

  資本準備金……¥30,000×300株＝¥9,000,000

※ (3)以降も資本金に計上しない部分は，資本準備金として処理する。

2. 創立費・開業費・株式交付費

1

	借 方		貸 方	
(1)	創 立 費	520,000	当 座 預 金	520,000
(2)	開 業 費	870,000	現 金	870,000
(3)	株 式 交 付 費	400,000	当 座 預 金	400,000

解説

(1) 会社を設立するために発起人が立て替え払いした諸費用を支払った場合は，創立費勘定（費用の勘定）の借方に記入する。設立費としないように注意する。

(2) 会社設立後，開業までに直接要した諸費用は，開業費勘定（費用の勘定）の借方に記入する。

(3) 会社設立後，企業規模の拡大などの目的で新株を発行したさいに要した費用は，株式交付費勘定（費用の勘定）の借方に記入する。

1

	借　　　　方		貸　　　　方	
(1)	開　業　費	2,300,000	当　座　預　金	2,300,000
(2)	当　座　預　金	24,000,000	資　　本　　金	24,000,000
	株　式　交　付　費	470,000	当　座　預　金	470,000
(3)	当　座　預　金	35,000,000	資　　本　　金	20,000,000
			資　本　準　備　金	15,000,000
	株　式　交　付　費	480,000	当　座　預　金	480,000
(4)	当　座　預　金	52,000,000	資　　本　　金	32,000,000
			資　本　準　備　金	20,000,000
	株　式　交　付　費	460,000	当　座　預　金	460,000
(5)	当　座　預　金	30,000,000	資　　本　　金	15,000,000
			資　本　準　備　金	15,000,000
	創　立　費	780,000	当　座　預　金	780,000
(6)	当　座　預　金	36,000,000	資　　本　　金	20,000,000
			資　本　準　備　金	16,000,000
	創　立　費	370,000	当　座　預　金	370,000

解説

(2) 会社設立後，企業規模拡張のために株式を発行した
　　さいに要した諸費用は，株式交付費勘定で処理する。

(3) 株式の払込金額については，その2分の1を超えな
　　い金額を資本金に計上せずに資本準備金として処理す
　　ることができる。

払　込　金　額　¥35,000,000		資　本　金　¥20,000,000
		資本準備金　¥15,000,000

(6) 設立に要した諸費用¥370,000は創立費勘定で処理
　　する。

1. 剰余金の配当および処分

■基本問題（p.131）

1

	借　　　方		貸　　　方	
3/31	損　　　　　益	5,000,000	繰越利益剰余金	5,000,000
6/28	繰越利益剰余金	4,280,000	利 益 準 備 金	280,000
			未 払 配 当 金	2,800,000
			新 築 積 立 金	1,200,000
6/30	未 払 配 当 金	2,800,000	当 座 預 金	2,800,000
3/31	損　　　　　益	6,400,000	繰越利益剰余金	6,400,000

総　勘　定　元　帳

繰 越 利 益 剰 余 金

3/31 次 期 繰 越	5,000,000	3/31 損　　　益	5,000,000
6/28 諸　　　口	4,280,000	4/ 1 前 期 繰 越	5,000,000
3/31 次 期 繰 越	7,120,000	3/31 損　　　益	6,400,000
	11,400,000		11,400,000
		4/ 1 前 期 繰 越	7,120,000

損　　　　　益

（総 費 用）	12,000,000	（総 収 益）	17,000,000
3/31 繰 越 利 益 剰 余 金	5,000,000		
	17,000,000		17,000,000
（総 費 用）	18,000,000	（総 収 益）	24,400,000
3/31 繰 越 利 益 剰 余 金	6,400,000		
	24,400,000		24,400,000

解説

　第1期の総収益は¥17,000,000，総費用は¥12,000,000，第2期の総収益は¥24,400,000，総費用は¥18,000,000
と仮定して，損益勘定の記入状況を示している。株式会社の利益の計上から配当・処分までの流れをしっかり理解する。

　6/28　繰越利益剰余金の借方金額は株主総会で決議された金額である。¥5,000,000と記入しないように注意する。
　　　　また，貸方の未払配当金を配当金としないように注意する。

2

	借	方	貸	方
3/31	損　　　　益	15,600,000	繰越利益剰余金	15,600,000
6/28	繰越利益剰余金	15,140,000	利 益 準 備 金	1,060,000
			未 払 配 当 金	10,600,000
			別 途 積 立 金	3,480,000
6/30	未 払 配 当 金	10,600,000	当 座 預 金	10,600,000
3/31	損　　　　益	12,400,000	繰越利益剰余金	12,400,000

3

	借	方	貸	方
3/31	損　　　　益	4,200,000	繰越利益剰余金	4,200,000
6/25	繰越利益剰余金	2,910,000	利 益 準 備 金	230,000
			未 払 配 当 金	2,300,000
			別 途 積 立 金	380,000
6/30	未 払 配 当 金	2,300,000	当 座 預 金	2,300,000
3/31	損　　　　益	5,310,000	繰越利益剰余金	5,310,000

 解説

3/31　繰越利益剰余金に借方残高がある場合でも，仕訳は同じである。

　　　なお，この仕訳を転記することによって，繰越利益剰余金勘定の残高は¥3,200,000（貸方）となる。

6/25　未 払 配 当 金

　　　1株あたりの配当金×発行済株式数

　　　　¥4,600×500株＝¥2,300,000

1

	借　　　　方		貸　　　　方	
(1)	繰越利益剰余金	3,830,000	利 益 準 備 金	310,000
			未 払 配 当 金	3,100,000
			別 途 積 立 金	420,000
(2)	繰越利益剰余金	4,123,000	利 益 準 備 金	203,000
			未 払 配 当 金	2,030,000
			別 途 積 立 金	1,890,000
(3)	損　　　　　　益	1,762,000	繰越利益剰余金	1,762,000
(4)	損　　　　　　益	2,210,000	繰越利益剰余金	2,210,000
(5)	繰越利益剰余金	2,130,000	利 益 準 備 金	170,000
			未 払 配 当 金	1,700,000
			別 途 積 立 金	260,000
(6)	損　　　　　　益	1,740,000	繰越利益剰余金	1,740,000
(7)	繰越利益剰余金	3,680,000	利 益 準 備 金	280,000
			未 払 配 当 金	2,800,000
			新 築 積 立 金	600,000
(8)	未 払 配 当 金	4,300,000	当 座 預 金	4,300,000

(2) 配当金については，「1株につき¥350」という条件があるので，¥350×5,800株＝¥2,030,000として未払配当金を計算する。

(3) 株式会社では，当期純損益は損益勘定から繰越利益剰余金勘定に振り替える。

2．損失の処理

1

	借　　　　方		貸　　　　方	
(1)	繰越利益剰余金	400,000	損　　　　　　益	400,000
(2)	利 益 準 備 金	310,000	繰越利益剰余金	980,000
	別 途 積 立 金	670,000		

(1) 株式会社では，損益勘定で算出した当期純損益を，繰越利益剰余金勘定に振り替える。

(2) 繰越利益剰余金勘定の借方残高は損失を意味する。利益準備金と別途積立金は純資産なので貸方に残高がある。それを取り崩すので借方に記入する。

2

(1)

借　　　　方	貸　　　　方
繰越利益剰余金　　800,000	損　　　益　　800,000

　　　　　　　　繰越利益剰余金

（残　高）　130,000	3/31 次 期 繰 越　930,000
3/31 損　　　益　800,000	
930,000	930,000
4/ 1 前 期 繰 越　930,000	

(2)

借　　　　方	貸　　　　方
繰越利益剰余金　　800,000	損　　　益　　800,000

　　　　　　　　繰越利益剰余金

3/31 損　　　益　800,000	（残　高）　220,000
	3/31 次 期 繰 越　580,000
800,000	800,000
4/ 1 前 期 繰 越　580,000	

(3)

借　　　　方	貸　　　　方
繰越利益剰余金　　800,000	損　　　益　　800,000

　　　　　　　　繰越利益剰余金

3/31 損　　　益　800,000	（残　高）　950,000
〃 次 期 繰 越　150,000	
950,000	950,000
	4/ 1 前 期 繰 越　150,000

(1) 借方残高¥130,000は損失額を意味し，当期の損失額も含めて¥930,000の損失額の繰り越しとなる。

(2) 貸方残高¥220,000は利益額を意味し，当期の損失額と相殺し¥580,000の損失額の繰り越しとなる。

(3) 貸方残高¥950,000は利益額を意味し，当期の損失額と相殺し¥150,000の利益額の繰り越しとなる。

3

	借　　　　方	貸　　　　方
(1)	繰越利益剰余金　　960,000	損　　　益　　960,000
(2)	別 途 積 立 金　　280,000	繰越利益剰余金　　280,000
(3)	新 築 積 立 金　　400,000	繰越利益剰余金　1,200,000
	別 途 積 立 金　　800,000	
(4)	繰越利益剰余金　　730,000	損　　　益　　730,000
(5)	新 築 積 立 金　　630,000	繰越利益剰余金　　770,000
	別 途 積 立 金　　140,000	

(1) 株式会社では，損益勘定で算出した当期純損失は，繰越利益剰余金勘定の借方に振り替える。

(4) 繰越利益剰余金勘定の残高は，仕訳に影響しない。

89

4

	借　　方		貸　　方	
3/31	繰越利益剰余金	1,074,000	損　　益	1,074,000
6/28	利 益 準 備 金	257,000	繰越利益剰余金	1,154,000
	新 築 積 立 金	662,000		
	別 途 積 立 金	235,000		

【解説】

3/31の処理の結果，繰越利益剰余金勘定の残高は¥1,182,000（借方）となったことを確認する。

6/28の処理の結果，繰越利益剰余金勘定の残高は¥28,000（借方）となったことを確認する。

■検定問題（p.138）

1

	借　　方		貸　　方	
(1)	繰越利益剰余金	520,000	損　　益	520,000
(2)	別 途 積 立 金	780,000	繰越利益剰余金	780,000
(3)	利 益 準 備 金	210,000	繰越利益剰余金	660,000
	別 途 積 立 金	450,000		
(4)	繰越利益剰余金	293,000	損　　益	293,000
(5)	新 築 積 立 金	1,000,000	繰越利益剰余金	1,500,000
	別 途 積 立 金	500,000		
(6)	別 途 積 立 金	1,730,000	繰越利益剰余金	1,730,000

【解説】

(1)(4) 株式会社では，当期純損益は損益勘定から繰越利益剰余金勘定に振り替える。なお，個人商店の場合には，当期純損益は損益勘定から資本金勘定に振り替える。

〈株式会社の場合（当期純損失の計上）〉
(借)繰越利益剰余金 ××× (貸)損　　益 ×××
〈個人商店の場合（当期純損失の計上）〉
(借)資 本 金 ××× (貸)損　　益 ×××

2

a	仕 入 高	¥	1,937,000
b	繰越利益剰余金勘定の次期繰越高（アの金額）	¥	841,000

【解説】

損益勘定の「3/31仕入　2,067,000」は売上原価であることに注意する。

仕　　入

期首商品棚卸高 780,000	売 上 原 価 2,067,000
仕 入 高 (1,937,000)	期末商品棚卸高 650,000

当期純利益は損益勘定から繰越利益剰余金勘定に振り替えられる。

(借)損　　益 621,000 (貸)繰越利益剰余金 621,000

よって，繰越利益剰余金勘定を示すと下記のようになる。

繰 越 利 益 剰 余 金

6/27 利益準備金 50,000	4/1 前 期 繰 越 810,000
〃 未払配当金 500,000	3/31 損　　益 (621,000)
〃 別途積立金 40,000	
3/31 次 期 繰 越 (841,000)	
1,431,000	1,431,000

1. 株式会社に関する税金の種類

■基本問題 (p.141)

1

	借　　　方		貸　　　方	
(1)	仮 払 法 人 税 等	600,000	現　　　　金	600,000
(2)	法 人 税 等	1,240,000	仮 払 法 人 税 等	580,000
			未 払 法 人 税 等	660,000
(3)	未 払 法 人 税 等	840,000	現　　　　金	840,000
(4)	未 払 法 人 税 等	420,000	現　　　　金	420,000

解説

(1) 法人税・住民税及び事業税の中間申告にともなう納付は，仮払法人税等勘定で処理する。

(2) 法人税・住民税及び事業税を計上したときは，法人税等勘定の借方に記入するとともに，中間納付額を差し引いた残額を未払法人税等勘定の貸方に記入する。

(3) 法人税・住民税及び事業税の確定申告をしたときは，決算時に計上した未払法人税等勘定残高を借方に記入する。

(4) 確定申告で納付すべき法人税等の額は，決算で計上した法人税等の額から中間納付額を差し引いた額である。

2

	借　　　方		貸　　　方	
5/20	租税公課または固定資産税	500,000	現　　　　金	500,000
12/31	租税公課または固定資産税	1,500,000	未 払 税 金	1,500,000

3

	借　　　方		貸　　　方	
5/10	租税公課または固定資産税	1,000,000	未 払 税 金	1,000,000
6/20	未 払 税 金	250,000	現　　　　金	250,000

解説

5/10　固定資産税の納税通知書が届いた時点で，税額が確定しているので，借方に固定資産税の処理をし，貸方は未払税金勘定で処理する。

1

	借　　　　方		貸　　　　方	
(1)	未 払 法 人 税 等	630,000	現　　　　　金	630,000
(2)	仮 払 法 人 税 等	1,440,000	当 座 預 金	1,440,000
(3)	法 人 税 等	1,510,000	仮 払 法 人 税 等	680,000
			未 払 法 人 税 等	830,000
(4)	法 人 税 等	1,578,000	仮 払 法 人 税 等	750,000
			未 払 法 人 税 等	828,000
(5)	未 払 法 人 税 等	680,000	当 座 預 金	800,000
	所 得 税 預 り 金	120,000		

解説

(1) 法人税・住民税及び事業税の確定申告をし，納税したときは，未払法人税等勘定の借方に記入する。

(2) 決算が年1回の会社では，中間申告によって支払った税金を仮払法人税等勘定で処理する。

(3) 法人税・住民税及び事業税を計上したときは，法人税等勘定の借方に記入するとともに，中間納付額を差し引いた残額を未払法人税等勘定の貸方に記入する。

(4) 法人税・住民税及び事業税の中間申告にともなう納付額は，仮払法人税等勘定で処理されているので，税額を計上する時はこの仮払いの納付額を差し引いた額を未払法人税等勘定で処理する。

(5) 従業員から預かっている所得税は，所得税預り金勘定で処理されているので，未払法人税等勘定とともに借方に記入する。

2

①	法人税等
②	￥　　　350,000

解説

前期の法人税・住民税及び事業税の計上額が￥600,000なので，中間申告時にはその2分の1の￥300,000を中間申告していたことがわかる。

(借)仮払法人税等 300,000 （貸)当座預金 300,000

一方，当期の法人税・住民税及び事業税の計上額は￥650,000なので，12月31日の時点では下記の仕訳がされている。

(借)法 人 税 等 650,000 （貸)仮払法人税等 300,000
　　　　　　　　　　　　　未払法人税等 350,000

したがって，①には「法人税等」，②には「350,000」が入る。

問題文の未払法人税等勘定を完成させると下記のようになる。

未 払 法 人 税 等

2/24 当 座 預 金	(310,000)	1/ 1 前 期 繰 越	310,000
12/31 次 期 繰 越	**(350,000)**	12/31 (法人税等)	(350,000)
	(660,000)		(660,000)

前期の確定申告の転記
(借) 未払法人税等　　310,000　　　（貸）当 座 預 金　　310,000

3

a	当期の純仕入高	¥	**5,056,000**
b	決算日における法人税等の未払額	¥	**145,000**
c	繰越利益剰余金勘定の次期繰越高	¥	**785,000**

解説

各勘定を完成させると，次のようになる。

繰 越 商 品

1/ 1	前 期 繰 越	640,000	12/31	仕 　 入	640,000
12/31	仕 　 入	570,000	〃	**次 期 繰 越**	**570,000**
		1,210,000			1,210,000

仮 払 法 人 税 等

8/28	当 座 預 金	130,000	12/31	法 人 税 等	130,000

繰 越 利 益 剰 余 金

3/28	諸 　 口	(760,000)	1/ 1	前 期 繰 越	920,000
12/31	**次 期 繰 越**	**785,000**	12/31	損 　 益	(625,000)
		(1,545,000)			(1,545,000)

損 　 益

12/31	仕 　 入	(5,126,000)	12/31	売 　 上	8,460,000
〃	給 　 料	1,800,000			
〃	減 価 償 却 費	600,000			
〃	雑 　 費	34,000			
〃	法 人 税 等	275,000			
〃	繰 越 利 益 剰 余 金	625,000			
		8,460,000			8,460,000

a. 当期の純仕入高は下記の図（仕入勘定）で求める。
損益勘定の借方の空欄は売上原価であり，貸借の差額
で¥5,126,000を求める。

仕 　 入

当期純仕入高 （¥5,056,000）	期末商品棚卸高 ¥570,000
	売 上 原 価 （¥5,126,000）
期首商品棚卸高 ¥640,000	

b. 決算日における法人税等の未払額

8月28日の中間申告および12月31日の法人税等の計
上の仕訳を示すと次のとおりである。

• 8月28日の中間申告
(借)仮払法人税等 130,000 (貸)当座預金 130,000
• 12月31日の法人税等の計上
(借)法 人 税 等 275,000 (貸)仮払法人税等 130,000
未払法人税等 145,000
——損益勘定の記入面から

c. 繰越利益剰余金勘定の次期繰越高

損益勘定から当期の純利益は¥625,000であり，次
の2つの仕訳を繰越利益剰余金勘定に転記すると，次
期に繰り越す金額¥785,000が算出できる。

• 3月28日の繰越利益剰余金の配当および処分
(借)繰越利益剰余金 760,000 (貸)利益準備金 60,000
未払配当金 600,000
別途積立金 100,000
• 12月31日の当期純利益の計上
(借)損 　 益 625,000 (貸)繰越利益剰余金 625,000

第1章　伝票の集計と転記

■基本問題（p.146）

1

仕 訳 集 計 表
令和○年6月20日

借 方	元丁	勘定科目	元丁	貸 方
270,000		現　　　　　金		190,000
120,000		当 座 預 金		110,000
300,000	省	売 　掛　 金	省	290,000
		支 払 手 形		100,000
180,000		買 　掛　 金		260,000
10,000	略	売　　　　　上	略	300,000
260,000		仕　　　　　入		20,000
130,000		消 耗 品 費		
1,270,000				1,270,000

解説

仕訳集計表（日計表）を作成するには，それぞれの勘定科目を借方・貸方ごとに集計する。参考に各伝票の仕訳を以下に示す。

● 入金伝票の仕訳

(借)現　　　金　90,000　(貸)売 掛 金　90,000

(借)現　　　金　110,000　(貸)当 座 預 金　110,000

(借)現　　　金　70,000　(貸)売 掛 金　70,000

● 出金伝票の仕訳

(借)消 耗 品 費　50,000　(貸)現　　　金　50,000

(借)買 掛 金　60,000　(貸)現　　　金　60,000

(借)消 耗 品 費　80,000　(貸)現　　　金　80,000

● 振替伝票の仕訳

(借)売 掛 金　70,000　(貸)売　　　上　70,000

(借)売　　　上　10,000　(貸)売 掛 金　10,000

(借)仕　　　入　160,000　(貸)買 掛 金　160,000

(借)仕　　　入　100,000　(貸)買 掛 金　100,000

(借)売 掛 金　230,000　(貸)売　　　上　230,000

(借)買 掛 金　20,000　(貸)仕　　　入　20,000

(借)買 掛 金　100,000　(貸)支 払 手 形　100,000

(借)当 座 預 金　120,000　(貸)売 掛 金　120,000

2

仕　訳　集　計　表
令和○年10月1日

借　　方	元丁	勘 定 科 目	元丁	貸　　方
400,000	1	現　　　　　金	1	290,000
240,000	2	当 座 預 金	2	270,000
480,000	4	売 　掛 　金	4	470,000
310,000	10	買 　掛 　金	10	430,000
30,000	15	売　　　　　上	15	480,000
		受 取 手 数 料	16	20,000
430,000	20	仕　　　　　入	20	40,000
110,000	22	広 　告 　料		
2,000,000				**2,000,000**

総　勘　定　元　帳

現　　　金　　　　　1	当 座 預 金　　　　2
10/1 前期繰越 310,000 ｜ 10/1　　290,000	10/1 前期繰越 570,000 ｜ 10/1　　270,000
〃　　　　　400,000 ｜	〃　　　　　240,000 ｜

売 　掛 　金　　　　4	買 　掛 　金　　　　10
10/1 前期繰越 630,000 ｜ 10/1　　470,000	10/1　　310,000 ｜ 10/1 前期繰越 450,000
〃　　　　　480,000 ｜	〃　　　　　430,000

売　　　　上　　　　15	受 取 手 数 料　　　16
10/1　30,000 ｜ 10/1　480,000	｜ 10/1　　20,000

仕　　　　入　　　　20	広 　告 　料　　　　22
10/1　430,000 ｜ 10/1　40,000	10/1　110,000 ｜

解説

10月1日の取引の仕訳と伝票への記入は次のとおりである。
(借)現　　　金 100,000　　(貸)当座預金 100,000
(借)広　告　料　60,000　　(貸)当座預金　60,000

入 金 伝 票
当 座 預 金　100,000

振替伝票（借方）	振替伝票（貸方）
広　告　料　60,000	当 座 預 金　　60,000

　仕訳集計表（日計表）の元丁欄には，総勘定元帳の各勘定の口座番号を記入する。また，仕訳集計表（日計表）に集計した勘定科目ごとの借方合計金額は総勘定元帳の借方に，貸方合計金額は総勘定元帳の貸方に合計転記する。

参考に各伝票の仕訳を以下に示す。

● 入金伝票の仕訳

(借)現　　　金 130,000　(貸)売　掛　金 130,000

(借)現　　　金 20,000　(貸)受取手数料 20,000

(借)現　　　金 150,000　(貸)売　掛　金 150,000

(借)現　　　金 100,000　(貸)当座預金 100,000

● 出金伝票の仕訳

(借)買　掛　金 70,000　(貸)現　　　金 70,000

(借)広　告　料 50,000　(貸)現　　　金 50,000

(借)当座預金 80,000　(貸)現　　　金 80,000

(借)買　掛　金 90,000　(貸)現　　　金 90,000

● 振替伝票の仕訳

(借)当座預金 160,000　(貸)売　掛　金 160,000

(借)仕　　　入 170,000　(貸)買　掛　金 170,000

(借)売　掛　金 180,000　(貸)売　　　上 180,000

(借)売　掛　金 110,000　(貸)売　　　上 110,000

(借)買　掛　金 110,000　(貸)当座預金 110,000

(借)買　掛　金 40,000　(貸)仕　　　入 40,000

(借)仕　　　入 140,000　(貸)買　掛　金 140,000

(借)売　掛　金 190,000　(貸)売　　　上 190,000

(借)売　　　上 30,000　(貸)売　掛　金 30,000

(借)仕　　　入 120,000　(貸)買　掛　金 120,000

(借)広　告　料 60,000　(貸)当座預金 60,000

3

(1)

仕　訳　集　計　表
令和○年4月1日

借　方	元丁	勘定科目	元丁	貸　方
512,000		現　　　　金		310,000
483,000	省	当　座　預　金	省	319,000
		受　取　手　形		180,000
630,000		売　　掛　　金		408,000
328,000	略	買　　掛　　金	略	545,000
21,000		売　　　　　上		630,000
		受　取　家　賃		130,000
545,000		仕　　　　　入		25,000
28,000		消　耗　品　費		
2,547,000				2,547,000

(2)

総　勘　定　元　帳

売　掛　金　　　　　4		
4/1 前期繰越 823,000	4/1	408,000
〃 630,000		

買　掛　金　　　　11		
4/1	328,000	4/1 前期繰越 678,000
		〃 545,000

(3)

売　掛　金　元　帳

長　岡　商　店　　　　1		
4/1 前月繰越 150,000	4/1	150,000
〃 208,000		

柏　崎　商　店　　　　2		
4/1 前月繰越 120,000		
〃 115,000		

買　掛　金　元　帳

上　越　商　店　　　　1		
4/1	92,000	4/1 前月繰越 110,000
		〃 126,000

新　発　田　商　店　　　2		
		4/1 前月繰越 140,000
		〃 130,000

新 津 商 店			3		三 条 商 店			3
4/1 前月繰越 *123,000*	4/1		*72,000*	4/1	*135,000*	4/1 前月繰越 *210,000*		
〃 *140,000*						〃 *193,000*		

寺 泊 商 店			4		弥 彦 商 店			4
4/1 前月繰越 *170,000*	4/1		*165,000*	4/1	*25,000*	4/1 前月繰越 *90,000*		
〃 *167,000*								

燕 商 店			5		湯 沢 商 店			5
4/1 前月繰越 *260,000*	4/1		*21,000*	4/1	*76,000*	4/1 前月繰越 *128,000*		
						〃 *96,000*		

解説

4月1日の取引の仕訳と伝票への記入は次のとおりである。

(借)現 金 *130,000* (貸)受取家賃 *130,000*
(借)当座預金 *180,000* (貸)受取手形 *180,000*

入 金 伝 票	
受 取 家 賃	*130,000*

振替伝票（借方）	振替伝票（貸方）
当座預金 *180,000*	受取手形 *180,000*

仕訳集計表(日計表)の元丁欄には，総勘定元帳の各勘定の口座番号を記入する。また，売掛金元帳や買掛金元帳などの補助元帳への転記は，取引ごとに個別転記する。

参考に各伝票の仕訳を以下に示す。

●入金伝票の仕訳

(借)現 金 *160,000* (貸)当座預金 *160,000*
(借)現 金 *72,000* (貸)売 掛 金 *72,000*
　　　　　　　　　　　　　　（新津商店）
(借)現 金 *150,000* (貸)売 掛 金 *150,000*
　　　　　　　　　　　　　　（長岡商店）
(借)現 金 *130,000* (貸)受取家賃 *130,000*

●出金伝票の仕訳

(借)消耗品費 *4,000* (貸)現 金 *4,000*
(借)買 掛 金 *92,000* (貸)現 金 *92,000*
　　（上越商店）
(借)当座預金 *138,000* (貸)現 金 *138,000*
(借)買 掛 金 *76,000* (貸)現 金 *76,000*
　　（湯沢商店）

●振替伝票の仕訳

(借)売 掛 金 *208,000* (貸)売 上 *208,000*
　　（長岡商店）
(借)売 掛 金 *115,000* (貸)売 上 *115,000*
　　（柏崎商店）

(借)売 掛 金 *167,000* (貸)売 上 *167,000*
　　（寺泊商店）
(借)仕 入 *130,000* (貸)買 掛 金 *130,000*
　　　　　　　　　　　　　　（新発田商店）
(借)仕 入 *126,000* (貸)買 掛 金 *126,000*
　　　　　　　　　　　　　　（上越商店）
(借)買 掛 金 *25,000* (貸)仕 入 *25,000*
（弥彦商店返品）
(借)買 掛 金 *135,000* (貸)当座預金 *135,000*
　　（三条商店）
(借)売 上 *21,000* (貸)売 掛 金 *21,000*
（燕商店値引）
(借)仕 入 *96,000* (貸)買 掛 金 *96,000*
　　　　　　　　　　　　　　（湯沢商店）
(借)売 掛 金 *140,000* (貸)売 上 *140,000*
　　（新津商店）
(借)消耗品費 *24,000* (貸)当座預金 *24,000*
(借)仕 入 *193,000* (貸)買 掛 金 *193,000*
　　　　　　　　　　　　　　（三条商店）
(借)当座預金 *165,000* (貸)売 掛 金 *165,000*
　　　　　　　　　　　　　　（寺泊商店）
(借)当座預金 *180,000* (貸)受取手形 *180,000*

1

仕 訳 集 計 表
令和○年12月1日

借　方	元丁	勘 定 科 目	元丁	貸　方
3,058,000	1	現　　　　金	1	1,318,000
140,000	2	当 座 預 金	2	1,138,000
300,000	3	受 取 手 形	3	598,000
290,000	4	売 掛 金	4	138,000
200,000	9	支 払 手 形	9	120,000
208,000	10	買 掛 金	10	770,000
		売　　　　上	14	2,190,000
2,059,000	18	仕　　　　入		
13,000	25	消 耗 品 費		
4,000	29	雑　　　　費		
6,272,000				6,272,000

総 勘 定 元 帳

現　　金　　　　　　1	
12/1 前 期 繰 越 2,250,000	12/1　　　1,318,000
〃　　　3,058,000	

当 座 預 金　　　　2	
12/1 前 期 繰 越 3,947,000	12/1　　　1,138,000
〃　　　140,000	

受 取 手 形　　　　3	
12/1 前 期 繰 越 598,000	12/1　　　598,000
〃　　　300,000	

売 掛 金　　　　　　4	
12/1 前 期 繰 越 778,000	12/1　　　138,000
〃　　　290,000	

支 払 手 形　　　　9	
12/1　　　200,000	12/1 前 期 繰 越 330,000
	〃　　　120,000

買 掛 金　　　　　10	
12/1　　　208,000	12/1 前 期 繰 越 518,000
	〃　　　770,000

売　　上　　　　　14	
	12/1　　　2,190,000

仕　　入　　　　　18	
12/1　　　2,059,000	

消 耗 品 費　　　　25	
12/1　　　13,000	

雑　　費　　　　　29	
12/1　　　4,000	

解説

12月1日の取引の仕訳は次のとおりである。

（借）仕　　入 470,000 （貸）買 掛 金 470,000

仕 訳 集 計 表
令和○年 9 月 1 日

借　方	元丁	勘 定 科 目	元丁	貸　方
584,000		現　　　金		396,000
560,000		当 座 預 金		221,000
		受 取 手 形		300,000
721,000	省	売 　掛 　金	省	712,000
		支 払 手 形		100,000
308,000		買 　掛 　金		543,000
		手 形 借 入 金		100,000
242,000	略	売　　　上	略	721,000
		受 取 利 息		14,000
643,000		仕　　　入		20,000
69,000		通 信 費		
3,127,000				3,127,000

総 勘 定 元 帳

現　金　1

9/1 前期繰越	1,440,000	9/1	396,000
〃	584,000		

売　掛　金　4

9/1 前期繰越	1,126,000	9/1	712,000
〃	721,000		

買　掛　金　11

9/1	308,000	9/1 前期繰越	862,000
		〃	543,000

仕　入　21

9/1	643,000	9/1	20,000

売 掛 金 元 帳

横 須 賀 商 店　1

9/1 前月繰越	106,000		
〃	103,000		

鎌 倉 商 店　2

9/1 前月繰越	320,000	9/1	320,000
〃	320,000		

三 浦 商 店　3

9/1 前月繰越	350,000	9/1	180,000
〃	298,000		

厚 木 商 店　4

9/1 前月繰越	200,000	9/1	62,000

平 塚 商 店　5

9/1 前月繰越	150,000	9/1	150,000

買 掛 金 元 帳

川 崎 商 店　1

9/1	159,000	9/1 前月繰越	260,000
		〃	209,000

相 模 原 商 店　2

9/1	35,000	9/1 前月繰越	250,000
		〃	111,000

藤 沢 商 店　3

9/1	94,000	9/1 前月繰越	94,000
		〃	134,000

湘 南 商 店　4

9/1	20,000	9/1 前月繰越	80,000

横 浜 商 店　5

		9/1 前月繰越	178,000
		〃	89,000

9月1日の取引の仕訳と伝票への記入は次のとおりである。

(借)仕　　入　100,000　　(貸)支払手形　100,000

(借)仕　　入　 89,000　　(貸)買 掛 金　 89,000

(借)現　　金　100,000　　(貸)手形借入金　100,000

振替伝票(借方)	振替伝票(貸方)
仕　　入　100,000	支 払 手 形　100,000

振替伝票(借方)	振替伝票(貸方)
仕　　入　 89,000	買 掛 金　 89,000

入 金 伝 票
手形借入金　*100,000*

売掛金元帳や買掛金元帳などの補助元帳への転記は，取引ごとに個別転記する。

参考に各伝票の仕訳を以下に示す。

• 入金伝票の仕訳

(借)現　　金　320,000　　(貸)売 掛 金　320,000
　　　　　　　　　　　　　　　　(鎌倉商店)

(借)現　　金　150,000　　(貸)売 掛 金　150,000
　　　　　　　　　　　　　　　　(平塚商店)

(借)現　　金　 14,000　　(貸)受取利息　 14,000

(借)現　　金　100,000　　(貸)手形借入金　100,000

• 出金伝票の仕訳

(借)当座預金　260,000　　(貸)現　　金　260,000

(借)買 掛 金　 94,000　　(貸)現　　金　 94,000
　　(藤沢商店)

(借)通 信 費　 7,000　　(貸)現　　金　 7,000

(借)買 掛 金　 35,000　　(貸)現　　金　 35,000
　　(相模原商店)

• 振替伝票の仕訳

(借)売 掛 金　103,000　　(貸)売　　上　103,000
　　(横須賀商店)

(借)仕　　入　209,000　　(貸)買 掛 金　209,000
　　　　　　　　　　　　　　　　(川崎商店)

(借)売 掛 金　320,000　　(貸)売　　上　320,000
　　(鎌倉商店)

(借)買 掛 金　159,000　　(貸)当座預金　159,000
　　(川崎商店)

(借)通 信 費　 62,000　　(貸)当座預金　 62,000

(借)買 掛 金　 20,000　　(貸)仕　　入　 20,000
　　(湘南商店値引)

(借)仕　　入　111,000　　(貸)買 掛 金　111,000
　　　　　　　　　　　　　　　　(相模原商店)

(借)売　　上　 62,000　　(貸)売 掛 金　 62,000
　　　　　　　　　　　　　　　　(厚木商店値引)

(借)仕　　入　134,000　　(貸)買 掛 金　134,000
　　　　　　　　　　　　　　　　(藤沢商店)

(借)売 掛 金　298,000　　(貸)売　　上　298,000
　　(三浦商店)

(借)売　　上　180,000　　(貸)売 掛 金　180,000
　　　　　　　　　　　　　　　　(三浦商店返品)

(借)当座預金　300,000　　(貸)受取手形　300,000

(借)仕　　入　100,000　　(貸)支払手形　100,000

(借)仕　　入　 89,000　　(貸)買 掛 金　 89,000
　　　　　　　　　　　　　　　　(横浜商店)

Ⅶ 英文会計

■基本問題 (p.159)

1

ア	6	イ	5	ウ	1

語群を英語と日本語で表記してみると以下のようになる。

1．bankbook
当座預金出納帳

2．assets
資産

3．bookkeeping
簿記

4．debit
借方

5．credit
貸方

6．account
勘定

2

ア	2	イ	1	ウ	3

語群を英語と日本語で表記してみると以下のようになる。

1．financial statements
財務諸表

2．accounting cycle
簿記一巡の手続

3．cash over and short
現金過不足

4．accountability
説明責任

5．cashbook
現金出納帳

6．balance sheet
貸借対照表

3

ア	3	イ	6	ウ	1

語群を英語と日本語で表記してみると以下のようになる。

1．work sheet
精算表

2．financial position
財政状態

3．expenses
費用

4．liabilities
負債

5．profit and loss statement
損益計算書

6．result of operations
経営成績

4

ア	3	イ	6	ウ	2

語群を英語と日本語で表記してみると以下のようになる。

1．securities
有価証券

2．general ledger
総勘定元帳（元帳）

3．note
手形

4．journal
仕訳帳

5．check
小切手

6．petty cash
小口現金

5

ア	4	イ	1	ウ	3

語群を英語と日本語で表記してみると以下のようになる。

1．disbursement slip
出金伝票

2．receipt slip
入金伝票

3．closing books
決算

4．accounts receivable
売掛金

5．accounts payable
買掛金

6．accounting period
会計期間

6

ア	6	イ	2	ウ	3

解説

語群を英語と日本語で表記してみると以下のようになる。

1．posting
転記

2．notes payable
支払手形

3．journalizing
仕訳

4．notes receivable
受取手形

5．first-in first-out method
先入先出法

6．moving average method
移動平均法

7

ア	6	イ	1	ウ	3

語群を英語と日本語で表記してみると以下のようになる。

1．checking account
当座預金

2．assets
資産

3．sales allowance
売上値引

4．bank overdraft
当座借越

5．sales returns
売上返品

6．share capital
資本金

8

ア	3	イ	1	ウ	2

語群を英語と日本語で表記してみると以下のようになる。

1．purchases journal
仕入帳

2．purchase returns
仕入返品

3．gross profit
売上総利益

4．purchase allowance
仕入値引

5．inventory book
商品有高帳

6．cost of goods sold
売上原価

■検定問題（p.161）

1

3

語群を英語と日本語で表記してみると以下のようになる。

1．Balance Sheet（B/S）
貸借対照表

2．Account（A/C）
勘定

3．Profit and Loss Statement（P/L）
損益計算書

1

	借　　　方		貸　　　方	
(1)	受 取 手 形	500,000	売　　　　　上	740,000
	売 　掛 　金	240,000		
(2)	買 　掛 　金	395,000	当 座 預 金	180,000
			当 座 借 越	215,000
(3)	受 取 手 形	731,000	受 取 手 形	725,000
			受 取 利 息	6,000
(4)	有 価 証 券	4,000,000	営業外支払手形	4,000,000
(5)	引 　出 　金	65,000	現　　　　　金	65,000
(6)	現 金 過 不 足	24,000	現　　　　　金	24,000
(7)	租 税 公 課	135,000	現　　　　　金	135,000

2

	借　　　方		貸　　　方	
(1)	手 形 貸 付 金	1,000,000	現　　　　　金	1,000,000
(2)	当 座 借 越	197,000	売 　掛 　金	420,000
	当 座 預 金	223,000		
(3)	資 　本 　金	168,000	現　　　　　金	168,000
(4)	仕 　　　入	350,000	買 　掛 　金	385,000
	仮 払 消 費 税	35,000		
(5)	備品減価償却累計額	520,000	備　　　　　品	650,000
	現　　　　　金	150,000	固定資産売却益	20,000
(6)	仕 　　　入	300,000	受 取 手 形	300,000
(7)	当 座 預 金	410,000	有 価 証 券	480,000
	有価証券売却損	70,000		
(8)	電 子 記 録 債 権	660,000	売 　掛 　金	660,000
(9)	不 渡 手 形	322,000	受 取 手 形	320,000
			現　　　　　金	2,000

3

	借　　　　　方		貸　　　　　方	
(1)	支 払 手 形	600,000	支 払 手 形	600,000
	支 払 利 息	2,000	現　　　　金	2,000
(2)	現　　　　金	4,000	現 金 過 不 足	4,000
(3)	貸 倒 引 当 金	165,000	不 渡 手 形	213,000
	貸 倒 損 失	48,000		
(4)	有 価 証 券	470,000	現　　　　金	470,000
(5)	売 掛 金	572,000	売　　　　上	520,000
			仮 受 消 費 税	52,000
(6)	社会保険料預り金	56,000	現　　　　金	112,000
	法 定 福 利 費	56,000		
(7)	備品減価償却累計額	366,000	備　　　　品	750,000
	営業外受取手形	250,000		
	固定資産売却損	134,000		

4

	借　　　　　方		貸　　　　　方	
(1)	租 税 公 課	8,000	現　　　　金	8,000
(2)	有 価 証 券	1,428,000	営業外支払手形	1,428,000
(3)	交 通 費	2,000	現 金 過 不 足	2,000
(4)	当 座 預 金	735,000	電 子 記 録 債 権	750,000
	電子記録債権売却損	15,000		
(5)	手 形 借 入 金	1,500,000	手 形 借 入 金	1,509,000
	支 払 利 息	9,000		
(6)	当 座 預 金	297,000	受 取 手 形	300,000
	手 形 売 却 損	3,000		
(7)	受 取 家 賃	150,000	未 収 家 賃	150,000
(8)	現　　　　金	1,200,000	資 本 金	1,200,000

5

	借方		貸方	
(1)	支 払 利 息	34,000	前 払 利 息	34,000
(2)	不 渡 手 形	653,000	当 座 預 金	653,000
(3)	引 出 金	35,000	現 金	15,000
			仕 入	20,000
(4)	建物減価償却累計額	10,040,000	建 物	24,000,000
	当 座 預 金	15,000,000	固定資産売却益	1,040,000
(5)	現 金 過 不 足	17,000	現 金	17,000
(6)	クレジット売掛金	155,200	売 上	160,000
	支 払 手 数 料	4,800		
(7)	当 座 借 越	190,000	手 形 貸 付 金	500,000
	当 座 預 金	310,000		
(8)	仮 受 消 費 税	920,000	仮 払 消 費 税	628,000
			未 払 消 費 税	292,000

6

	借方		貸方	
(1)	損 益	1,750,000	本 店	1,750,000
(2)	大 津 支 店	180,000	彦 根 支 店	180,000
(3)	当 座 預 金	24,000,000	資 本 金	16,000,000
			資 本 準 備 金	8,000,000
	株 式 交 付 費	270,000	当 座 預 金	270,000
(4)	別 途 積 立 金	600,000	繰越利益剰余金	600,000
(5)	繰越利益剰余金	4,280,000	利 益 準 備 金	260,000
			未 払 配 当 金	2,600,000
			別 途 積 立 金	1,420,000
(6)	損 益	1,230,000	繰越利益剰余金	1,230,000
(7)	仮払法人税等	950,000	当 座 預 金	950,000

7

	借 方		貸 方	
(1)	支　　　店	1,400,000	現　　　金	400,000
			備　　　品	1,000,000
(2)	損　　　益	1,080,000	支　　　店	1,080,000
(3)	当 座 預 金	39,000,000	資　本　金	19,500,000
			資 本 準 備 金	19,500,000
	創 立 費	790,000	当 座 預 金	790,000
(4)	利 益 準 備 金	300,000	繰越利益剰余金	1,000,000
	別 途 積 立 金	700,000		
(5)	繰越利益剰余金	4,500,000	利 益 準 備 金	400,000
			未 払 配 当 金	4,000,000
			新 築 積 立 金	100,000
(6)	繰越利益剰余金	460,000	損　　　益	460,000
(7)	未 払 法 人 税 等	490,000	現　　　金	490,000

8

	借 方		貸 方	
(1)	仕　　　入	340,000	支　　　店	340,000
(2)	通 信 費	100,000	現　　　金	360,000
	本　　　店	260,000		
(3)	当 座 預 金	48,000,000	資　本　金	30,000,000
			資 本 準 備 金	18,000,000
	創 立 費	940,000	当 座 預 金	940,000
(4)	損　　　益	1,880,000	繰越利益剰余金	1,880,000
(5)	繰越利益剰余金	4,500,000	利 益 準 備 金	400,000
			未 払 配 当 金	4,000,000
			別 途 積 立 金	100,000
(6)	別 途 積 立 金	850,000	繰越利益剰余金	850,000
(7)	法 人 税 等	1,830,000	仮 払 法 人 税 等	1,000,000
			未 払 法 人 税 等	830,000

1. 語句

1

ア	2	イ	3	ウ	4

2

ア	6	イ	5	ウ	4

3

ア	5	イ	4	ウ	2

4

ア	5	イ	4	ウ	1

5

ア	6	イ	5	ウ	2

6

ア	4	イ	1	ウ	5

7

ア	5	イ	2	ウ	4

8

ア	4	イ	6	ウ	5

9

ア	6	イ	3	ウ	4

10

ア	1	イ	5	ウ	2

11

ア	3	イ	6	ウ	4

12

ア	4	イ	2	ウ	5

1

a	仕　入　高	¥	**9,900,000**	b	当期純利益	¥	**1,000,000**	c	期末の売掛金	¥	**2,200,000**

解説

a．期首商品棚卸高¥900,000＋仕入高¥x－期末商品棚卸高¥800,000＝売上原価¥10,000,000　　x＝9,900,000

b．売上高¥15,000,000－（売上原価¥10,000,000＋給料¥3,500,000＋減価償却費¥450,000＋雑費¥50,000）＝当期純利益¥1,000,000

c．（現金預金¥2,000,000＋売掛金¥1,300,000＋商品¥900,000）－買掛金¥1,000,000＝期首純資産¥3,200,000

　　期首純資産¥3,200,000＋当期純利益¥1,000,000－引出金¥400,000＝期末純資産¥3,800,000

　　∴（現金預金¥2,500,000＋売掛金¥x＋商品¥800,000）－買掛金¥1,700,000＝期末純資産¥3,800,000

　　　　x＝2,200,000

2

a	支店勘定残高と本店勘定残高の一致額	¥	**1,008,000**
b	本 支 店 合 併 後 の 買 掛 金	¥	**1,548,000**
c	本 支 店 合 併 後 の 売 上 総 利 益	¥	**2,976,000**

解説

・未達事項の仕訳

　①支店（借）仕　　入　108,000（貸）本　　店　108,000

　②本店（借）現　　金　 48,000（貸）支　　店　 48,000

　③支店（借）買 掛 金（　　　）（貸）本　　店（　　　）

　④本店（借）支　　店　 24,000（貸）受取利息　 24,000

a．支店勘定残高と本店勘定残高の一致額

```
        支          店                          本          店
    ┌─────────┬─② 48,000 ─┐            ┌──────────┬─────────────┐
    │         │            │            │          │   840,000   │
    │1,032,000│1,008,000 ←一致→ 1,008,000│          ├─────────────┤
    │         │            │            │          │① 108,000    │
    ├─────────┤            │            │          │③（60,000）   │
    │④ 24,000 │            │            │          │             │
```

b．本支店合併後の買掛金

　　¥1,068,000（本店）＋¥540,000（支店）－¥60,000

　　（未達③）＝¥1,548,000

c．本支店合併後の売上総利益

本支店合併後の売上原価

期首商品棚卸高 888,000（本店） 150,000（支店）	売 上 原 価 （11,844,000）
当 期 仕 入 高 8,736,000（本店） 3,048,000（支店） 108,000（未達）	期末商品棚卸高 810,000（本店） 168,000（支店） 108,000（未達）

本支店合併後の売上高

　　¥11,100,000（本店）＋¥3,720,000（支店）

　　＝¥14,820,000

本支店合併後の売上総利益

　　¥14,820,000－¥11,844,000＝¥2,976,000

3

a	仕　入　高　¥	4,240,000	b	期首の負債総額　　¥	1,093,000

解説

a. 仕入高

　繰越商品勘定の記録から，期首商品棚卸高は¥480,000　期末商品棚卸高は¥520,000とわかる。

　また，資料 i の売上原価¥4,200,000から次の計算で仕入高を算出する。

　　期首商品棚卸高¥480,000＋仕入高¥4,240,000－
　　期末商品棚卸高¥520,000＝売上原価¥4,200,000

b. 期首の負債総額

　まず，資本金勘定を完成させ，期首の資本金（純資産）の金額¥2,047,000を算出する。

〈完成手順〉

・借方の次期繰越の金額（期末の純資産額）

　資料ⅲの商品に期末商品の¥520,000を入れ，期末の資本金（純資産）¥2,350,000を算出する。

・貸方の損益勘定からの振替額（当期純利益の金額）

　資料 i から当期純利益¥253,000を算出する。

　続いて，次の計算により，期首の負債総額を算出する。

　　期首の資産総額¥3,140,000－期首の負債総額
　　¥1,093,000＝期首の純資産¥2,047,000

貸借対照表（期首）

資産総額　　3,140,000	負債総額　　　　　　　1,093,000　←b
	純資産額　　　　　　　2,047,000

4

a	支店勘定残高と本店勘定残高の一致額	¥	876,000
b	本 支 店 合 併 後 の 仕 入 高	¥	8,130,000
c	本支店合併後の当期純利益	¥	1,015,000

解説

• 未達事項の仕訳

　①支店（借）仕　　　入　190,000（貸）本　　　店　190,000

　②本店（借）支　　　店　6,000（貸）受取手数料　6,000

　③本店（借）旅　　　費　24,000（貸）支　　　店　24,000

a. 支店勘定残高と本店勘定残高の一致額

支　　　店		本　　　店	
	③　24,000		686,000
894,000			
	876,000　←一致→　876,000	① 190,000	
② 6,000			

b. 本支店合併後の仕入高

　　¥5,770,000(本店)＋¥2,170,000(支店)＋¥190,000
　　(未達商品)＝¥8,130,000

c. 本支店合併後の当期純利益

　　まず，本店の売上原価を求める。

　　　¥620,000(期首商品)＋¥5,770,000(仕入高)
　　　－¥580,000(期末商品)＝¥5,810,000

　　次に，本店の損益計算書を完成させ，本店の当期純利益¥1,067,000を算出する。

　　　¥1,067,000(本店)－¥34,000(支店)＋¥6,000
　　　(未達②)－¥24,000(未達③)＝¥1,015,000

5

a	売 上 原 価 ￥	3,370,000	b	期首の資本金 ￥	2,000,000

解説

a．期首商品棚卸高￥260,000＋仕入高￥3,420,000－期末商品棚卸高￥310,000＝売上原価￥3,370,000

b．（現金￥710,000＋売掛金￥1,280,000＋商品￥310,000＋備品￥500,000）－買掛金￥420,000＝期末純資産￥2,380,000

∴期首の資本金￥x＋当期純利益￥180,000＋追加元入￥200,000＝期末純資産￥2,380,000　　x＝2,000,000

損益計算書を示すと次のとおりになる。

損 益 計 算 書

宇都宮商店　　　令和○年1月1日から令和○年12月31日まで　　　（単位：円）

費　　用	金　　額	収　　益	金　　額
売 上 原 価	3,370,000	売 上 高	4,500,000
給　　料	842,000		
減 価 償 却 費	100,000		
雑　　費	8,000		
当 期 純 利 益	180,000		
	4,500,000		4,500,000

6

a	本 支 店 合 併 後 の 商 品 ￥	1,440,000
b	本 支 店 合 併 後 の 買 掛 金 ￥	2,640,000
c	本 支 店 合 併 後 の 当 期 純 利 益 ￥	482,000

解説

・未達事項の仕訳

①支店（借）仕　　入 100,000（貸）本　　店 100,000

②支店（借）買 掛 金（　　）（貸）本　　店（　　）

③本店（借）旅　　費 80,000（貸）支　　店 80,000

④支店（借）本　　店 130,000（貸）受取手数料 130,000

a．本支店合併後の商品

　　￥950,000（本店）＋￥390,000（支店）＋￥100,000

　　　（未達商品）＝￥1,440,000

b．本支店合併後の買掛金

　　￥1,920,000（本店）＋￥930,000（支店）－￥210,000

　　　（未達②）＝￥2,640,000

c．本支店合併後の当期純利益

　　￥560,000（本店）－￥128,000（支店）－￥80,000

　　　（未達③）＋￥130,000（未達④）＝￥482,000

a	仕　入　高　¥	6,930,000	b	期末の借入金　¥	500,000

解説

a．期首商品棚卸高¥520,000＋仕入高¥ x －期末商品棚卸高¥570,000＝売上原価¥6,880,000　　 x ＝6,930,000

b．期首資産¥2,476,000－期首負債¥1,276,000＝期首純資産¥1,200,000

　（売上高¥8,450,000＋受取手数料¥160,000）－（売上原価¥6,880,000＋給料¥1,075,000＋減価償却費¥115,000＋支払利息¥30,000）＝当期純利益¥510,000

　期首純資産¥1,200,000＋当期純利益¥510,000＋追加元入¥150,000－引出金¥30,000＝期末純資産¥1,830,000

　期末純資産¥1,830,000を繰越試算表の資本金に入れて，借入金¥500,000を算出する。

8

a	支店勘定残高と本店勘定残高の一致額	¥	356,000
b	本 支 店 合 併 後 の 仕 入 高	¥	3,295,000
c	本支店合併後の当期純利益	¥	255,000

解説

・未達事項の仕訳

　①支店（借)仕　　入　70,000（貸)本　　店　70,000

　②本店（借)買 掛 金　45,000（貸)支　　店　45,000

　③支店（借)旅　　費　20,000（貸)本　　店　20,000

　④本店（借)支　店（　　）（貸)受取利息（　　）

a．支店勘定残高と本店勘定残高の一致額

```
        支          店              本          店
　　　　│ ② 45,000                            │
                                  │          266,000
 391,000│356,000 ←一致→ 356,000│
                                  │① 70,000
                                  │
                                  │③ 20,000
 ④(10,000)│
```

b．本支店合併後の仕入高

　　¥2,250,000(本店)＋¥975,000(支店)＋¥70,000

　　(未達商品)＝¥3,295,000

c．本支店合併後の当期純利益

　まず，支店の売上原価を求める。

　　¥80,000(期首商品)＋¥975,000(仕入高)

　　－¥75,000(期末商品)＝¥980,000

　次に，支店の損益計算書を完成させ，支店の当期純損失¥37,000を算出する。

　　¥302,000(本店)－¥37,000(支店)－¥20,000

　　(未達③)＋¥10,000(未達④)＝¥255,000

本店と支店の損益計算書を示すと次のとおりになる。

損 益 計 算 書

本店　　令和〇年1月1日から令和〇年12月31日まで　（単位：円）

費　　用	金　　額	収　　益	金　　額
売 上 原 価	2,225,000	売　上　高	3,200,000
給　　料	525,000	受取手数料	11,000
旅　　費	100,000		
減価償却費	45,000		
雑　　費	14,000		
当 期 純 利 益	302,000		
	3,211,000		3,211,000

損 益 計 算 書

支店　　令和〇年1月1日から令和〇年12月31日まで　（単位：円）

費　　用	金　　額	収　　益	金　　額
売 上 原 価	980,000	売　上　高	1,300,000
給　　料	260,000	当 期 純 損 失	37,000
旅　　費	48,000		
減価償却費	23,000		
雑　　費	26,000		
	1,337,000		1,337,000

9

a	仕 入 高 ¥	5,486,000	b	期首の現金 ¥	211,000

a．損益勘定の仕入¥5,460,000は売上原価を意味する。

期首商品棚卸高¥663,000＋仕入高¥ x －期末商品棚卸高¥689,000＝売上原価¥5,460,000　　x ＝5,486,000

b．期末の資産・負債の資料から期末純資産¥2,069,000を算出する。

損益勘定の借方の資本金に振り替えた¥455,000は当期純利益を意味する。

期首純資産¥ x ＋当期純利益¥455,000－引出金¥39,000＝期末純資産¥2,069,000　　x ＝1,653,000

∴（現金¥ y ＋売掛金¥816,000＋商品¥663,000＋備品¥600,000）－買掛金¥637,000＝期首純資産¥1,653,000

y ＝211,000

10

a	支店貸借対照表の本店（アの金額） ¥	650,000
b	本 支 店 合 併 後 の 商 品 ¥	1,500,000
c	本 支 店 合 併 後 の 当 期 純 利 益 ¥	1,600,000

・未達事項の仕訳

①支店（借）仕　　入 140,000（貸）本　　店 140,000

②本店（借）買 掛 金 80,000（貸）支　　店 80,000

③支店（借）広 告 料 100,000（貸）本　　店 100,000

④本店（借）支　　店 30,000（貸）受取手数料 30,000

a．支店貸借対照表の本店（アの金額）

b．本支店合併後の商品

¥920,000（本店）＋¥440,000（支店）＋¥140,000
（未達商品）＝¥1,500,000

c．本支店合併後の当期純利益

¥1,250,000（本店）＋¥420,000（支店）－¥100,000
（未達③）＋¥30,000（未達④）＝¥1,600,000

```
         支      店              本      店
       ②   80,000           （  ア  ）
                            ＝650,000
 940,000                    ①  140,000
       890,000 ←一致→ 890,000
                            ③  100,000
 ④   30,000
```

a	売 上 原 価　¥	10,470,000	b	期首の資本金　¥	2,550,000

解説

a．（売上高¥14,140,000＋受取手数料¥80,000）−（売上原価¥ x ＋給料¥2,745,000＋減価償却費¥120,000＋雑費¥30,000）＝当期純利益¥855,000

　　 x ＝10,470,000

b．期末資産¥5,730,000−期末負債¥2,145,000＝期末純資産¥3,585,000……期末の資本金勘定残高となる

資　本　金

12/31 引 出 金　　30,000	1/ 1 前期繰越　（ x ）←期首の資本金　 x ＝2,550,000
期末の資本金→ 〃 次期繰越（3,585,000）	6/30 現　　金　　210,000 ←追加元入
	12/31 損　　益　（855,000）←当期純利益
（3,615,000）	（3,615,000）

⓬

a	支店勘定残高と本店勘定残高の一致額	¥	2,440,000
b	本支店合併後の貸倒引当金	¥	44,000
c	本支店合併後の売上総利益	¥	2,830,000

解説

　資料は未達事項より前に決算整理事項が示されているが，未達事項の処理後に決算整理事項の処理をするとよい。

•未達事項の仕訳

　①支店（借）仕　入 250,000 （貸）本　店 250,000

　②本店（借）支　店 100,000 （貸）売 掛 金 100,000

　③支店（借）広 告 料 20,000 （貸）本　店 20,000

a．支店勘定残高と本店勘定残高の一致額

支　　店		本　　店	
2,340,000			2,170,000
	2,440,000 ←一致→ 2,440,000		① 250,000
② 100,000			③ 20,000

b．本支店合併後の貸倒引当金

　本支店合併後の売掛金

　　¥1,450,000（本店）＋¥850,000（支店）−¥100,000

　　（未達②）＝¥2,200,000

　本支店合併後の貸倒引当金

　　¥2,200,000×2％＝¥44,000

c．本支店合併後の売上総利益

本支店合併後の売上原価

期首商品棚卸高 　　870,000（本店） 　　570,000（支店）	売 上 原 価 　　（11,160,000）
当 期 仕 入 高 　5,980,000（本店） 　4,920,000（支店） 　　250,000（未達）	期末商品棚卸高 　　820,000（本店） 　　360,000（支店） 　　250,000（未達）

　本支店合併後の売上高

　　¥7,610,000（本店）＋¥6,380,000（支店）

　　＝¥13,990,000

　本支店合併後の売上総利益

　　¥13,990,000−¥11,160,000＝¥2,830,000

a	仕 入 高 ¥	**5,160,000**	b	繰越利益剰余金勘定の 次期繰越 （アの金額）	¥	**910,000**

解説

a．期首商品棚卸高¥620,000＋仕入高¥x－期末商品棚卸高¥590,000＝売上原価¥5,190,000　　$x=5,160,000$

b．期間中の収益および費用の資料から当期純利益（税引前）¥1,180,000を算出する。

当期純利益（税引前）¥1,180,000から法人税・住民税及び事業税額¥470,000を差し引き，税引後の当期純利益¥710,000を算出する。

繰越利益剰余金勘定の貸方の損益（　　）は損益勘定から振り替えられる当期純利益（税引後）であることから，この（　　）内に¥710,000を入れて（ア）の金額¥910,000を算出する。

なお，繰越利益剰余金勘定を使って，繰越利益剰余金の増減変化をしっかり理解することが重要である。

a	支店勘定残高と本店勘定残高の一致額	¥	**1,615,000**
b	支店貸借対照表の買掛金(アの金額)	¥	**410,000**
c	本支店合併後の商品(イの金額)	¥	**2,650,000**

解説

・未達事項の仕訳

①支店（借）仕　　入 160,000 （貸）本　　店 160,000

②支店（借）買 掛 金　80,000 （貸）本　　店　80,000

③本店（借）支　　店　15,000 （貸）受取手数料　15,000

a．支店勘定残高と本店勘定残高の一致額

支	店		本	店
				1,375,000
1,600,000	1,615,000 ←一致→ 1,615,000		①	160,000
③ 15,000			②	80,000

b．支店貸借対照表の買掛金（アの金額）

¥960,000(本店)＋¥ア(支店)－¥80,000

（未達②）＝¥1,290,000(合併後)

ア＝410,000

c．本支店合併後の商品（イの金額)

《解答法①》

（ア）の¥410,000を支店貸借対照表に記入し，支店の商品¥990,000を算出し，本支店合併後の商品を次の計算で算出する。

¥1,500,000(本店)＋¥990,000(支店)＋¥160,000（未達商品)＝¥2,650,000

《解答法②》

本支店合併後の貸借対照表の資本金は本店の資本金の金額が入る。

本支店合併後の当期純利益を次の計算で算出する。

¥980,000(本店)＋¥267,000(支店)＋¥15,000（未達③)＝¥1,262,000

本支店合併後の貸借対照表から（イ）の金額¥2,650,000を算出する。

①	未 収 家 賃	②	¥	48,000

解説

受取家賃勘定の貸方の3/31現金*96,000*と9/30現金*96,000*の記入から，6か月分の家賃が¥*96,000*であることがわかり，1か月分は¥*16,000*ということがわかる。

また，「毎年同額の家賃を，3月末と9月末に経過した6か月分をまとめて受け取っている。」という問題文から，前期末において10月～12月までの3か月分の未収高（収益の見越し）の計上をおこなっていることになる。

12/31 （借）未収家賃 *48,000* （貸）受取家賃 *48,000*

そして，当期の期首に次のような未収家賃の再振替仕訳をおこなっている。

1/ 1 （借）受取家賃 *48,000* （貸）未収家賃 *48,000*

この仕訳を転記したものが受取家賃勘定の借方の記入であり，①には「未収家賃」が入る。

また，当期には次のような仕訳がされる。

3/31 （借）現　金 *96,000* （貸）受取家賃 *96,000*
9/30 （借）現　金 *96,000* （貸）受取家賃 *96,000*
12/31 （借）未収家賃 *48,000* （貸）受取家賃 *48,000*

12/31の仕訳を転記したものが，受取家賃勘定の貸方12/31の記入であり，②には¥*48,000*が入る。

〃 （借）受取家賃 *192,000* （貸）損　益 *192,000*

以上の仕訳の勘定記入を図にすると次のとおりである。

受 取 家 賃

期首再振替仕訳（3か月分） 48,000	受　取　分（6か月分） 96,000
当期の収益 192,000	受　取　分（6か月分） 96,000
	未収家賃（3か月分） 48,000

←¥96,000×$\frac{3か月}{6か月}$

a	支店勘定残高と本店勘定残高の一致額	¥	**1,230,000**
b	支店損益計算書の旅費（アの金額）	¥	**40,000**
c	本支店合併後の売上高（イの金額）	¥	**7,820,000**

解説

・未達事項の仕訳

①支店（借）仕　入 *40,000* （貸）本　店 *40,000*
②本店（借）支　店 *5,000* （貸）受取手数料 *5,000*
③本店（借）旅　費 *17,000* （貸）支　店 *17,000*

a. 支店勘定残高と本店勘定残高の一致額

支　　店			本　　店		
	③ 17,000				1,190,000
1,242,000	1,230,000 ←一致→ 1,230,000				
② 5,000					① 40,000

b. 支店損益計算書の旅費（アの金額）

¥*113,000*（本店）＋¥ア（支店）＋¥*17,000*（未達③）＝¥*170,000*（合併後）

ア＝*40,000*

c. 本支店合併後の売上高（イの金額）

《解答法①》

本支店合併後の期末商品棚卸高を次の計算で算出する。

¥*310,000*（本店）＋¥*170,000*（支店）＋¥*40,000*（未達商品）＝¥*520,000*

本支店合併後の売上原価を次の計算で算出する。

¥*490,000*（期首商品）＋¥*5,690,000*（仕入高）－¥*520,000*（期末商品）＝¥*5,660,000*

本支店合併後の当期純利益を次の計算で算出する。

¥*490,000*（本店）＋¥*100,000*（支店）＋¥*5,000*（未達②）－¥*17,000*（未達③）＝¥*578,000*

本支店合併後の損益計算書に売上原価¥*5,660,000*と当期純利益¥*578,000*を記入し，売上高（イ）の金額¥*7,820,000*を算出する。

《解答法②》

支店損益計算書の仕入高を次の計算で算出する。

¥4,000,000（本店）＋¥ x（支店）＋¥40,000

（未達商品）＝¥5,690,000（合併後）

x ＝ 1,650,000

支店損益計算書の売上原価を次の計算で算出する。

¥150,000（期首商品）＋¥1,650,000（仕入高）

－¥170,000（期末商品）＝¥1,630,000

支店損益計算書に売上原価¥1,630,000と（　ア　）の¥40,000を記入し，支店の売上高¥2,130,000を算出する。

次の計算で本支店合併後の売上高を算出する。

¥5,690,000（本店）＋¥2,130,000（支店）

＝¥7,820,000

本店・支店および本支店合併後の損益計算書を示すと次のとおりになる。

損 益 計 算 書

本店　　令和○年1月1日から令和○年12月31日まで　　（単位：円）

費　　用	金　　額	収　　益	金　　額
売 上 原 価	4,030,000	売　　上　　高	5,690,000
給　　　　料	847,000	受 取 手 数 料	40,000
旅　　　　費	113,000		
減 価 償 却 費	250,000		
当 期 純 利 益	**490,000**		
	5,730,000		5,730,000

損 益 計 算 書

支店　　令和○年1月1日から令和○年12月31日まで　　（単位：円）

費　　用	金　　額	収　　益	金　　額
売 上 原 価	1,630,000	売　　上　　高	2,130,000
給　　　　料	315,000	受 取 手 数 料	20,000
旅　　　　費	40,000		
減 価 償 却 費	65,000		
当 期 純 利 益	**100,000**		
	2,150,000		2,150,000

〔本支店合併後の損益計算書〕

損 益 計 算 書

松山商店　　令和○年1月1日から令和○年12月31日まで　（単位：円）

費　　用	金　　額	収　　益	金　　額
売 上 原 価	5,660,000	売　　上　　高	7,820,000
給　　　　料	1,162,000	受 取 手 数 料	65,000
旅　　　　費	170,000		
減 価 償 却 費	315,000		
当 期 純 利 益	**578,000**		
	7,885,000		7,885,000

1

仕　訳　集　計　表

令和○年4月1日

借　　　方	元丁	勘　定　科　目	元丁	貸　　　方
589,000	1	現　　　　　金	1	450,000
552,000	2	当　座　預　金	2	304,000
350,000	3	受　取　手　形	3	200,000
1,104,000	4	売　　掛　　金	4	919,000
494,000	10	買　　掛　　金	10	631,000
		前　　受　　金	11	50,000
9,000	16	売　　　　　上	16	1,149,000
		受　取　手　数　料	17	40,000
631,000	20	仕　　　　　入	20	18,000
32,000	27	消　耗　品　費		
3,761,000				3,761,000

総　勘　定　元　帳

現　　　　金			1
4/1 前期繰越	1,450,000	4/1	450,000
〃	589,000		

当　座　預　金			2
4/1 前期繰越	883,000	4/1	304,000
〃	552,000		

受　取　手　形			3
4/1 前期繰越	570,000	4/1	200,000
〃	350,000		

売　　掛　　金			4
4/1 前期繰越	1,519,000	4/1	919,000
〃	1,104,000		

買　　掛　　金			10
4/1	494,000	4/1 前期繰越	994,000
		〃	631,000

前　　受　　金			11
		4/1	50,000

売　　　　上			16
4/1	9,000	4/1	1,149,000

受　取　手　数　料			17
		4/1	40,000

仕　　　　入			20
4/1	631,000	4/1	18,000

消　耗　品　費			27
4/1	32,000		

4月1日の取引の仕訳と伝票への記入は次のとおりである。

(借)現　　金　45,000　(貸)売　　上　45,000
(借)売 掛 金　200,000　(貸)売　　上　200,000
(借)当座預金　50,000　(貸)前 受 金　50,000

入　金　伝　票	
売　　　　上	45,000

振替伝票(借方)		振替伝票(貸方)	
売 掛 金	200,000	売　　上	200,000

振替伝票(借方)		振替伝票(貸方)	
当 座 預 金	50,000	前 受 金	50,000

仕訳集計表（日計表）を作成するには，それぞれの勘定科目を借方・貸方ごとに集計する。

仕訳集計表（日計表）の元丁欄には，総勘定元帳の各勘定の口座番号を記入する。また，仕訳集計表（日計表）に集計した勘定科目ごとの借方合計金額は総勘定元帳の借方に，貸方合計金額は総勘定元帳の貸方に合計転記する。

参考に各伝票の仕訳を以下に示す。

・入金伝票の仕訳
(借)現　　金　384,000　(貸)売 掛 金　384,000
(借)現　　金　10,000　(貸)受取手数料　10,000
(借)現　　金　150,000　(貸)当座預金　150,000
(借)現　　金　45,000　(貸)売　　上　45,000

・出金伝票の仕訳
(借)買 掛 金　175,000　(貸)現　　金　175,000
(借)消耗品費　32,000　(貸)現　　金　32,000
(借)当座預金　96,000　(貸)現　　金　96,000
(借)買 掛 金　147,000　(貸)現　　金　147,000

・振替伝票の仕訳
(借)売 掛 金　376,000　(貸)売　　上　376,000
(借)仕　　入　280,000　(貸)買 掛 金　280,000
(借)売 掛 金　418,000　(貸)売　　上　418,000
(借)買 掛 金　154,000　(貸)当座預金　154,000
(借)買 掛 金　18,000　(貸)仕　　入　18,000
(借)仕　　入　193,000　(貸)買 掛 金　193,000
(借)当座預金　200,000　(貸)受取手形　200,000
(借)当座預金　176,000　(貸)売 掛 金　176,000
(借)売 掛 金　110,000　(貸)売　　上　110,000
(借)当座預金　30,000　(貸)受取手数料　30,000
(借)受取手形　350,000　(貸)売 掛 金　350,000
(借)仕　　入　158,000　(貸)買 掛 金　158,000
(借)売　　上　9,000　(貸)売 掛 金　9,000
(借)売 掛 金　200,000　(貸)売　　上　200,000
(借)当座預金　50,000　(貸)前 受 金　50,000

仕　訳　集　計　表
令和〇年2月1日

借　　方	元丁	勘 定 科 目	元丁	貸　　方
2,847,000	1	現　　　　　金	1	1,024,000
322,000	2	当 座 預 金	2	459,000
100,000	3	受 取 手 形		
1,060,000	4	売 　掛　 金	4	750,000
250,000	10	支 払 手 形	10	100,000
370,000	11	買 　掛　 金	11	940,000
		売　　　　　上	15	2,800,000
		受 取 手 数 料	16	9,000
1,110,000	19	仕　　　　　入		
10,000	26	消 耗 品 費		
13,000	30	雑　　　　　費		
6,082,000				6,082,000

総　勘　定　元　帳

現　金　1

2/1 前期繰越	3,026,000	2/1	1,024,000
〃	2,847,000		

当 座 預 金　2

2/1 前期繰越	941,000	2/1	459,000
〃	322,000		

受 取 手 形　3

2/1 前期繰越	400,000	
〃	100,000	

売　掛　金　4

2/1 前期繰越	1,280,000	2/1	750,000
〃	1,060,000		

支 払 手 形　10

2/1	250,000	2/1 前期繰越	360,000
		〃	100,000

買　掛　金　11

2/1	370,000	2/1 前期繰越	990,000
		〃	940,000

売　上　15

		2/1	2,800,000

受 取 手 数 料　16

		2/1	9,000

仕　入　19

2/1	1,110,000	

消 耗 品 費　26

2/1	10,000	

雑　費　30

2/1	13,000	

2月1日の取引の仕訳と伝票への記入は次のとおりである。問題文に，「一部振替取引については，取引を分解して起票している。」という指示があることに注意する。

(借)現　　　金　50,000　(貸)売　　　上　50,000
(借)売 掛 金 290,000　(貸)売　　　上 290,000

入 金 伝 票	
売　　　　　上	50,000

振替伝票（借方）		振替伝票（貸方）	
売 掛 金	290,000	売　　　上	290,000

参考に各伝票の仕訳を以下に示す。

● 入金伝票の仕訳
(借)現　　　金 300,000　(貸)当 座 預 金 300,000
(借)現　　　金 190,000　(貸)売 掛 金 190,000
(借)現　　　金 810,000　(貸)売　　　上 810,000
(借)現　　　金 430,000　(貸)売　　　上 430,000
(借)現　　　金 150,000　(貸)当 座 預 金 150,000
(借)現　　　金 200,000　(貸)売　　　上 200,000
(借)現　　　金 7,000　(貸)受取手数料 7,000
(借)現　　　金 560,000　(貸)売 掛 金 560,000
(借)現　　　金 150,000　(貸)売　　　上 150,000
(借)現　　　金 50,000　(貸)売　　　上 50,000

● 出金伝票の仕訳
(借)消 耗 品 費 6,000　(貸)現　　　金 6,000
(借)買 掛 金 110,000　(貸)現　　　金 110,000
(借)支 払 手 形 200,000　(貸)現　　　金 200,000
(借)仕　　　入 170,000　(貸)現　　　金 170,000

(借)雑　　　費 8,000　(貸)現　　　金 8,000
(借)買 掛 金 70,000　(貸)現　　　金 70,000
(借)支 払 手 形 50,000　(貸)現　　　金 50,000
(借)当 座 預 金 320,000　(貸)現　　　金 320,000
(借)買 掛 金 90,000　(貸)現　　　金 90,000

● 振替伝票の仕訳
(借)消 耗 品 費 4,000　(貸)当 座 預 金 4,000
(借)仕　　　入 540,000　(貸)買 掛 金 540,000
(借)受 取 手 形 100,000　(貸)売　　　上 100,000
(借)雑　　　費 5,000　(貸)当 座 預 金 5,000
(借)仕　　　入 400,000　(貸)買 掛 金 400,000
(借)当 座 預 金 2,000　(貸)受取手数料 2,000
(借)売 掛 金 200,000　(貸)売　　　上 200,000
(借)買 掛 金 100,000　(貸)支 払 手 形 100,000
(借)売 掛 金 570,000　(貸)売　　　上 570,000
(借)売 掛 金 290,000　(貸)売　　　上 290,000

1

総 勘 定 元 帳

当 座 預 金	2
1/ 1　4,284,200　**1/21**　672,400	
23　814,300　　　**29**　469,700	

売 掛 金	4
1/ 1　1,908,400　**1/23**　814,300	
12　1,235,000	
18　2,235,000	

前 払 金	6
1/ 1　116,000　**1/16**　116,000	

支 払 手 形	13
1/29　469,700　1/ 1　469,700	
10　751,000	

買 掛 金	14
1/10　751,000　1/ 1　1,253,800	
21　672,400　　**14**　1,474,500	
16　700,000	

売 上	20
1/12　1,235,000	
18　2,235,000	

仕 入	25
1/14　1,474,500	
16　816,000	

当 座 預 金 出 納 帳　　　　　　　　　　1

令和○年	摘　　要	預　入	引　出	借または貸	残　高
1　1	前月繰越	4,284,200		借	4,284,200
21	徳島商店に買掛金支払い　小切手＃12		672,400	〃	3,611,800
23	高知商店から売掛金当座振り込み	814,300		〃	4,426,100
29	約束手形＃17が満期となり支払い		469,700	〃	3,956,400
31	次月繰越		3,956,400		
		5,098,500	5,098,500		

支 払 手 形 記 入 帳

令和○年	摘　要	金　額	手形種類	手形番号	受取人	振出人	振出日	満期日	支払場所	てん末 月 日	摘　要
11　29	仕入れ	469,700	約手	17	徳島商店	当　店	11　29	1　29	東法銀行	1　29	支払い
1　10	買掛金	751,000	約手	18	愛媛商店	当　店	1　10	3　10	東法銀行		

売 掛 金 元 帳
高 知 商 店　　　　　　　2

令和○年	摘　要	借　方	貸　方	借または貸	残　高
1　1	前月繰越	1,094,500		借	1,094,500
12	売り上げ	1,235,000		〃	2,329,500
23	回　収		814,300	〃	1,515,200
31	次月繰越		1,515,200		
		2,329,500	2,329,500		

買 掛 金 元 帳
徳 島 商 店　　　　　　　1

令和○年	摘　要	借　方	貸　方	借または貸	残　高
1　1	前月繰越		672,400	貸	672,400
14	仕入れ		1,474,500	〃	2,146,900
21	支払い	672,400		〃	1,474,500
31	次月繰越	1,474,500			
		2,146,900	2,146,900		

商 品 有 高 帳

（移動平均法）　　　　　　　　　　　　　（品名）Ａ　品　　　　　　　　　　　　　（単位：個）

令和○年		摘　要	受　入			払　出			残　高		
			数量	単価	金　額	数量	単価	金　額	数量	単価	金　額
1	1	前月繰越	700	1,240	868,000				700	1,240	868,000
	12	高知商店				400	1,240	496,000	300	1,240	372,000
	14	徳島商店	600	1,270	762,000				900	1,260	1,134,000
	18	香川商店				550	1,260	693,000	350	1,260	441,000
	31	次月繰越				350	1,260	441,000			
			1,300		1,630,000	1,300		1,630,000			

各取引の仕訳と補助簿への記入について示すと，次のようになる。

日付	仕　訳				補　助　簿　の　記　入				
	借　方		貸　方		当座預金	支払手形	売掛金	買掛金	商品有高
1/10	買　掛　金	751,000	支　払　手　形	751,000		○			
12	売　掛　金	1,235,000	売　　　　上	1,235,000			○		○
14	仕　　　入	1,474,500	買　掛　金	1,474,500				○	○
16	仕　　　入	816,000	前　払　金	116,000					
			買　掛　金	700,000					
18	売　掛　金	2,235,000	売　　　　上	2,235,000					○
21	買　掛　金	672,400	当　座　預　金	672,400	○			○	
23	当　座　預　金	814,300	売　掛　金	814,300	○		○		
29	支　払　手　形	469,700	当　座　預　金	469,700	○	○			

総 勘 定 元 帳

当 座 預 金　　　2			
4/ 1	860,000	4/ 8	860,000
15	904,700	28	329,100

受 取 手 形　　　3			
4/ 1	734,500	4/13	734,500
30	577,000		

売 掛 金　　　4			
4/ 1	2,666,900	4/15	1,892,700
10	2,321,000	30	577,000
22	1,567,500		

買 掛 金　　　14			
4/28	329,100	4/ 1	1,526,400
		13	90,500

当 座 借 越　　　18			
4/15	988,000	4/ 8	988,000

売 上　　　20			
		4/10	2,321,000
		22	1,567,500

仕 入　　　25			
4/ 8	1,848,000		
13	825,000		

当 座 預 金 出 納 帳　　　1

令和○年		摘　　要	預　入	引　出	借または貸	残　高
4	1	前月繰越	860,000		借	860,000
	8	福岡商店に仕入代金支払い　小切手＃7		1,848,000	貸	988,000
	15	大分商店から売掛金当座振り込み	1,892,700		借	904,700
	28	鹿児島商店に買掛金支払い　小切手＃8		329,100	〃	575,600
	30	次月繰越		575,600		
			2,752,700	2,752,700		

受 取 手 形 記 入 帳

令和○年		摘　要	金　額	手形種類	手形番号	支払人	振出人または裏書人	振出日		満期日		支払場所	てん末		
													月	日	摘要
3	26	売り上げ	734,500	約手	12	熊本商店	宮崎商店	3	9	5	9	九州銀行	4	13	裏書
4	30	売掛金	577,000	約手	16	宮崎商店	宮崎商店	4	30	6	30	東法銀行			

売 掛 金 元 帳

大 分 商 店　　　1

令和○年		摘　要	借　方	貸　方	借または貸	残　高
4	1	前 月 繰 越	1,994,500		借	1,994,500
	10	売 り 上 げ	2,321,000		〃	4,315,500
	15	回　　収		1,892,700	〃	2,422,800
	30	次 月 繰 越		2,422,800		
			4,315,500	4,315,500		

宮 崎 商 店　　　2

令和○年		摘　要	借　方	貸　方	借または貸	残　高
4	1	前 月 繰 越	672,400		借	672,400
	22	売 り 上 げ	1,567,500		〃	2,239,900
	30	回　　収		577,000	〃	1,662,900
	〃	次 月 繰 越		1,662,900		
			2,239,900	2,239,900		

（先入先出法）　　　　　　　　　　　　　　　　　（品名）　Ａ　品　　　　　　　　　　　　　　　　（単位：個）

令和○年		摘　要	受　入			払　出			残　高		
			数量	単価	金　額	数量	単価	金　額	数量	単価	金　額
4	1	前月繰越	300	1,870	561,000				300	1,870	561,000
	8	福岡商店	600	1,980	1,188,000				300	1,870	561,000
									600	1,980	1,188,000
	10	大分商店				300	1,870	561,000			
						60	1,980	118,800	540	1,980	1,069,200
	22	宮崎商店				300	1,980	594,000	240	1,980	475,200
	30	次月繰越				240	1,980	475,200			
			900		1,749,000	900		1,749,000			

解説

各取引の仕訳と補助簿への記入について示すと，次のようになる。

日付	仕　訳				補助簿の記入			
	借　方		貸　方		当座預金	受取手形	売掛金	商品有高
4/8	仕　入	1,848,000	当座預金	860,000	○			○
			当座借越	988,000				
10	売掛金	2,321,000	売　上	2,321,000			○	○
13	仕　入	825,000	受取手形	734,500		○		
			買掛金	90,500				
15	当座借越	988,000	売掛金	1,892,700	○		○	
	当座預金	904,700						
22	売掛金	1,567,500	売　上	1,567,500			○	○
28	買掛金	329,100	当座預金	329,100	○			
30	受取手形	577,000	売掛金	577,000		○	○	

1

精　算　表

令和〇年12月31日

勘定科目	残高試算表 借方	残高試算表 貸方	整理記入 借方	整理記入 貸方	損益計算書 借方	損益計算書 貸方	貸借対照表 借方	貸借対照表 貸方
現　　　金	345,000						345,000	
当 座 預 金	959,000						959,000	
受 取 手 形	970,000						970,000	
売 　掛 　金	1,030,000						1,030,000	
貸 倒 引 当 金		6,000		14,000				20,000
有 価 証 券	900,000			105,000			795,000	
繰 越 商 品	640,000		650,000	640,000			650,000	
備　　　品	500,000						500,000	
備品減価償却累計額		180,000		64,000				244,000
支 払 手 形		870,000						870,000
買 　掛 　金		952,000						952,000
借 　入 　金		400,000						400,000
所得税預り金		30,000						30,000
資 　本 　金		2,000,000						2,000,000
売　　　上		5,405,000				5,405,000		
受 取 手 数 料		37,000				37,000		
仕　　　入	3,064,000		640,000	650,000	3,054,000			
給　　　料	869,000				869,000			
支 払 家 賃	455,000			35,000	420,000			
保 　険 　料	48,000				48,000			
消 耗 品 費	50,000			13,000	37,000			
雑　　　費	31,000				31,000			
支 払 利 息	11,000		4,000		15,000			
現 金 過 不 足	8,000			8,000				
	9,880,000	9,880,000						
貸倒引当金繰入			14,000		14,000			
減 価 償 却 費			64,000		64,000			
有価証券評価(損)			105,000		105,000			
消 　耗 　品			13,000				13,000	
(前払)家賃			35,000				35,000	
(未払)利息				4,000				4,000
雑 　　損			8,000		8,000			
当期純(利益)					777,000			777,000
			1,533,000	1,533,000	5,442,000	5,442,000	5,297,000	5,297,000

a.　(借)仕　　　　入　*640,000*　　　(貸)繰 越 商 品　*640,000*
　　　　繰 越 商 品　*650,000*　　　　　　仕　　　　入　*650,000*

b.　(借)貸倒引当金繰入　*14,000*　　　(貸)貸 倒 引 当 金　*14,000*
　　　(¥*970,000* + ¥*1,030,000*) × 1% = ¥*20,000*
　　　¥*20,000* − ¥*6,000* = ¥*14,000*

c.　(借)減 価 償 却 費　*64,000*　　　(貸)備品減価償却累計額　*64,000*
　　　(¥*500,000* − ¥*180,000*) × 20% = ¥*64,000*

d.　(借)有価証券評価損　*105,000*　　　(貸)有 価 証 券　*105,000*
　　　帳簿 ¥*900,000* ⟶ 時価 ¥*795,000*
　　　(@¥*3,000* × 300株)　評価損　(@¥*2,650* × 300株)
　　　　　　　　　　△¥*105,000*

e.　(借)消　耗　品　*13,000*　　　(貸)消 耗 品 費　*13,000*

f.　(借)前 払 家 賃　*35,000*　　　(貸)支 払 家 賃　*35,000*
　　　1月分の¥*35,000*が支払済みなので，前払家賃として処理する。

g.　(借)支 払 利 息　*4,000*　　　(貸)未 払 利 息　*4,000*

h.　(借)雑　　　損　*8,000*　　　(貸)現 金 過 不 足　*8,000*

精　算　表

令和○年12月31日

勘定科目	残高試算表		整理記入		損益計算書		貸借対照表	
	借　方	貸　方	借　方	貸　方	借　方	貸　方	借　方	貸　方
現　　　　　金	372,000						372,000	
当 座 預 金	951,000						951,000	
電子記録債権	450,000						450,000	
売　掛　金	750,000						750,000	
貸 倒 引 当 金		9,000		27,000				36,000
有 価 証 券	525,000		75,000				600,000	
繰 越 商 品	460,000		473,000	460,000			473,000	
備　　　品	720,000						720,000	
備品減価償却累計額		180,000		90,000				270,000
電子記録債務		320,000						320,000
買　掛　金		381,000						381,000
借　入　金		400,000						400,000
資　本　金		2,500,000	30,000					2,470,000
引　出　金	30,000			30,000				
売　　　上		6,181,000				6,181,000		
受 取 手 数 料		19,000				19,000		
仕　　　入	4,085,000		460,000	473,000	4,072,000			
給　　　料	1,280,000				1,280,000			
支 払 家 賃	210,000				210,000			
保　険　料	67,000			6,000	61,000			
通　信　費	47,000			8,000	39,000			
租 税 公 課	23,000				23,000			
雑　　　費	11,000				11,000			
支 払 利 息	9,000		3,000		12,000			
	9,990,000	9,990,000						
貸倒引当金繰入			27,000		27,000			
減 価 償 却 費			90,000		90,000			
有価証券評価(益)				75,000		75,000		
貯　蔵　品			8,000				8,000	
(前払)保険料			6,000				6,000	
(未払)利　息				3,000				3,000
当期純(利益)					450,000			450,000
			1,172,000	1,172,000	6,275,000	6,275,000	4,330,000	4,330,000

a. (借)仕　　　　入　460,000　　　(貸)繰 越 商 品　460,000

　　繰 越 商 品　473,000　　　仕　　　　入　473,000

b. (借)貸倒引当金繰入　27,000　　(貸)貸 倒 引 当 金　27,000

　　(¥450,000 + ¥750,000) × 3% = ¥36,000

　　¥36,000 − ¥9,000 = ¥27,000

c. (借)減 価 償 却 費　90,000　　(貸)備品減価償却累計額　90,000

$$\frac{¥720,000 − ¥0}{8年} = ¥90,000$$

d. (借)有 価 証 券　75,000　　　(貸)有価証券評価益　75,000

　　¥525,000 ⟶ ¥600,000 (@¥1,200 × 500株)

　　(帳簿)　評価益　(時価)

　　　　　¥75,000

e. (借)貯 蔵 品　8,000　　　　(貸)通 信 費　8,000

f. (借)前 払 保 険 料　6,000　　(貸)保 険 料　6,000

　　　　　　　　　¥36,000 (1年分)

　　　3 4 5 6 7 8 9 10 11 12 1 2

　　　　　　　　　　　　　決算　前払高 (2か月分)

$$¥36,000 × \frac{2か月}{12か月} = ¥6,000$$

g. (借)支 払 利 息　3,000　　　(貸)未 払 利 息　3,000

h. (借)資 本 金　30,000　　　　(貸)引 出 金　30,000

損 益 計 算 書

北陸商店　　令和〇年1月1日から令和〇年12月31日まで　　（単位：円）

費　　用	金　　額	収　　益	金　　額
売 上 原 価	*15,190,000*	売 上 高	*21,520,000*
給 料	*4,512,000*	受 取 手 数 料	*47,000*
（貸倒引当金繰入）	*130,000*	（有価証券評価益）	*60,000*
（減 価 償 却 費）	*400,000*	（雑　　　益）	*8,000*
支 払 家 賃	*792,000*		
保 険 料	*60,000*		
消 耗 品 費	*56,000*		
雑 費	*95,000*		
（当 期 純 利 益）	*400,000*		
	21,635,000		*21,635,000*

貸 借 対 照 表

北陸商店　　令和〇年12月31日　　（単位：円）

資　　産	金　　額	負債および純資産	金　　額
現 金	*1,379,000*	支 払 手 形	*2,000,000*
当 座 預 金	*3,211,000*	買 掛 金	*2,200,000*
受 取 手 形 （*1,900,000*）		（未 払 給 料）	*54,000*
貸倒引当金△（ *57,000*）	*1,843,000*	資 本 金	*9,000,000*
売 掛 金 （*2,600,000*）		（当 期 純 利 益）	*400,000*
貸倒引当金△（ *78,000*）	*2,522,000*		
有 価 証 券	*1,440,000*		
商 品	*1,960,000*		
（消 耗 品）	*15,000*		
（前 払 保 険 料）	*84,000*		
備 品 （*2,400,000*）			
減価償却累計額△（*1,200,000*）	*1,200,000*		
	13,654,000		*13,654,000*

付 記 事 項

① （借）仮　受　金　100,000　　　（貸）売　掛　金　100,000

⇒仮受金残高　なし

⇒売掛金残高　¥2,600,000

決算整理事項

a.　（借）仕　　　　入　1,800,000　　　（貸）繰 越 商 品　1,800,000

　　　　繰 越 商 品　1,960,000　　　　仕　　　　入　1,960,000

b.　（借）貸倒引当金繰入　130,000　　　（貸）貸 倒 引 当 金　130,000

　　　（¥1,900,000 ＋ ¥2,700,000 － ¥100,000）× 3% ＝ ¥135,000

　　　¥135,000 － ¥5,000 ＝ ¥130,000

c.　（借）減 価 償 却 費　400,000　　　（貸）備品減価償却累計額　400,000

$$\frac{¥2,400,000 － ¥0}{6年} ＝ ¥400,000$$

d.　（借）有 価 証 券　60,000　　　（貸）有価証券評価益　60,000

　　　¥1,380,000 ⟶ ¥1,440,000（@¥7,200 × 200株）

　　　（帳簿）　評価益　（時価）

　　　　　　¥60,000

e.　（借）消　耗　品　15,000　　　（貸）消 耗 品 費　15,000

f.　（借）前 払 保 険 料　84,000　　　（貸）保　険　料　84,000

¥144,000（1年分）

8　9　10　11　12　1　2　3　4　5　6　7

決算　　前払高（7か月分）

$$¥144,000 × \frac{7か月}{12か月} ＝ ¥84,000$$

g.　（借）給　　　　料　54,000　　　（貸）未 払 給 料　54,000

h.　（借）現 金 過 不 足　8,000　　　（貸）雑　　　　益　8,000

4

九州商店　　　　　　　　令和○年1月1日から令和○年12月31日まで　　　　　　（単位：円）

費　　用	金　　額	収　　益	金　　額
売　上　原　価	9,500,000	売　上　高	15,700,000
給　　　料	4,100,000	受　取　手　数　料	265,000
（貸倒引当金繰入）	28,000		
（減　価　償　却　費）	160,000		
支　払　家　賃	1,032,000		
保　険　料	386,000		
消　耗　品　費	122,000		
雑　　　費	40,000		
（有価証券評価損）	30,000		
（当　期　純　利　益）	567,000		
	15,965,000		15,965,000

貸　借　対　照　表

九州商店　　　　　　　　　　　令和○年12月31日　　　　　　　　　（単位：円）

資　　産	金　　額	負債および純資産	金　　額
現　　　金	792,000	支　払　手　形	1,480,000
当　座　預　金	1,459,000	買　掛　金	2,012,000
受　取　手　形　（1,600,000）		従　業　員　預　り　金	135,000
貸倒引当金△（16,000）	1,584,000	（未　払　家　賃）	86,000
売　掛　金　（2,300,000）		資　本　金	4,855,000
貸倒引当金△（23,000）	2,277,000	（当　期　純　利　益）	567,000
有　価　証　券	690,000		
商　　　品	1,570,000		
（消　耗　品）	23,000		
（前　払　保　険　料）	100,000		
備　　　品　（1,250,000）			
減価償却累計額△（610,000）	640,000		
	9,135,000		9,135,000

付 記 事 項

① （借）当 座 預 金　280,000　　　（貸）受 取 手 形　280,000

　　　⇒当座預金残高　¥1,459,000

　　　⇒受取手形残高　¥1,600,000

決算整理事項

a.　（借）仕　　　　　入　1,420,000　　　（貸）繰 越 商 品　1,420,000

　　　　　繰 越 商 品　1,570,000　　　　　仕　　　　　入　1,570,000

b.　（借）貸倒引当金繰入　28,000　　　（貸）貸 倒 引 当 金　28,000

　　　（¥1,880,000 − ¥280,000 + ¥2,300,000）× 1％ = ¥39,000

　　　¥39,000 − ¥11,000 = ¥28,000

c.　（借）減 価 償 却 費　160,000　　　（貸）備品減価償却累計額　160,000

　　　（¥1,250,000 − ¥450,000）× 20％ = ¥160,000

d.　（借）有価証券評価損　30,000　　　（貸）有 価 証 券　30,000

　　　¥720,000 ⟶ ¥690,000（@¥2,300 × 300株）

　　　（帳簿）　評価損　（時価）

　　　　　　　△¥30,000

e.　（借）消　耗　品　23,000　　　（貸）消 耗 品 費　23,000

f.　（借）前 払 保 険 料　100,000　　　（貸）保　険　料　100,000

　　　　　　　　　¥300,000（1年分）

　　　5　6　7　8　9　10　11　12　1　2　3　4

　　　　　　　　　　　　　　　　決算　前払高（4か月分）

　　　$¥300,000 × \dfrac{4か月}{12か月} = ¥100,000$

g.　（借）支 払 家 賃　86,000　　　（貸）未 払 家 賃　86,000

h.　（借）資　本　金　145,000　　　（貸）引　出　金　145,000

5

(1)

総 勘 定 元 帳

損　　益　　　　　　　　　30

12/31 仕　　　　　入	17,366,000	12/31 売　　　　　上	21,830,000
〃　給　　　　料	2,680,000	〃　受 取 手 数 料	156,000
〃　(貸倒引当金繰入)	67,000	〃　(有価証券評価益)	200,000
〃　(減 価 償 却 費)	225,000		
〃　支 払 家 賃	810,000		
〃　保　険　料	168,000		
〃　消 耗 品 費	68,000		
〃　雑　　　費	64,000		
〃　支 払 利 息	72,000		
〃　(資　本　金)	666,000		
	22,186,000		22,186,000

(2)

貸 借 対 照 表

東北商店　　　　　　　令和○年12月31日　　　　　　　(単位：円)

資　　産	金　　額	負債および純資産	金　　額
現　　　　金	823,000	電 子 記 録 債 務	1,650,000
当 座 預 金	2,700,000	買　　掛　　金	2,768,000
電 子 記 録 債 権　(1,800,000)		借　　入　　金	2,000,000
貸倒引当金△(36,000)	1,764,000	従 業 員 預り金	300,000
売　　掛　　金　(2,400,000)		(未 払 利 息)	12,000
貸倒引当金△(48,000)	2,352,000	資　　本　　金	7,000,000
有 価 証 券	4,200,000	(当 期 純 利 益)	666,000
商　　　　品	1,850,000		
(消 耗 品)	18,000		
(前 払 保 険 料)	14,000		
備　　　　品　(1,600,000)			
減価償却累計額△(925,000)	675,000		
	14,396,000		14,396,000

付　記　事　項

① （借）買　掛　金　260,000　　　（貸）当 座 預 金　260,000

⇒買 掛 金 残 高　￥2,768,000

当座預金残高　￥2,700,000

決算整理事項

a.　（借）仕　　　　入　1,890,000　　　（貸）繰 越 商 品　1,890,000

繰 越 商 品　1,850,000　　　　　仕　　　　入　1,850,000

b.　（借）貸倒引当金繰入　67,000　　　（貸）貸 倒 引 当 金　67,000

（￥1,800,000 ＋ ￥2,400,000）× 2% ＝ ￥84,000

￥84,000 － ￥17,000 ＝ ￥67,000

c.　（借）減 価 償 却 費　225,000　　　（貸）備品減価償却累計額　225,000

（￥1,600,000 － ￥700,000）× 25% ＝ ￥225,000

d.　（借）有 価 証 券　200,000　　　（貸）有価証券評価益　200,000

帳簿　￥4,000,000　　　　　　時価　￥4,200,000

（@￥10,000 × 400株）　評価益　（@￥10,500 × 400株）

￥200,000

e.　（借）消　耗　品　18,000　　　（貸）消 耗 品 費　18,000

f.　（借）前 払 保 険 料　14,000　　　（貸）保　険　料　14,000

￥84,000（6か月分）

8　9　10　11　12　1

決算　前払高（1か月分）

$￥84,000 × \dfrac{1か月}{6か月} ＝ ￥14,000$

g.　（借）支 払 利 息　12,000　　　（貸）未 払 利 息　12,000